Métiers de la restauration

CAP Cuisine

1re et 2e années

Technologie culinaire

Sous la direction de

Ginette Kirchmeyer
Inspecteur de l'Éducation nationale

Frédéric Leichtnam
Chef de travaux au lycée d'hôtellerie et de tourisme Alexandre Dumas à Illkirch Graffenstaden

Cécile Erb
Professeur de production culinaire au lycée d'hôtellerie et des services Joseph Storck de Guebwiller

Sébastien Guillaume
Professeur de production culinaire au lycée d'hôtellerie et de tourisme Alexandre Dumas à Illkirch Graffenstaden

Benoît Levent
Professeur de production culinaire au lycée d'hôtellerie et de tourisme Alexandre Dumas à Illkirch Graffenstaden

Nathan TECHNIQUE

Sommaire

Technologie culinaire

Organisation de la cuisine

Connaissance des produits

© Nathan - 25, avenue Pierre de Coubertin - 75013 Paris - Avril 2010
ISBN 978-2-09-161281-2

Présentation

Chaque chapitre permet à l'élève de découvrir la technologie culinaire en situation professionnelle.

Une **mise en situation** professionnelle

Organisation de la cuisine

6 Le personnel de cuisine

OBJECTIFS
« En vrai professionnel, je dois être capable de... »
1. Connaître les règles essentielles d'hygiène corporelle et vestimentaire et les points de comportement
2. Connaître le personnel d'une brigade de cuisine
3. Connaître la structure d'une brigade en fonction
4. Lire et interpréter les affichages obligatoires
5. Prévenir les risques sur le lieu de travail

Date :

Le chef présente Fanny et Louis à la brigade de cuisine et leur explique la fonction et les tâches de chacun.

ANALYSE LA SITUATION

1. Connaissez-vous le nom donné à l'équipe des cuisiniers d'un restaurant gastronomique ?

2. Est-ce que tous les cuisiniers effectuent les mêmes tâches ?

3. Précisez si l'attitude de Louis est celle d'un bon cuisinier.

55 — 6. Le personnel de cuisine

Des **activités** pour découvrir et construire de façon active les connaissances et les compétences du futur cuisinier.

Documents à étudier

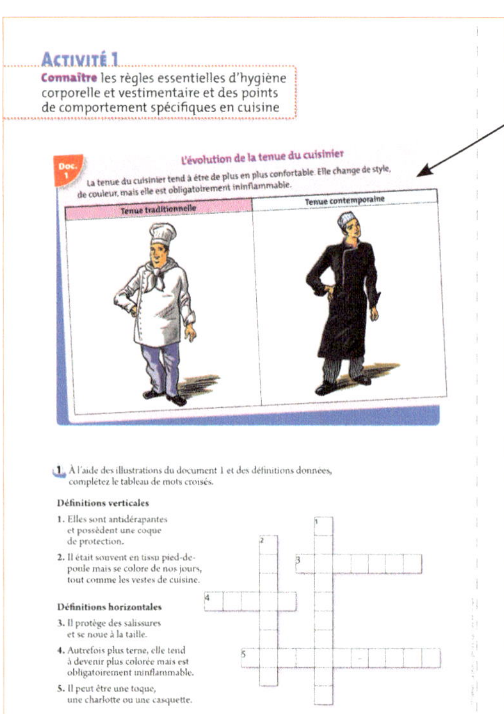
ACTIVITÉ 1

Connaître les règles essentielles d'hygiène corporelle et vestimentaire et des points de comportement spécifiques en cuisine

Doc. 1 — L'évolution de la tenue du cuisinier

La tenue du cuisinier tend à être de plus en plus confortable. Elle change de style, de couleur, mais elle est obligatoirement ininflammable.

Tenue traditionnelle | Tenue contemporaine

1. À l'aide des illustrations du document 1 et des définitions données, complétez le tableau de mots croisés.

Définitions verticales
1. Elles sont antidérapantes et possèdent une coque de protection.
2. Il était souvent en tissu pied-de-poule mais se colore de nos jours, tout comme les vestes de cuisine.

Définitions horizontales
3. Il protège des salissures et se noue à la taille.
4. Autrefois plus terne, elle tend à devenir plus colorée mais est obligatoirement ininflammable.
5. Il peut être une toque, une charlotte ou une casquette.

ORGANISATION DE LA CUISINE — 56

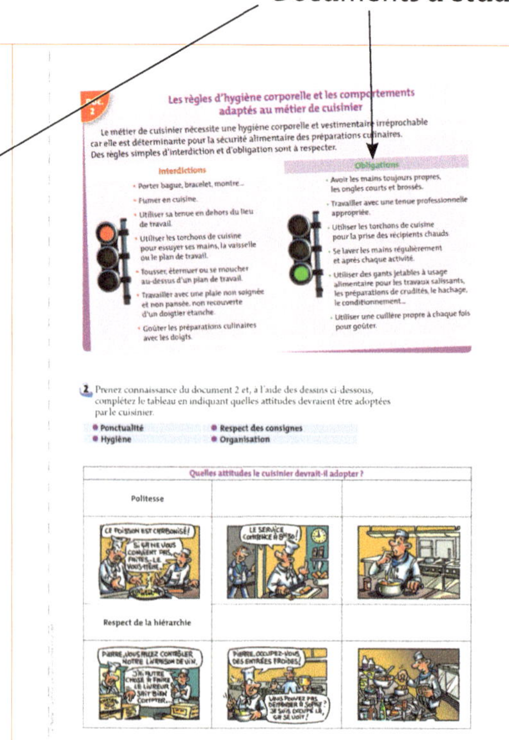
Doc. 2 — Les règles d'hygiène corporelle et les comportements adaptés au métier de cuisinier

Le métier de cuisinier nécessite une hygiène corporelle et vestimentaire irréprochable car elle est déterminante pour la sécurité alimentaire des préparations culinaires. Des règles simples d'interdiction et d'obligation sont à respecter.

Interdictions
- Porter bague, bracelet, montre...
- Fumer en cuisine.
- Utiliser sa tenue en dehors du lieu de travail.
- Utiliser les torchons de cuisine pour essuyer ses mains, la vaisselle ou le plan de travail.
- Tousser, éternuer ou se moucher au-dessus d'un plan de travail.
- Travailler avec une plaie non soignée et non pansée, non recouverte d'un doigtier étanche.
- Goûter les préparations culinaires avec les doigts.

Obligations
- Avoir les mains toujours propres, les ongles courts et brossés.
- Travailler avec une tenue professionnelle appropriée.
- Utiliser les torchons de cuisine pour la prise des récipients chauds.
- Se laver les mains régulièrement et après chaque activité.
- Utiliser des gants jetables à usage alimentaire pour les travaux salissants, les préparations de crudités, le hachage, le conditionnement...
- Utiliser une cuillère propre à chaque fois pour goûter.

2. Prenez connaissance du document 2 et, à l'aide des dessins ci-dessous, complétez le tableau en indiquant quelles attitudes devraient être adoptées par le cuisinier.
- Ponctualité
- Hygiène
- Respect des consignes
- Organisation

Quelles attitudes le cuisinier devrait-il adopter ?

Politesse		
Respect de la hiérarchie		

57 — 6. Le personeel de cuisine

de l'ouvrage

Des questions sur les documents

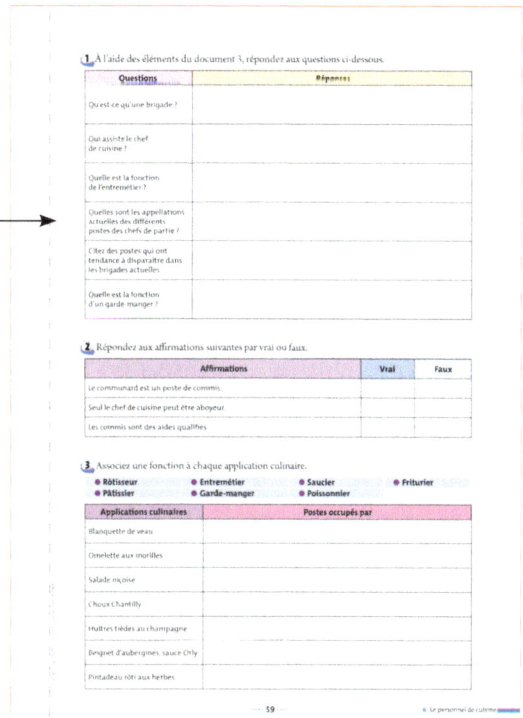

1 À l'aide des éléments du document 3, répondez aux questions ci-dessous.

Questions	Réponses
Qu'est-ce qu'une brigade ?	
Qui assiste le chef de cuisine ?	
Quelle est la fonction de l'entremétier ?	
Quelles sont les appellations actuelles des différents postes des chefs de partie ?	
Citez des postes qui ont tendance à disparaître dans les brigades actuelles	
Quelle est la fonction d'un garde-manger ?	

2 Répondez aux affirmations suivantes par vrai ou faux.

Affirmations	Vrai	Faux
Le communard est un poste de commis.		
Seul le chef de cuisine peut être aboyeur.		
Les commis sont des aides qualifiés.		

3 Associez une fonction à chaque application culinaire.

- Rôtisseur
- Entremétier
- Saucier
- Friturier
- Pâtissier
- Garde-manger
- Poissonnier

Applications culinaires	Postes occupés par
Blanquette de veau	
Omelette aux morilles	
Salade niçoise	
Choux Chantilly	
Huîtres tièdes au champagne	
Beignet d'aubergines, sauce Orly	
Pintadeau rôti aux herbes	

59 — 6. Le personnel de cuisine

Une **fiche de synthèse** pour faciliter l'acquisition des connaissances.

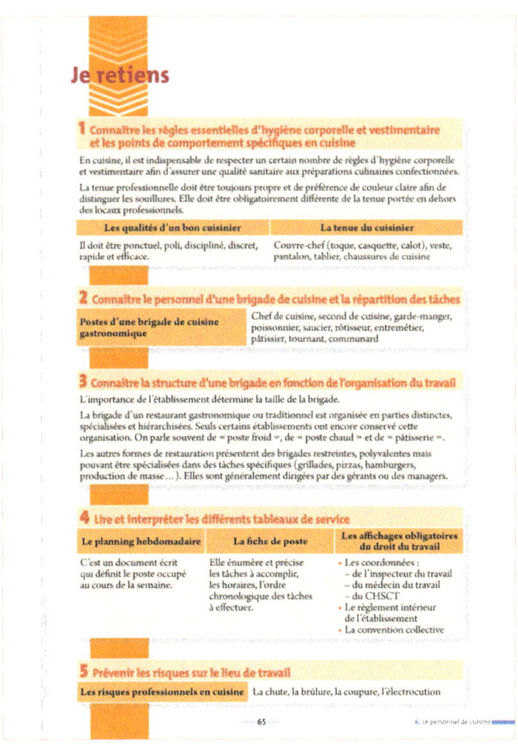

Je retiens

1 Connaître les règles essentielles d'hygiène corporelle et vestimentaire et les points de comportement spécifiques en cuisine

En cuisine, il est indispensable de respecter un certain nombre de règles d'hygiène corporelle et vestimentaire afin d'assurer une qualité sanitaire aux préparations culinaires confectionnées.

La tenue professionnelle doit être toujours propre et de préférence de couleur claire afin de distinguer les souillures. Elle doit être obligatoirement différente de la tenue portée en dehors des locaux professionnels.

Les qualités d'un bon cuisinier	La tenue du cuisinier
Il doit être ponctuel, poli, discipliné, discret, rapide et efficace.	Couvre-chef (toque, casquette, calot), veste, pantalon, tablier, chaussures de cuisine

2 Connaître le personnel d'une brigade de cuisine et la répartition des tâches

Postes d'une brigade de cuisine gastronomique	Chef de cuisine, second de cuisine, garde-manger, poissonnier, saucier, rôtisseur, entremétier, pâtissier, tournant, communard

3 Connaître la structure d'une brigade en fonction de l'organisation du travail

L'importance de l'établissement détermine la taille de la brigade.

La brigade d'un restaurant gastronomique ou traditionnel est organisée en parties distinctes, spécialisées et hiérarchisées. Seuls certains établissements ont encore conservé cette organisation. On parle souvent de « poste froid », de « poste chaud » et de « pâtisserie ».

Les autres formes de restauration présentent des brigades restreintes, polyvalentes mais pouvant être spécialisées dans des tâches spécifiques (grillades, pizzas, hamburgers, production de masse…). Elles sont généralement dirigées par des gérants ou des managers.

4 Lire et interpréter les différents tableaux de service

Le planning hebdomadaire	La fiche de poste	Les affichages obligatoires du droit du travail
C'est un document écrit qui définit le poste occupé au cours de la semaine.	Elle énumère et précise les tâches à accomplir, les horaires, l'ordre chronologique des tâches à effectuer.	• Les coordonnées : – de l'inspecteur du travail – du médecin du travail – du CHSCT • Le règlement intérieur de l'établissement • La convention collective

5 Prévenir les risques sur le lieu de travail

Les risques professionnels en cuisine	La chute, la brûlure, la coupure, l'électrocution

65 — 6. Le personnel de cuisine

Les **exercices d'application** pour mettre en pratique des acquis.

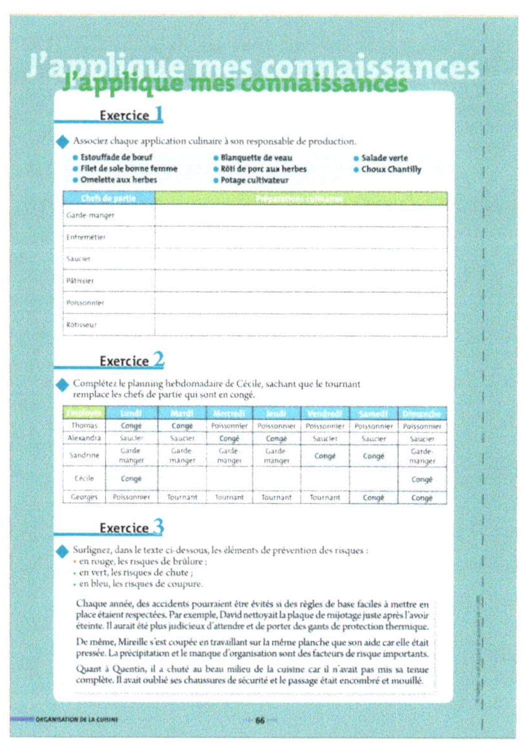

J'applique mes connaissances

Exercice 1

Associez chaque application culinaire à son responsable de production.

- Estouffade de bœuf
- Filet de sole bonne femme
- Omelette aux herbes
- Blanquette de veau
- Rôti de porc aux herbes
- Potage cultivateur
- Salade verte
- Choux Chantilly

Chefs de partie	Préparations culinaires
Garde-manger	
Entremétier	
Saucier	
Pâtissier	
Poissonnier	
Rôtisseur	

Exercice 2

Complétez le planning hebdomadaire de Cécile, sachant que le tournant remplace les chefs de partie qui sont en congé.

Employés	Lundi	Mardi	Mercredi	Jeudi	Vendredi	Samedi	Dimanche
Thomas	Congé	Congé	Poissonnier	Poissonnier	Poissonnier	Poissonnier	Poissonnier
Alexandra	Saucier	Saucier	Congé	Congé	Saucier	Saucier	Saucier
Sandrine	Garde-manger	Garde-manger	Garde-manger	Garde-manger	Congé	Congé	Garde-manger
Cécile	Congé						Congé
Georges	Poissonnier	Tournant	Tournant	Tournant	Tournant	Congé	Congé

Exercice 3

Surlignez, dans le texte ci-dessous, les éléments de prévention des risques :
- en rouge, les risques de brûlure ;
- en vert, les risques de chute ;
- en bleu, les risques de coupure.

Chaque année, des accidents pourraient être évités si des règles de base faciles à mettre en place étaient respectées. Par exemple, David nettoyait la plaque de mijotage juste après l'avoir éteinte. Il aurait été plus judicieux d'attendre et de porter des gants de protection thermique.

De même, Mireille s'est coupée en travaillant sur la même planche que son aide car elle était pressée. La précipitation et le manque d'organisation sont des facteurs de risque importants.

Quant à Quentin, il a chuté au beau milieu de la cuisine car il n'avait pas mis sa tenue complète. Il avait oublié ses chaussures de sécurité et le passage était encombré et mouillé.

ORGANISATION DE LA CUISINE — 66

Préface

La cuisine est une discipline qui mobilise des savoirs nombreux et complémentaires. À la différence de certaines matières académiques enseignées pour seulement apprendre des connaissances, elle développe sa noblesse au travers de savoirs fondamentaux qui la caractérisent mais aussi dans l'art qu'il faut pratiquer pour la mettre en œuvre.

La cuisine est le produit d'une culture mais est aussi un élément de son expression. Balançant sans cesse entre tradition et création, elle est exercée dans des contextes matériels et humains en constante évolution. Si la maîtrise du geste est au cœur des apprentissages, elle puise en physique, chimie, histoire, géographie, économie, droit, gestion... des savoirs indispensables pour connaître les produits qu'elle valorise, optimiser les techniques qu'elle utilise et donner du plaisir au client à servir.

L'enseignement de technologie culinaire est donc essentiel pour fournir une synthèse de ces connaissances.

C'est l'objectif de cet ouvrage. Il illustre les divers aspects professionnels, économiques, scientifiques et juridiques utiles pour comprendre la cuisine. Ses principaux atouts résident dans la présentation de ce qui est essentiel et dans la démarche proposée pour apprendre :

- à la fois simple et clair, il incite à en déguster le contenu tout en mettant l'eau à la bouche pour toujours en savoir plus ;
- invitant le lecteur à une découverte active des notions à comprendre, il guide par un questionnement ancré dans des situations professionnelles avant de proposer ce qu'il faut retenir.

Gageons que cet ouvrage aura de nombreux adeptes qui seront de futurs passionnés pour ces beaux métiers de la cuisine.

Christian Petitcolas
Inspecteur général de l'Éducation nationale
Groupe économie et gestion
Chargé de l'enseignement hôtelier

1 L'histoire de la cuisine

OBJECTIFS

« En vrai professionnel, je dois être capable de... »

1. Connaître les principales étapes de l'évolution de la cuisine de 1900 à nos jours.
2. Connaître les personnages célèbres de 1900 à nos jours.
3. Découvrir les nouvelles tendances culinaires.

DATE : ....

Fanny et Louis, qui préparent le CAP cuisine, viennent se présenter au chef de cuisine pour leur première journée en entreprise. Dans le bureau du chef, deux tableaux représentant l'histoire de la cuisine attirent leur regard.

J'ANALYSE LA SITUATION

1 Connaissez-vous le nom de deux cuisiniers célèbres ?

----

2 Citez trois modifications marquantes dans la tenue des cuisiniers.

----

3 Énumérez différentes sources d'énergie permettant de réaliser une cuisson.

ACTIVITÉ 1

Connaître les principales étapes de l'évolution de la cuisine de 1900 à nos jours

1 Prenez connaissance du document 1 et surlignez les ouvrages culinaires cités.

Doc. 1

De 1900 à 1950

- Auguste Escoffier, auteur du *Guide culinaire*, développe des techniques qui modifient les pratiques culinaires et les méthodes de conservation (apparition du réfrigérateur en 1933). C'est le maître incontesté de la « cuisine moderne » des grands palaces.
- Eugénie Brazier est la première femme à obtenir 3 étoiles au guide Michelin, édité pour la première fois en 1900.
- Le *Répertoire de la cuisine* de Gringoire et Saulnier (1914) et le *Larousse gastronomique*, de Prosper Montagné (1938) sont des ouvrages de référence.

De 1950 à 1970

- Au sortir de la guerre, on a besoin de se retrouver en famille avec une cuisine festive à base de mets plutôt riches en graisse et en sucre : c'est la « cuisine bourgeoise ».
- Cette cuisine est incarnée par Raymond Oliver, qui présente la première émission télévisée dédiée à la cuisine.
- C'est à cette période que les premières écoles hôtelières sont créées.

De 1970 à 1990

- La « nouvelle cuisine » se fait innovante et créative. Elle est inspirée par le guide Gault&Millau qui participe activement à la médiatisation de nombreux chefs : Paul Bocuse (Collonges-au-Mont-d'Or), Paul Haeberlin (Illhauersern) et les frères Troisgros (Roanne), chez qui Bernard Loiseau a fait son apprentissage. Ces chefs valorisent le respect du produit, les sauces courtes et légères.
- Michel Guérard, auteur de *La Grande Cuisine minceur*, préconise de réduire les temps de cuisson, se préoccupe de diététique et transforme la présentation de l'assiette en œuvre d'art.
- Georges Pralus développe le procédé du sous-vide.

De 1990 à nos jours

- Michel Bras (Laguiole) et Marc Veyrat, le « chef au chapeau », associent terroir et innovation, alors qu'Olivier Roellinger développe les saveurs d'Orient. On parle de « cuisine fusion » ou de « *world food* ».
- Hervé This cherche à maîtriser les organisations moléculaires. Cette gastronomie moléculaire est mise en pratique par Ferran Adrià, élu meilleur cuisinier du monde en 2008.
- Les femmes chefs sont médiatisées. En 2009, Anne Sophie Pic est couronnée par trois étoiles au guide Michelin.
- De nombreux chefs étoilés créent, en parallèle de leur restaurant gastronomique, des bistrots ou des brasseries pour assurer l'équilibre financier de leur entreprise. Alain Ducasse incarne ces nouveaux chefs qui sortent de leur cuisine pour devenir de véritables managers. Il publie de nombreux ouvrages, dont la série *Le Grand Livre de cuisine*.
- L'Union européenne impose les notions d'AOP (appellation d'origine protégée) et d'IGP (indication géographique protégée). L'agriculture biologique est valorisée par la mise en place d'un label (AB).

2 À l'aide du document 1, complétez le tableau ci-dessous en indiquant les quatre styles de cuisine qui se sont succédé de 1900 à nos jours.

Périodes	De 1900 à 1950	De 1950 à 1970	De 1970 à 1990	De 1990 à nos jours
Styles de cuisine				

Activité 2

Connaître les personnages célèbres de 1900 à nos jours

➜ À l'aide du document 1, complétez le tableau ci-dessous en retrouvant, pour chacune de ces vies professionnelles, le nom d'un chef célèbre qui a contribué à l'évolution de la cuisine.

Vies professionnelles	Chefs cuisiniers
Il a animé la première émission télévisée consacrée à la cuisine.	☐ Raymond Oliver ☐ Auguste Escoffier ☐ Michel Guérard
Il a ouvert son restaurant à Collonges-au-Mont-d'Or.	☐ Georges Pralus ☐ Bernard Loiseau ☐ Paul Bocuse
Installé à Monaco puis à Paris, il est le premier chef à diriger deux restaurants 3 étoiles.	☐ Marc Veyrat ☐ Alain Ducasse ☐ Michel Bras
Créateur de la pêche Melba.	☐ Auguste Escoffier ☐ Paul Haeberlin ☐ Ferran Adrià
Première femme à obtenir 3 macarons au guide Michelin en 1933.	☐ Eugénie Brazier ☐ Hélène Darroze ☐ Anne-Sophie Pic
Apprenti chez les frères Troisgros puis chef étoilé, on le caractérisait par sa cuisine à l'eau.	☐ Marc Veyrat ☐ Bernard Loiseau ☐ Alain Ducasse
L'Auberge de l'Ill, à Illhauersern, conserve ses 3 étoiles depuis 1967.	☐ Les frères Troisgros ☐ Michel Bras ☐ Paul Haeberlin
Chef ayant développé le sous-vide à partir de 1974.	☐ Georges Pralus ☐ Michel Guérard ☐ Michel Bras
Chefs à Roanne, médiatisés dans les années 1970.	☐ Paul Bocuse ☐ Les frères Troisgros ☐ Anne-Sophie Pic
Inspirateur de la cuisine moléculaire et élu meilleur cuisinier du monde en 2008.	☐ Cyril Lignac ☐ Alain Ducasse ☐ Ferran Adrià
Seule femme en exercice ayant obtenu 3 macarons Michelin en 2009.	☐ Anne-Sophie Pic ☐ Hélène Darroze ☐ Eugénie Brazier
Auteur du livre *La Grande Cuisine minceur* en 1976.	☐ Alain Ducasse ☐ Michel Guérard ☐ Paul Bocuse
Range son chapeau et arrête son activité en 2009 pour raisons de santé.	☐ Marc Veyrat ☐ Les frères Troisgros ☐ Michel Bras
Sa cuisine est à base d'herbes aromatiques. Restaurateur à Laguiole, il obtient 3 macarons au guide Michelin édition 2000.	☐ Cyril Lignac ☐ Ferran Adrià ☐ Michel Bras

Activité 3

Découvrir les nouvelles tendances culinaires

Doc. 2 Le paysage culinaire a beaucoup évolué. De nos jours, les chefs n'hésitent plus à s'inspirer des gastronomies étrangères : c'est la *world food*. Les sauces épaisses disparaissent au profit de jus courts ou de jus obtenus par réduction.

Les plats traditionnels sont revisités à l'aide de nouveaux concepts ou de nouvelles techniques de préparation.

La créativité des chefs n'a plus de limites, sauf celles du bon goût... et les présentations adoptent verrines et autres petits verres ou petites porcelaines.

Aujourd'hui, la cuisine intègre plusieurs tendances. Elle peut être moléculaire, allégée, « santé » sans être cloisonnée et en s'appuyant sur des techniques traditionnelles et en respectant la qualité des produits. Elle est à l'écoute des exigences de la clientèle.

Elle s'appuie sur la mise en avant de nouvelles textures (gelées...), des goûts différents, des présentations modernes, ludiques, associés à de nouvelles techniques (préparation à l'azote liquide). Ces techniques permettent de revisiter certaines recettes ou d'en créer de nouvelles.

1 À l'aide du document 2, précisez trois points qui différencient la cuisine dite « classique » de la cuisine actuelle dans la mise en valeur du produit.

---

2 Identifiez, dans les photographies ci-dessous, trois supports de présentation utilisés pour mettre en valeur les nouvelles tendances culinaires.

- ....

- ....
- ....

Je retiens

1 De 1900 à 1950 : la cuisine moderne

Événements marquants	Personnages marquants
• Les repas sont copieux et abondants. • 1900 : parution du guide Michelin. • Évolution des pratiques culinaires et des techniques de conservation. • Apparition des premiers réfrigérateurs.	• **Auguste Escoffier** est le maître incontesté de la « cuisine moderne ». • **Eugénie Brazier** est la première femme à obtenir 3 étoiles au guide Michelin. • **Gringoire et Saulnier** écrivent le *Répertoire de la cuisine.* • **Prosper Montagné** écrit le *Larousse gastronomique.*

2 De 1950 à 1970 : la cuisine bourgeoise

Événements marquants	Personnages marquants
• Première émission télévisée dédiée à la cuisine. • La cuisine se fait festive au travers de plats plutôt riches en graisse et en sucre. • Création des premières écoles hôtelières.	• **Raymond Oliver** est le premier cuisinier à présenter une émission télévisée.

3 De 1970 à 1990 : la nouvelle cuisine

Événements marquants	Personnages marquants
• Valorisation du produit au travers d'une cuisine innovante. • Médiatisation des chefs par le guide Gault&Millau. • Apparition d'une cuisine diététique.	• **Paul Bocuse** est l'ambassadeur de la cuisine française dans le monde entier. • **Georges Pralus** développe le procédé du sous-vide. • **Les frères Troisgros** exercent leur talent à Roanne. • **Michel Guérard** publie *La Grande Cuisine minceur.*

4 De 1990 à nos jours : la cuisine fusion ou *world food*

Événements marquants	Personnages marquants
• Utilisation de produits d'origine étrangère et intégration de techniques étrangères à la cuisine française. • Le chef de cuisine devient un véritable chef d'entreprise. • Développement de la gastronomie moléculaire. • L'Union européenne met en place les AOP (appellation d'origine protégée) et les IGP (indication géographique protégée).	• **Alain Ducasse** est le chef le plus étoilé en 2000. • **Ferran Adrià** est le spécialiste de la gastronomie moléculaire. • **Hervé This**, physico-chimiste, travaille sur les organisations moléculaires. • **Anne-Sophie Pic** est la seule femme à obtenir 3 étoiles au guide Michelin en 2009.

J'applique mes connaissances

Exercice 1

Cochez la bonne réponse.

Affirmations	Vrai	Faux
Le guide Michelin a été publié pour la première fois en 1900.		
Anne-Sophie Pic est la première femme chef à obtenir 3 macarons au guide Michelin.		
Gringoire et Saulnier sont les auteurs du *Répertoire de la cuisine*.		
La « nouvelle cuisine » date du XXIe siècle.		
Georges Pralus est le précurseur de la cuisine sous-vide.		
Ferran Adrià est connu pour sa cuisine moléculaire.		
En 2000, deux établissements dirigés par Alain Ducasse obtiennent 3 macarons au guide Michelin		
Hervé This est associé aux travaux de recherche sur la gastronomie moléculaire.		
Michel Guérard est à l'origine d'une cuisine diététique.		
À l'échelle européenne, l'AOC est remplacé par l'AOP.		

Exercice 2

À l'aide des définitions suivantes, retrouvez les invités mystères.

1. J'ai été le « cuisinier des rois et roi des cuisiniers » au début du XXe siècle.
Je suis le créateur de la pêche Melba et l'auteur du *Guide culinaire*.

Je suis : ....

2. Je suis connu comme l'ambassadeur de la cuisine française à travers le monde.
J'ai bâti ma réputation à Collonges-au-Mont-d'Or.

Je suis : ....

3. Je fus le chef du restaurant Le Louis XV à Monaco et du Plaza Athénée à Paris.
J'ai publié *Le Grand Livre de cuisine* en 2008.

Je suis : ....

4. J'ai développé le procédé du sous-vide.

Je suis : ....

5. J'ai présenté la première émission télévisée consacrée à la cuisine.

Je suis : ....

2 L'éducation du goût, de l'odorat

OBJECTIFS

« En vrai professionnel, je dois être capable de... »

1. Reconnaître le goût des aliments.
2. Respecter les étapes de la dégustation.
3. Connaître l'importance de l'assaisonnement.

DATE : ....

Lors de la « Semaine du goût », Fanny et Louis participent à l'élaboration d'un menu mettant en avant les saveurs de base des produits.

J'ANALYSE LA SITUATION

1 Quelles sont les deux saveurs de base présentes dans le carré de porc au miel ?

....

2 Quelles sont les autres saveurs de base ?

....

3 En dehors du goût, quelle est l'autre fonction du miel associé à la viande ?

....

Activité 1
Reconnaître le goût des aliments

Doc. 1

Menu du goût

Cappuccino au lard fumé

6 huîtres fines de claire

Carré de veau de l'Aveyron au miel d'acacia

Carottes glacées

Endives braisées

Douceur chocolatée au cœur de framboise

Coquillages au parfum iodé et à la saveur salée relevés d'un filet de jus de citron. → 6 huîtres fines de claire

Petites carottes légèrement sucrées à l'aspect brillant. → Carottes glacées

Entremets froid composé d'un biscuit croquant et d'une mousse légère qui associe l'amertume à l'acidité. → Douceur chocolatée au cœur de framboise

Fine mousse onctueuse aux arômes de lard fumé. → Cappuccino au lard fumé

Pièce de viande moelleuse « laquée » au miel d'acacia. → Carré de veau de l'Aveyron au miel d'acacia

Endives fondantes à la saveur délicatement amère. → Endives braisées

→ À l'aide du document 1, identifiez la ou les saveurs de base mises en valeur par les mets qui composent le « menu du goût ».

- Salé
- Sucré
- Amer
- Acide

Applications culinaires	Saveurs de base
Cappuccino de lard fumé	
6 huîtres fines de claire	
Carré de veau de l'Aveyron au miel d'acacia	
Carottes glacées	
Endives braisées	
Douceur chocolatée au cœur de framboise	

ACTIVITÉ 2
Se sensibiliser à la dégustation

1 Indiquez dans le document 2 les sens mis en éveil à chaque étape de la dégustation.

● **L'ouïe** ● **La vue** ● **L'odorat** ● **Le toucher** ● **Le goût**

Doc. 2 **Mode opératoire de la dégustation**

Étapes	Description de…	Sens mis en éveil
1	• l'aspect • la forme • la couleur	....
2	• l'odeur prédominante	....
3	• la texture	....
4	• le bruit caractéristique	....
5	• les saveurs • la température	....

2 À l'aide du document 2, relevez dans le « menu du goût » (document 1) les termes qui caractérisent les sens mis en éveil.

Sens	Termes descriptifs utilisés
La vue	
L'odorat	
Le toucher	
L'ouïe	
Le goût	

Activité 3

Connaître l'importance de l'assaisonnement

Doc. 3

L'assaisonnement est une action importante qui permet de rehausser le goût et la saveur des aliments en utilisant la propriété d'exhausteur de goût du sel et la typicité aromatique des épices.

Il varie selon les goûts de chacun. Cependant, il est indispensable de respecter quelques règles essentielles pour bien assaisonner.

Il est nécessaire de savoir doser pour mettre en valeur la saveur du produit sans le masquer, de tenir compte de ses particularités et d'être capable de réaliser des associations harmonieuses.

Certains produits, tels les fruits de mer, sont mis en valeur par l'acidité apportée soit par le citron, soit par une vinaigrette aux échalotes, par exemple, mais aussi par un vin qui apporte de la fraîcheur.

C'est pour cela qu'il est nécessaire de faire connaître la composition des préparations au sommelier de manière à associer les mets aux vins.

1 À l'aide du document 3, répondez aux questions suivantes.

Questions	Réponses
Quelle est la propriété principale du sel ?	
Quelles sont les trois règles à respecter pour bien assaisonner ?	• .... • .... • ....
Que permet l'assaisonnement ?	

2 Classez les aliments listés ci-dessous en fonction de leur teneur en sel afin d'assurer un bon assaisonnement en tenant compte de leur typicité.

- Jambon blanc
- Comté
- Anchois
- Salade verte

– Salé | | | | + Salé

Je retiens

1 Reconnaître le goût des aliments

Le goût des aliments se caractérise par différentes saveurs.

Les saveurs de base :
- Sucré
- Salé
- Amer
- Acide

Les saveurs secondaires :
- Arômes fumés
- Iodé, chocolaté, fruité

2 Respecter les étapes de la dégustation

La dégustation s'effectue en cinq étapes qui impliquent l'éveil des cinq sens.

La vue :
- l'aspect
- la forme
- la couleur

L'odorat :
- l'odeur prédominante

Le toucher :
- la texture

L'ouïe :
- le bruit caractéristique

Le goût :
- les saveurs
- la température

3 Connaître l'importance de l'assaisonnement

Les trois règles à respecter pour bien assaisonner sont les suivantes :

- l'assaisonnement ne doit pas masquer la saveur du produit ;
- le cuisinier doit saler avec prudence en tenant compte de la caractéristique du produit ;
- l'harmonie entre le plat à réaliser et l'assaisonnement doit être respectée.

J'applique mes connaissances

Exercice 1

Complétez la grille de mots croisés.

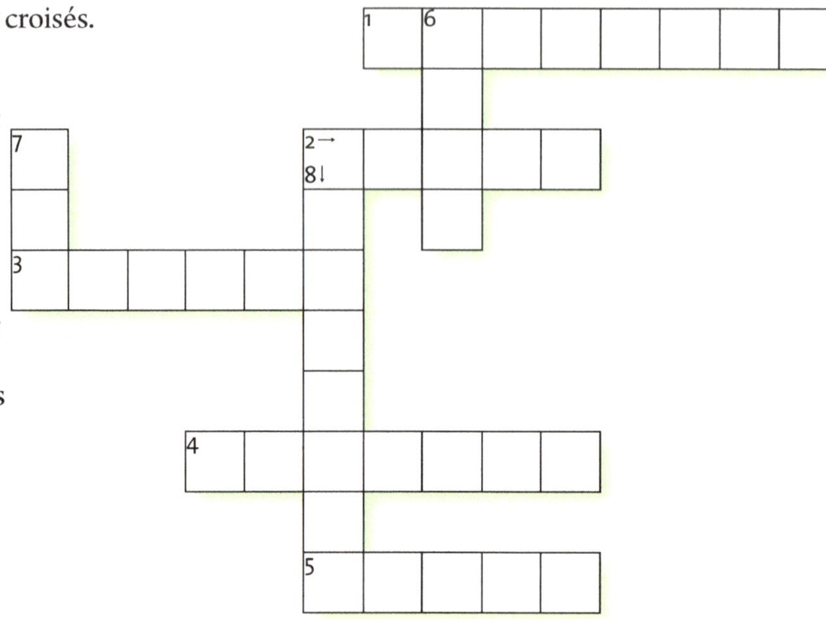

Horizontalement

1. Je suis un terme descripteur utilisé pour les pommes de terre cuites dans du fond blanc.
2. Je suis la saveur de base caractéristique du citron.
3. Je suis un terme descripteur correspondant à une crème contenant entre 12 et moins de 30 % de matière grasse.
4. Je suis le sens qui permet d'apprécier la texture et la température.
5. Je suis utilisée pour assaisonner en raison de ma typicité aromatique.

Verticalement

6. Je suis le sens qui permet d'identifier le bruit caractéristique du croustillant.
7. Je suis un exhausteur de goût.
8. Je suis la saveur de base ressentie lorsque l'on mange des endives.

Exercice 2

Retrouvez la saveur de base dominante de chacun des produits présentés.

● **Sucré** ● **Salé** ● **Amer** ● **Acide**

Miel	Jambon cru	Pomme verte	Pamplemousse

Framboises	Meringues	Endives	Anchois

3 Les concepts de production culinaire : les PCEA

OBJECTIFS

« En vrai professionnel, je dois être capable de... »

1. Connaître les systèmes de production culinaire, de stockage et de distribution.
2. Connaître la législation.
3. Connaître les règles d'hygiène spécifiques.

DATE : ....

Afin de compléter leur formation, le chef emmène Fanny et Louis visiter la cuisine d'un centre hospitalier qui produit 5 000 repas par jour. Les préparations culinaires élaborées à l'avance (PCEA) sont réalisées en liaison froide, plus souple que la liaison chaude.

J'ANALYSE LA SITUATION

1. Donnez la signification du sigle PCEA.

....

2. Citez un établissement public où la restauration collective est présente.

....

3. Quelles sont les dispositions à prendre pour transporter des préparations culinaires destinées à une consommation différée en toute sécurité ?

....

....

ACTIVITÉ 1

Connaître les systèmes de production culinaire, de stockage et de distribution

Doc. 1 Schéma des systèmes de production, distribution et stockage des PCEA

Liaison froide	Étapes	Liaison chaude
Cuisine Température à cœur + 63 °C minimum	Production	**Cuisine** Température à cœur + 63 °C minimum
Local de conditionnement En barquettes hermétiques	Conditionnement	**Cuisine** En bacs gastronormes avec couvercle
Local de refroidissement De + 63 °C à + 10 °C à cœur en moins de 2 heures	Refroidissement	
Local de refroidissement Apposition d'une étiquette avec la marque de salubrité sur les barquettes	Étiquetage	**Cuisine** Apposition de la marque de salubrité sur le document de liaison
Chambre froide À + 3 °C au maximum jusqu'à 3 jours	Stockage central (sur lieu de production)	
Transports routiers, ferroviaires, maritimes, aériens En enceinte réfrigérée à + 3 °C	Transport	**Transports routiers, ferroviaires, maritimes, aériens** En bacs isothermes à + 63 °C minimum
Chambre froide À + 3 °C au maximum jusqu'à 3 jours	Stockage satellite (sur lieu de distribution)	
Restaurant satellite Remise en température de + 10 °C à + 63 °C en moins d'une heure	Remise en température	
Restaurant satellite Destruction des invendus réchauffés	Distribution	**Restaurant satellite** Destruction des invendus

→ À l'aide du document 1, répondez aux questions suivantes par vrai ou faux.

		Vrai	Faux
En liaison froide	La température à cœur de cuisson des préparations doit être de + 66 °C minimum.		
	Les plats sont conditionnés en barquettes fermées hermétiquement.		
	La PCEA doit être refroidie de + 63 °C à + 3 °C en moins de 2 heures.		
	Les barquettes sont toujours étiquetées avec l'apposition de la marque de salubrité.		
	La PCEA peut être conservée à + 3 °C en chambre froide positive au maximum jusqu'à 3 jours.		
	Le transport s'effectue en enceinte réfrigérée à + 3 °C.		
	La durée maximum de remise en température d'une PCEA est de 4 heures.		
	Les invendus réchauffés sont toujours détruits.		

		Vrai	Faux
En liaison chaude	La température à cœur de cuisson des préparations doit être de + 63 °C.		
	Les plats sont conditionnés en barquettes fermées hermétiquement.		
	Le transport s'effectue en bacs isothermes à + 63 °C.		
	Les invendus peuvent être refroidis et conservés 12 heures à + 3 °C pour une nouvelle distribution.		

Activité 2

Connaître la législation spécifique à l'élaboration de PCEA en restauration collective

→ Étudiez l'extrait de l'arrêté du 29/09/1997 relatif à la restauration collective puis surlignez :
- en bleu : les caractéristiques de la clientèle de la restauration collective ;
- en rouge : la fonction d'une cuisine centrale.

Doc. 2

Extrait de l'arrêté du 29/09/1997 fixant les conditions d'hygiène applicables dans les établissements de restauration collective à caractère social

Article 1 – Le présent arrêté fixe les conditions sanitaires et hygiéniques auxquelles sont soumis les établissements publics ou privés assurant un service de restauration à caractère social, à titre gracieux ou onéreux, et dont au moins une partie de la clientèle est constituée d'une collectivité de consommateurs réguliers.
Sont notamment concernés les restaurants liés à une administration ou une entreprise, [...] centres et établissements de vacances et établissement pénitentiaires.

Article 2 – Pour l'application du présent arrêté, il faut entendre par :
1. Cuisine centrale : établissement dont une partie au moins de l'activité consiste en la fabrication de préparations culinaires élaborées à l'avance à destination d'au moins un restaurant satellite ou d'une collectivité de personnes à caractère social. [...]

Activité 3

Connaître les règles d'hygiène spécifiques à l'élaboration des PCEA en restauration collective

Doc. 3

Schéma des obligations spécifiques aux PCEA en liaisons chaude et froide

Restauration collective
Liaison froide et liaison chaude

La traçabilité
- Étiquetage des PCEA
- Marque de salubrité (délivrée par la direction des services vétérinaires)
- Relevés de température des chambres froides de stockage

La documentation
- Document de liaison

Le suivi microbiologique
- Échantillonnage
- Plats témoins

Doc. 4

La traçabilité

Les mentions obligatoires d'une étiquette de PCEA

Dénomination : poulet basquaise
À consommer jusqu'au : 24/07/N
Préparé le : 21/07/N
Cuisine centrale hôpitaux de Nîmes
À conserver entre 0 °C et + 3 °C

Exemple d'une marque de salubrité

F 30
657.01
ISV

- F : France
- 30 : département du Gard
- 657 : n° INSEE de la commune
- 01 : n° d'ordre de l'établissement
- ISV : inspection sanitaire vétérinaire

Doc. 5

La documentation

Exemple de document de liaison en liaison froide

Cuisine centrale
Responsable de la production : M. Delorette
Responsable du transport : M. Pradel
Responsable de la distribution : Mlle Barnar
Dénomination du PCEA : poulet basquaise
Date de fabrication : 21/07/N
DLC : 24/07/N
Température d'envoi : + 3 °C
Température de réception : + 3 °C
Température du camion : + 1 °C

1 Prenez connaissance des documents 3, 4 et 5 puis complétez le tableau ci-dessous en reliant le début de chaque phrase à la fin correcte.

Repère	Début de l'affirmation	Repère	Fin de l'affirmation
A	La DLC est une...		« poulet basquaise ».
B	M. Delorette est le...		21/07/N.
C	La dénomination de la PCEA est...		mention obligatoire de l'étiquette.
D	La PCEA a été fabriquée le...		Mlle Barnar.
E	Les relevés de température des chambres froides, l'étiquette et la marque de salubrité permettent la...		entre 0 et + 3 °C.
F	La responsable de la distribution est...		responsable de la production de la PCEA.
G	La PCEA doit être conservée...		traçabilité.

2 À l'aide du document 4, répondez par vrai ou faux aux affirmations ci-dessous.

Affirmations	Vrai	Faux
La marque de salubrité doit obligatoirement être apposée sur les PCEA en liaison froide.		
La marque de salubrité est apposée sur le document de liaison lorsqu'il s'agit de PCEA livrées en liaison chaude.		
La marque de salubrité est ronde.		
La marque de salubrité comporte toujours l'initiale du pays et le numéro du département de production.		

3 Lisez le texte ci-dessous relatif au suivi microbiologique des PCEA, puis surlignez selon le code couleur les réponses aux questions posées.

- Pourquoi pratique-t-on l'échantillonnage ?
- Combien de temps doivent être conservés des plats témoins ?
- Dans quels cas doit-on donner les plats témoins à un agent de la direction des services vétérinaires ?

Le suivi microbiologique des PCEA

L'échantillonnage consiste à faire analyser volontairement des PCEA par un laboratoire indépendant, en privilégiant des produits à risques afin d'améliorer la qualité et la sécurité alimentaire.

Il ne faut pas confondre l'échantillonnage et les plats témoins, qui sont des prélèvements obligatoires à conserver 5 jours et qui peuvent être demandés par un agent de la direction des services vétérinaires en cas d'intoxication alimentaire. Ces plats témoins ne doivent en aucun cas servir à un autre usage.

Je retiens

1 Connaître les systèmes de production culinaire, de stockage et de distribution

Température à cœur des PCEA	Schéma directeur du système de production en liaison froide
+ 63 °C	Production
	Conditionnement en barquettes hermétiques
À + 10 °C en moins de 2 heures	Refroidissement
+ 3 °C au maximum 3 jours	Étiquetage
	Stockage central
	Transport
	Stockage satellite
À + 63 °C en moins d'une heure	Remise en température
+ 63 °C	Distribution (destruction des invendus)

Température à cœur des PCEA	Schéma directeur du système de production en liaison chaude
+63 °C	Production
	Conditionnement en bacs gastronormes avec couvercle
	Transport
	Distribution (destruction des invendus)

2 Connaître la législation spécifique à l'élaboration de PCEA en restauration collective

« Cuisine centrale : établissement dont une partie au moins de l'activité consiste en la fabrication de préparations culinaires élaborées à l'avance à destination d'au moins un restaurant satellite ou d'une collectivité de personnes à caractère social. » (Arrêté du 29/09/97)

3 Connaître les règles d'hygiène spécifiques à l'élaboration de PCEA en restauration collective

	Traçabilité	Documentation	Suivi microbiologique
Liaison froide et liaison chaude	• **Étiquetage** des barquettes • Apposition de la **marque de salubrité** sur l'étiquette ou sur les barquettes • Relevés de température des chambres froides de stockage • Apposition de la **marque de salubrité** sur le document de liaison • **Relevés de température**	**Document de liaison** Ce document permet d'identifier : • les différents acteurs (personnels) de la liaison froide ou chaude ; • la dénomination du PCEA ; • la date de fabrication et la DLC ; • les températures d'envoi, de réception et du transport.	• **Échantillonnage :** démarche **volontaire** de faire analyser des produits à risques en vue d'améliorer la qualité sanitaire des PCEA. • **Plats témoins :** prélèvements **obligatoires** de PCEA devant être conservés 5 jours et pouvant être analysés en cas d'intoxication alimentaire.

J'applique mes connaissances

J'applique mes connaissances

Exercice 1

◆ Reclassez chronologiquement les étapes citées ci-dessous pour la réalisation d'une estouffade bourguignonne dans un système de production en liaison froide.

- Conditionnement
- Distribution
- Étiquetage
- Transport
- Production
- Remise en température de + 10 °C à + 63 °C en moins d'une heure
- Stockage satellite à + 3 °C pendant 3 jours maximum
- Stockage central à + 3 °C pendant 3 jours maximum
- Refroidissement de + 63 °C à + 10 °C en moins de 2 heures

	Étapes du système de production en liaison froide
1	
2	
3	
4	
5	
6	
7	
8	
9	

Exercice 2

◆ Classez les éléments énumérés ci-dessous en fonction du type d'obligation à laquelle ils répondent.

- Étiquetage des barquettes
- Échantillonnage
- Document de liaison
- Marque de salubrité
- Relevés de température des enceintes de stockage
- Plats témoins

La traçabilité	La documentation	Le suivi microbiologique

J'applique mes connaissances

Exercice 3

Répondez aux affirmations suivantes par vrai ou faux.

Affirmations	Vrai	Faux
La marque de salubrité est apposée sur le document de liaison dans un système de production en liaison chaude.		
L'échantillonnage des PCEA est une démarche obligatoire.		
L'étiquetage des PCEA est obligatoire dans un système de production en liaison froide.		
Les PCEA réalisées dans un système de production en liaison chaude subissent une remise en température.		
Les PCEA réalisées dans un système de production en liaison froide subissent un refroidissement rapide de + 63 °C à + 3 °C en moins d'une heure.		
Les plats témoins sont des prélèvements obligatoires analysés en cas d'intoxication alimentaire.		
La durée totale de stockage des PCEA en chambre froide positive ne peut excéder 3 jours.		
En fin de service, les invendus peuvent subir un second refroidissement afin de les distribuer ultérieurement.		
L'arrêté du 29/09/1997 réglemente tous les types de restauration (collective, commerciale...).		
L'étiquetage des PCEA permet une bonne traçabilité.		
L'étiquette doit comporter obligatoirement les ingrédients contenus dans la PCEA.		
Lors du transport en liaison chaude, les PCEA sont accompagnées d'un document de liaison.		

Exercice 4

Citez les étapes communes entre un système de production en liaison froide et un système de production en liaison chaude.

1	
2	
3	
4	

4 Le matériel

OBJECTIFS

« En vrai professionnel, je dois être capable de... »

1. Choisir le matériel en fonction des opérations à effectuer, respecter les procédures, décrire et connaître les principes simples d'utilisation des principaux matériels.
2. Connaître les principes d'entretien et de sécurité.

DATE : ....

Aujourd'hui, Fanny et Louis vont faire de la pâtisserie avec le chef. Il leur demande de chercher le matériel nécessaire pour travailler.

J'ANALYSE LA SITUATION

1 Est-il important de connaître la fonction exacte des matériels de cuisine ? Pourquoi ?

....

2 Pourquoi le chef demande-t-il à Fanny de laver le poêlon à sucre ? Quels sont les risques liés à un mauvais entretien du matériel ?

....

....

3 Quelle est la « batterie » évoquée par le chef ?

....

....

ACTIVITÉ 1

Choisir le matériel en fonction des opérations à effectuer, respecter les procédures, décrire et connaître les principes simples d'utilisation des principaux matériels

Doc. 1

En fonction des techniques culinaires à mettre en œuvre, un ou plusieurs éléments du matériel de cuisine sont utilisés. Le matériel de cuisine se compose de la batterie de cuisine (matériel que l'on peut déplacer), du matériel fixe (qui ne peut être déplacé), du matériel électromécanique (toujours muni d'un moteur), du petit matériel et de la coutellerie.

Les préparations préliminaires

Techniques culinaires à mettre en œuvre – Termes utilisés	Techniques culinaires à mettre en œuvre – Exemples	Matériel	Caractéristiques
Brider (ficeler une volaille à l'aide d'une aiguille à brider)	Poulet	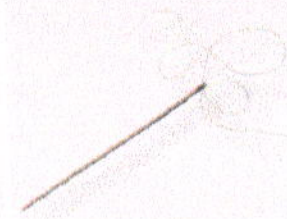 Aiguille à brider	
Débarrasser	Épluchures	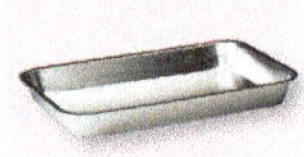 Plaque à débarrasser	
Réserver	Pommes de terre	 Calotte	Récipient à fond plat
	Champignons cuits	 Bahut	Cylindrique à deux anses
Désosser	Gigot d'agneau	 Couteau désosseur	Couteau à lame courte et rigide
Éplucher	Carottes	 Couteau économe	Lame fendue
	Pommes de terre	 Éplucheuse	Appareil électromécanique à disque abrasif
	Échalotes	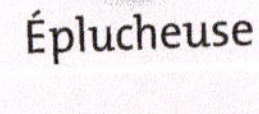 Couteau d'office	Petit couteau pointu

Techniques culinaires à mettre en œuvre – Termes utilisés	Techniques culinaires à mettre en œuvre – Exemples	Matériel	Caractéristiques
Laver	Salades	 Bac à légumes	Matériel fixe composé de bacs profonds
Lever (prélever à l'aide d'une cuillère à racine des billes de légumes ou de fruits)	Navets	 Cuillère à racine/ Couteau à pomme parisienne/ Couteau à lever	Couteau de forme hémisphérique
Ouvrir	Huîtres	 Couteau à huître	Couteau à lame non tranchante
Râper	Carottes	 Coupe-légumes	Appareil électromécanique muni d'accessoires de coupes diverses

Doc. 1

Les préparations préliminaires (suite)

Techniques culinaires à mettre en œuvre – Termes utilisés	Exemples	Matériel	Caractéristiques
Fileter (prélever les filets d'un poisson)	Sole	 Couteau filet de sole	Lame souple et pointue
Habiller (étape de la préparation préliminaire des volailles ou des poissons)	Merlan	 Ciseaux à poisson	Ciseaux à lame crantée
Hacher	Viande de bœuf	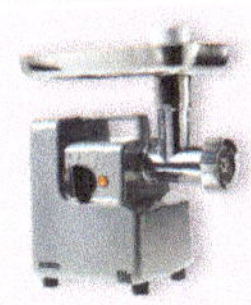 Hachoir	Appareil électromécanique à hélice tranchante
	Chair de saumon	 Cutter	Appareil électromécanique à lame rotative
	Persil	 Couteau éminceur	Couteau à large lame

Techniques culinaires à mettre en œuvre – Termes utilisés	Exemples	Matériel	Caractéristiques
Refroidir	Fondue de tomate	 Cellule de refroidissement	Enceinte de production de froid intense
Stocker	Matières premières	 Armoire réfrigérée positive ou négative	Enceinte de production de froid permettant le stockage muni d'un thermostat
Tailler	Pommes gaufrette	 Mandoline	Support muni d'une lame tranchante lisse ou crantée
Tourner	Courgette	 Couteau bec d'oiseau	Couteau à lame courte et recourbée
Trancher	Pain de mie	 Couteau-scie	Couteau à lame longue et crantée
	Jambon	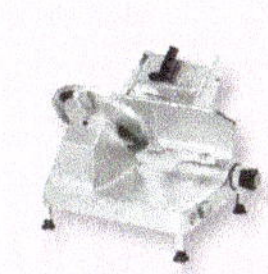 Trancheur universel	Appareil électromécanique à lame rotative muni d'un chariot de coupe

1 À l'aide du document 1, complétez le tableau ci-dessous.

Désignation	Description	Utilisations
Plaque à débarrasser		Elle permet de réserver, stocker ou réaliser des préparations.
Couteau éminceur		
Éplucheuse		Elle permet d'éplucher les légumes.
Armoire froide positive	Armoire froide étanche ventilée, facile à nettoyer, équipée d'étagères et munie d'un thermostat pour régler la température	

Doc. 2

Les cuissons

Techniques culinaires à mettre en œuvre		Matériel	Caractéristiques
Termes utilisés	**Exemples**		
Sauter	Steak	 Sautoir	Récipient rond à bord bas et droit
	Truite	 Poêle ovale	Peut être antiadhésive
	Escalope panée	 Poêle ronde	Peut être antiadhésive
	Crêpes	 Poêle à crêpes	Petite poêle ronde et plate
	Steak haché (en grande quantité)	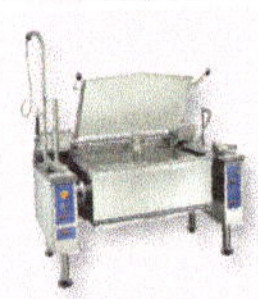 Sauteuse basculante	Peut être à pression
Pocher départ à froid ou à chaud	Poularde	 Rondeau haut	
	Pot-au-feu	 Marmite	Capacité plus importante que le rondeau haut
	Haricots verts	 Russe	Casseroles empilables

Techniques culinaires à mettre en œuvre		Matériel	Caractéristiques
Termes utilisés	**Exemples**		
Glacer à brun	Oignons grelots	 Sauteuse	Récipient à bord évasé
Frire	Beignets d'aubergine	 Bassine à frire	Munie d'un panier amovible
Cuire en ragoût	Morceau de bœuf (50 g)	 Rondeau bas	Munie de deux anses latérales et d'un couvercle
Griller	Daurade	 Gril	Nervuré pour quadriller
	Gambas	 Plancha	Lisse pour saisir
Rôtir	Pintade	 Plaque à rôtir	Plaque rectangulaire à petit bord
	Contre-filet	 Plaque gastronorme	Matériel normalisé pouvant être perforé

2 À l'aide du document 2, complétez le tableau ci-dessous en nommant le matériel en photo et en citant un exemple de préparation culinaire à partir de la liste donnée.

- **Steaks sautés Bercy**
- **Truite meunière**
- **Estouffade de bœuf**
- **Champignons sautés**
- **Beignets de calamar**
- **Gambas grillées aux herbes**
- **Pot-au-feu**
- **Petits pois à l'anglaise**

Photo du matériel	Désignation	Utilisation
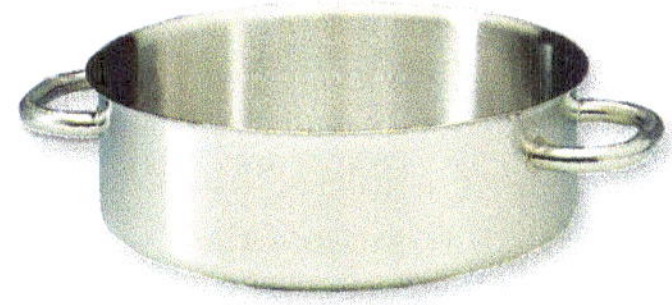		
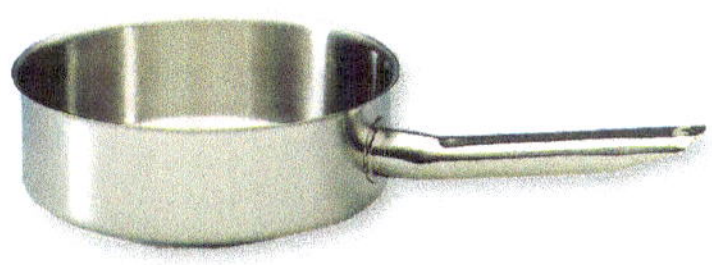		

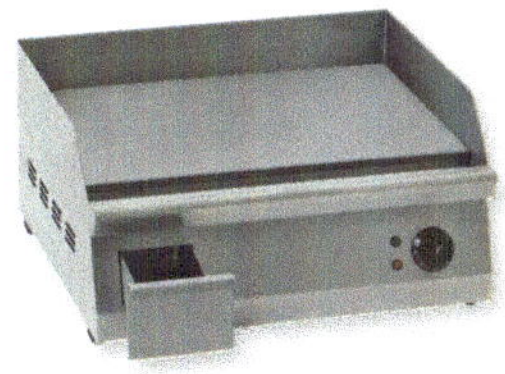		

Doc. 3 Les moyens de cuisson

Supports de cuisson	Caractéristiques	Enceintes de cuisson	Caractéristiques
 Plaque à induction	Plaque utilisant le champ magnétique pour chauffer l'aliment sans flamme ni surface brûlante. Le matériel (russe, sautoir) doit être « spécial induction »	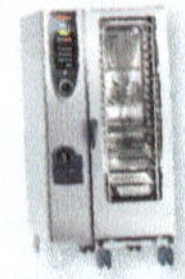 Four mixte ou polycuiseur	Enceinte chauffée permettant de réaliser des cuissons en air chaud (statique, pulsé, basse température), vapeur et mixte
 Plaque vitrocéramique	Plaque faite d'une matière vitreuse présentant les mêmes caractéristiques que la céramique et chauffant grâce à des tubes halogènes	 Four à sole	Four profond chauffant essentiellement en partie basse « sole », muni d'un thermostat
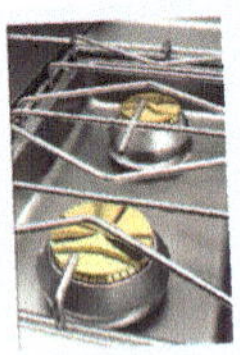 Feux vifs	Brûleur fonctionnant au gaz muni d'un thermocouple qui coupe l'arrivée de gaz en cas d'extinction accidentelle	 Gastrovac	Appareil permettant, sous certaines conditions de pression atmosphérique (sous-vide), de cuire et/ou d'imprégner à chaud ou à froid
Plaque électrique	Plaque en métal chauffant grâce à des résistances électriques	 VarioCooking	Ensemble de cuisson autonome permettant d'enchaîner plusieurs cuissons simultanément et de manière automatisée grâce à des process préenregistrés
 Four statique	Enceinte chauffée par différentes énergies « en sole » ou « en voûte »	 Hold-o-mat	Enceinte de cuisson permettant de mener des cuissons à température précise sans avoir recours au sous-vide et permettant de cuire ou de maintenir les aliments sans dessèchement

Doc. 4 Les appareils, fonds et sauces

Termes	Photo et désignation	Caractéristiques	Termes	Photo et désignation	Caractéristiques
Faire le vide d'air	 Machine sous-vide	Enceinte vitrée dans laquelle on effectue la mise à vide des aliments dans des sachets affectés à cet usage	Émulsionner	 Pacojet	Appareil composé d'un bloc-moteur, d'un récipient qui s'enclenche sur une lame et de bols qui permettent la préparation et le stockage des préparations culinaires
Remettre en température	 Four à micro-ondes	Caisson étanche où sont émises des ondes		 Thermomix	Appareil chauffant composé d'un bloc-moteur, d'un bol et de lames à utiliser selon la préparation à réaliser

Doc. 4 Les appareils, fonds et sauces (suite)

Termes	Photo et désignation	Caractéristiques
Maintenir en température	 Armoire chaude	Armoire chauffée munie d'un thermostat
	 Bain-marie thermostaté	Cuve chauffée équipée d'un thermostat et munie d'une arrivée d'eau
	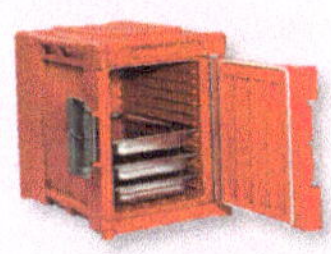 Caisson isotherme	Caisson étanche isolé thermiquement
Retourner	 Diapason	Fourchette à deux dents
Mixer	 Mixeur plongeant	Appareil électromécanique muni d'une colonne qui se termine par une lame rotative

Termes	Photo et désignation	Caractéristiques
Écumer	 Écumoire	Base ronde, plate et perforée munie d'un long manche
Napper	 Pochon/louche	Cuillère hémisphérique munie d'un long manche
Travailler en friture	 Araignée	Base réalisée en fils d'acier et munie d'un long manche
Égoutter	 Passoire	Peut être à anse ou à queue
Chinoiser	 Chinois	Passoire fine à fond pointu. S'il est à mailles resserrées, on l'appelle « chinois étamine ».
Déglacer	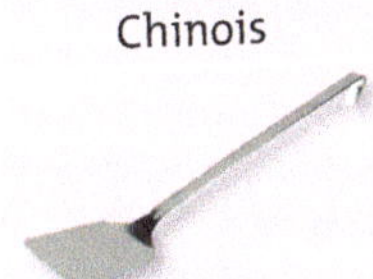 Spatule à réduction	Rectangulaire et plate, munie d'un long manche
Fouetter	 Fouet à sauce	Fils métalliques entrecroisés maintenus dans un manche

3 À l'aide des documents 2, 3 et 4, complétez le tableau ci-dessous.

Désignation	Description	Utilisations
	Récipients cylindriques munis d'un manche et qui sont empilables	Utilisés pour de nombreuses cuissons, pour réchauffer et étuver
		Enceinte chauffée permettant de réaliser des cuissons en air chaud (statique, pulsé, basse température), vapeur et mixte
Four à micro-ondes	Caisson étanche où sont émises des ondes	
		Support de cuisson qui complète les autres matériels afin d'assurer les modes de cuissons pocher, sauter, braiser, en ragoût...

Doc. 5

Les techniques de pâtisserie

Techniques culinaires à mettre en œuvre – Termes utilisés	Exemples	Matériel	Caractéristiques
Beurrer	Savarin	 Moule à savarin	Moule en forme de couronne
Cirer		 Plaque à pâtisserie	Plaque en tôle pouvant être recouverte de Téflon
Corner	Crème pâtissière	 Corne	Ustensile plat demi-circulaire en matière plastique
		 Maryse	Embout en caoutchouc souple muni d'un long manche
Coucher	Choux	 Poche à douille	Généralement jetable pour des raisons d'hygiène
Cuire du sucre	Caramel	 Poêlon à sucre	En cuivre pour une meilleure cuisson
Détailler	Petits fours sablés	 Emporte-pièce	En matière plastique pour des raisons d'hygiène
Foncer	Pâte brisée	 Cercle à tarte	Doit être complété par l'utilisation d'une plaque à pâtisserie

Techniques culinaires à mettre en œuvre – Termes utilisés	Exemples	Matériel	Caractéristiques
Masquer	Moka	 Spatule métallique	Lame non tranchante métallique et arrondie munie d'un long manche qui peut être recourbé
Monter	Blancs en neige	 Fouet à blancs	Fouet plus volumineux et plus arrondi que le fouet à sauce
		 Batteur mélangeur	Appareil électromécanique muni d'une cuve et d'accessoires (fouet, crochet, palette ou feuille)
Pincer	Tarte	 Pince à tarte	Pince à bords larges
Réaliser une pâte	Pâte à crêpes	 Cul-de-poule	Récipient à fond arrondi
Foisonner	Crème Chantilly	 Siphon	Bouteille métallique étanche permettant de gazéifier des préparations liquides afin d'obtenir une texture mousseuse ou aérée
Tourer	Pâte feuilletée	 Rouleau à pâtisserie	Il peut être en bois, plastique ou inox.
Turbiner	Glace	 Sorbetière	Appareil électromécanique produisant un froid intense, muni de pales rotatives

Doc. 5

Les techniques de pâtisserie (suite)

Techniques culinaires à mettre en œuvre – Termes utilisés	Exemples	Matériel	Caractéristiques
Frire	Beignets	 Friteuse	La cuve contenant le bain d'huile peut être chauffée directement par des résistances ou par bain-marie.
Glacer	Sabayon	 Salamandre	Plafond rayonnant sans enceinte sous laquelle se trouve une plateforme permettant de disposer les aliments
Lustrer	Nappage	 Pinceau	Le pinceau est adapté pour le contact alimentaire.
Vanner	Crème anglaise	 Spatule en plastique	Spatule autrefois en bois, remplacé par une matière plastique pour des raisons d'hygiène
Vider	Pommes	 Vide-pomme	Gouge munie d'un manche

4 À l'aide des documents 4 et 5, identifiez le bon matériel dans le tableau ci-dessous à partir de la description donnée.

Description	Matériels proposés			
Bouteille métallique étanche permettant de gazéifier des préparations liquides afin d'obtenir une texture mousseuse ou aérée	 ❐	 ❐	 ❐	 ❐
Enceinte vitrée dans laquelle on effectue la mise à vide des aliments dans des sachets affectés à cet usage	 ❐	 ❐	 ❐	 ❐
Récipient muni de rebords verticaux de petite taille et utilisé en général en collectivité. Il est basculant et chauffé par différentes sources d'énergie.	 ❐	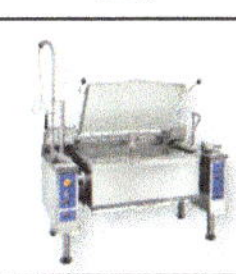 ❐	 ❐	 ❐
Surface lisse chauffée par différentes énergies permettant la cuisson au contact direct avec une surface chaude	 ❐	 ❐	 ❐	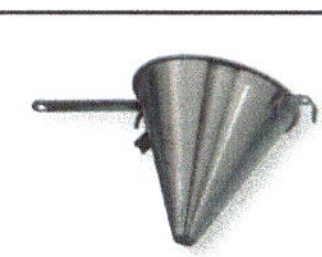 ❐
Cuve recevant un bain d'huile chauffée soit par bain-marie, soit par des résistances	 ❐	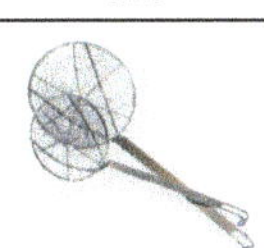 ❐	 ❐	 ❐

5 À l'aide des documents précédents, proposez au moins deux matériels de cuisine pouvant être utilisés pour la cuisson, en fonction de la préparation culinaire et du type de restauration (traditionnelle ou collective).

Préparation culinaire à élaborer	Proposition de matériel de cuisine à utiliser pour la cuisson
Darne de saumon sautée 	• Restauration traditionnelle : .... • Restauration collective : ....
Longe de porc rôtie 	• Restauration traditionnelle : .... • Restauration collective : ....
Chou-fleur au gratin 	• Restauration traditionnelle : .... • Restauration collective : ....
Brochette grillée 	• Restauration traditionnelle : .... • Restauration collective : ....
Crème Chantilly 	• Restauration traditionnelle : .... • Restauration collective : ....
Steak haché sauté 	• Restauration traditionnelle : .... • Restauration collective : ....
Haricots verts vapeur 	• Restauration traditionnelle : .... • Restauration collective : ....

ACTIVITÉ 2

Connaître les principes d'entretien et de sécurité

Doc. 6

Schéma des étapes successives de l'entretien du matériel de cuisine

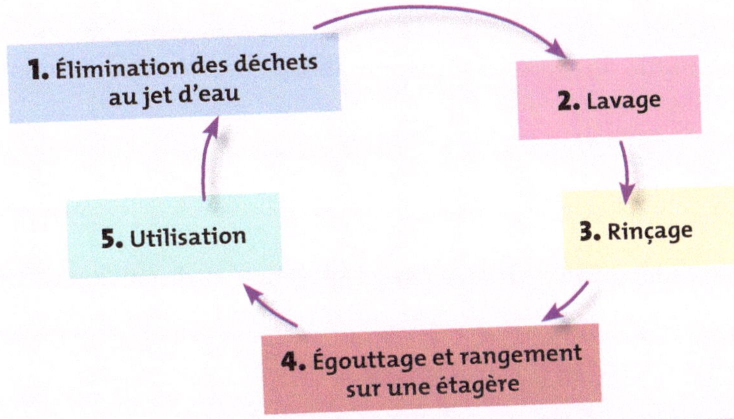

Il est possible d'avoir recours au lave-batterie. Le nettoyage varie en fonction des matériaux utilisés pour la fabrication des différents matériels.

1 À l'aide du schéma proposé dans le document 6, répondez aux questions ci-dessous par vrai ou faux.

Affirmations	Vrai	Faux
Le lavage du matériel de cuisine est obligatoirement effectué en machine.		
Il faut obligatoirement essuyer, à l'aide d'un torchon, le matériel de cuisine avant son rangement.		
L'égouttage est une étape de l'entretien du matériel de cuisine.		
Il est possible de ranger à même le sol le matériel de cuisine.		

2 Prenez connaissance du texte ci-dessous et identifiez les risques liés à l'utilisation des matériels de cuisine en surlignant :
- en rouge : les risques chimiques liés à l'entretien et au stockage des différents matériels ;
- en vert : les actions à mettre en œuvre pour éviter les risques identifiés ;
- en jaune : les mesures préventives pour éliminer les risques des matériels électromécaniques.

L'entretien et les consignes de sécurité concernant le matériel de cuisine

- L'acier inoxydable, plus couramment appelé inox, est d'entretien facile mais les aliments ont tendance à accrocher pendant la cuisson.
- Le cuivre est un matériau très intéressant car son excellente conductibilité permet des cuissons idéales. Cependant, son nettoyage doit être rigoureux. Avant chaque utilisation, il faudra nettoyer au sel et au vinaigre pour éliminer toute trace de vert-de-gris, substance toxique qui apparaît en présence d'humidité.
- Le Téflon est un matériau intéressant pour ses qualités antiadhésives mais il est sensible à la moindre rayure.
- L'aluminium est peu cher mais aussi peu résistant et son contact avec des aliments acides modifie la couleur des préparations culinaires.
- Enfin, la tôle, encore utilisée pour la fabrication des plaques à pâtisserie, est très sensible à l'humidité et rouille. Pour éviter ce phénomène, il faut bien sécher avec un papier à usage unique et stocker à l'envers afin d'éviter la stagnation d'eau.

Les règles de sécurité du matériel électromécanique

Lors de l'utilisation d'un appareil électromécanique (cutter, mixer ou autre trancheuse), il faut toujours, dans un premier temps, lire la notice d'utilisation. Ensuite, il faut vérifier le bon état du câble d'alimentation électrique.
Il faut absolument utiliser les accessoires adaptés à l'appareil, notamment les éléments de sécurité. Lors du nettoyage, il faut obligatoirement débrancher l'appareil. Le propriétaire ou le responsable de l'appareil veillera à le maintenir en bon état en mettant à jour la fiche de contrôle.

Je retiens

1 Décrire et identifier les différents matériels et connaître les principes simples d'utilisation

Le matériel de cuisine est l'ensemble du matériel indispensable au bon fonctionnement d'une cuisine professionnelle. Il est composé :

- de la batterie de cuisine, encore appelée « matériel mobile » ;
- du matériel électromécanique ;
- de la coutellerie et des petits ustensiles ;
- du matériel fixe ;
- du matériel de maintien en température, de remise en température et de stockage.

2 Connaître les principes d'entretien et de sécurité

L'entretien du matériel de cuisine dépend du matériau utilisé pour sa fabrication.

Matériaux	Recommandations pour l'entretien
Acier inoxydable	Utiliser un tampon abrasif et un détergent désinfectant pour le lavage.
Cuivre	Nettoyer avant chaque utilisation au vinaigre et gros sel pour éliminer le vert-de-gris.
Tôle	Bien sécher et graisser pour empêcher la rouille, stocker à l'envers afin d'éviter la stagnation accidentelle d'eau.
Téflon	Utiliser une lavette non abrasive et du détergent désinfectant afin de ne pas rayer le Téflon.

Le matériel de cuisine est d'une grande diversité. Il est indispensable, pour respecter les règles de sécurité, de consulter les notices fournies par le constructeur du matériel.

3 Choisir le matériel en fonction des opérations culinaires à effectuer et respecter les procédures

Opérations culinaires	Techniques à effectuer	Matériel à utiliser	Procédures à respecter
Préparations préliminaires	Éplucher	Couteau économe	Respecter le principe de la marche en avant.
	Ciseler	Couteau d'office	Tenir le couteau par le manche.
	Trancher	Trancheur universel	Respecter les consignes de sécurité de la notice et couper des aliments bien froids.
Cuissons	Pocher	Marmite ou rondeau haut	Utiliser le mode de cuisson adéquat, départ à froid ou à chaud selon le résultat désiré.
	Cuire à la vapeur	Four mixte en vapeur	Utiliser en complément les plaques gastronormes perforées.
	Griller	Gril ou plancha	Passer l'aliment à traiter dans une marinade instantanée avant de griller.
Appareils, fonds et sauces	Réserver au bain-marie	Bain-marie thermostaté	Respecter les températures et le temps de maintien en température (+ 65 °C minimum).
	Égoutter	Passoire	Faire attention aux brûlures.
Techniques de pâtisserie	Tourer	Rouleau à pâtisserie	Respecter le temps de repos entre les tours.
	Lustrer	Pinceau	Faire tiédir le nappage pour obtenir une meilleure finition.
Autres	Stocker	Armoire réfrigérée	Respecter la température de stockage de chaque type de matières premières.

J'applique mes connaissances

J'applique mes connaissances

Exercice 1

◆ À l'aide des photos ci-dessous, nommez chaque matériel et précisez son utilisation.

Photo	Dénomination	Utilisation

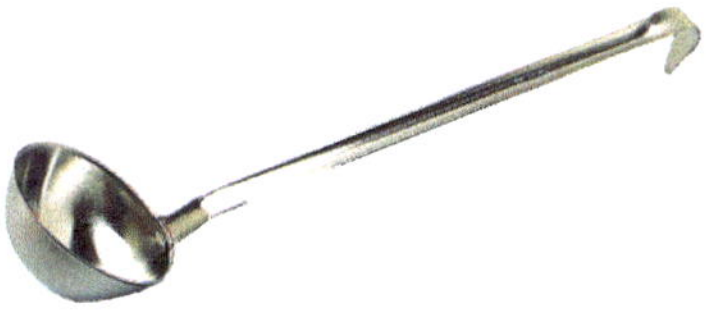		

J'applique mes connaissances

J'applique mes connaissances

Exercice 2

◆ Associez le matériel de cuisine aux préparations culinaires à réaliser.

Matériels	Préparations culinaires à réaliser		
Friteuse	Pommes pont-neuf ❒	Poulet rôti ❒	Sole grillée ❒
Sauteuse	Pommes en robe des champs ❒	Fondue de tomate ❒	Poularde pochée ❒
Sorbetière	Estouffade de bœuf ❒	Fondant au chocolat ❒	Glace ❒
Mixer	Potage cultivateur ❒	Potage saint-germain ❒	Steak sauté au poivre ❒
Gril	Tomates ❒	Pommes allumettes ❒	Steak ❒

Exercice 3

◆ Complétez la grille à l'aide des définitions ci-dessous.

1. Ustensile permettant de passer les fonds et sauces.
Il peut être étamine.

2. Récipient rond à petits rebords. Il est utilisé pour sauter les steaks.

3. Aussi appelé « four mixte ».

4. Appareil électromécanique qui permet de hacher la viande.

5. Couteau à lame large et courte.

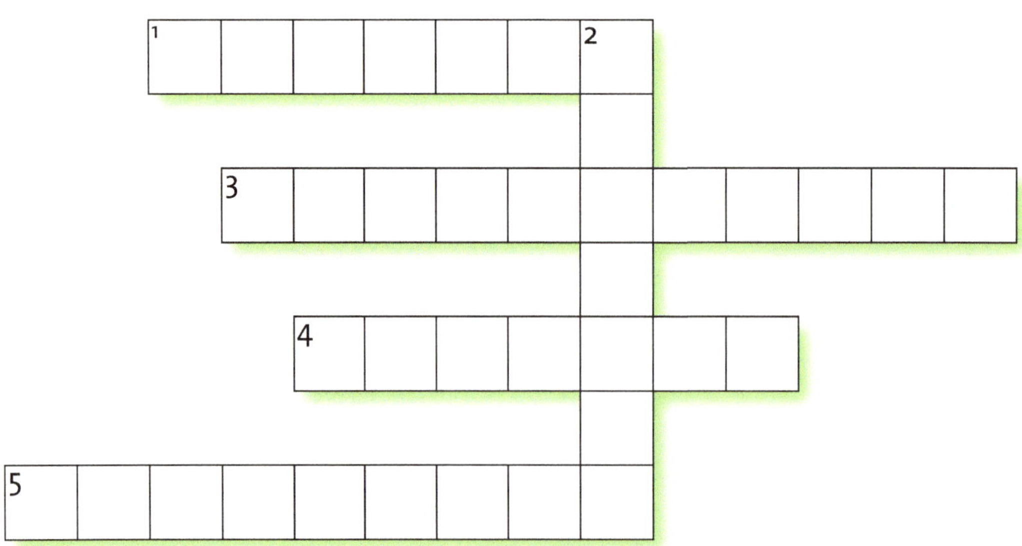

5 Les locaux

OBJECTIFS

« En vrai professionnel, je dois être capable de... »

1. Connaître, énumérer, utiliser les zones de travail d'une cuisine.
2. Représenter les différents circuits d'une cuisine.
3. Connaître le principe de la marche en avant.
4. Connaître la réglementation relative à l'installation des locaux.
5. Interpréter un plan de nettoyage et de désinfection, identifier les procédures de nettoyage.
6. Connaître la règlementation en matière d'hygiène et d'environnement.

DATE : ....

Le chef présente à Fanny et Louis les différents locaux qui composent la cuisine et leur explique les différents circuits à respecter.

J'ANALYSE LA SITUATION

1 Citez les principaux circuits rencontrés en cuisine.

....

2 Expliquez le principe de la marche en avant.

....

3 Quelle est la signification de l'abréviation BOF ?

....

ACTIVITÉ 1

Connaître, énumérer, utiliser les zones de travail d'une cuisine

Doc. 1 — **Les locaux de stockage**

Chambre froide positive

- 0 °C à + 2 °C — Poissons

- 0 °C à + 3 °C — Volailles et viandes

- + 6 °C — Légumes et fruits

- + 6 °C à + 10 °C — BOF

Chambre froide négative

- 18 °C — Surgelés

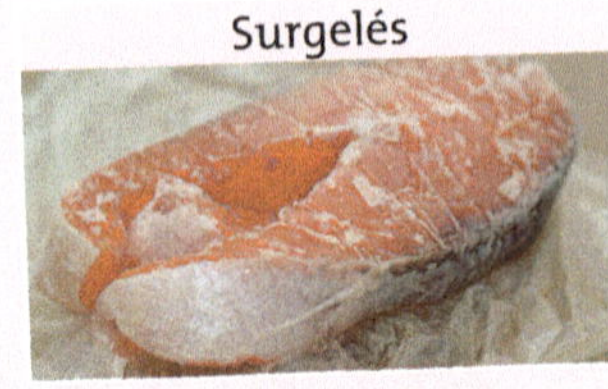

Économat

+ 15 °C

Épicerie, liquides...

Réserve à tubercules

+ 15 °C

À l'abri de la lumière et au frais

Réserve produits d'entretien

Obligatoirement dans un local séparé ou une armoire qui ferme à clé

Doc. 2 — **Les locaux de préparation et de cuisson**

Légumerie	Local où sont effectuées les préparations préliminaires des légumes (lavage, épluchage...) et des poissons (ébarbage, vidage, filetage...).
Garde-manger	Local où sont réalisés toutes les préparations froides mais aussi le désossage des viandes s'il n'y a pas de boucherie dans la cuisine professionnelle.
Cuisine	Local où sont effectuées toutes les cuissons.
Pâtisserie	Local où sont effectués les pâtes de base, crèmes de base, pâtisseries et autres desserts.

Doc. 3 — **Les locaux annexes**

Bureau du chef

Gestion des approvisionnements...

Plonge/batterie

Lavage des ustensiles...

Local poubelles

Il est obligatoire et permet de stocker les conteneurs à déchets.
Il est facile d'entretien, aéré et fermé.
Il peut être réfrigéré et situé à part.

Aire de livraisons

Réception des marchandises

Vestiaires Sanitaires

Vestiaires du personnel, douches, toilettes...

1 À l'aide des documents 1 à 3, complétez le tableau ci-dessous en classant les marchandises réceptionnées et contrôlées dans les lieux de stockage adaptés.

- Œufs
- Daurade royale
- Crème anglaise UHT
- Carottes fraîches
- Huile d'olive
- Détergent désinfectant
- Riz basmati
- Persil haché surgelé
- Huîtres
- Beurre

Local de stockage	Marchandises à stocker
Chambre froide produits laitiers et œufs (BOF)	
Chambre froide poissons	
Chambre froide légumes	
Chambre froide négative	
Chambre froide produits finis	
Économat	
Armoire à produits d'entretien	

2 Les marchandises nécessaires à l'élaboration du menu ci-dessous sont répertoriées dans le tableau. Complétez-le en indiquant le local de stockage initial et le local de destination (cuisine, pâtisserie ou légumerie) des ingrédients à distribuer.

Plats du menu	Ingrédients à distribuer	Local de stockage initial	Local de destination
Potage de légumes	Carottes fraîches	Chambre froide légumes	Légumerie
	Petits pois surgelés		
	Blancs de poireau 4e gamme		
Côte de veau	Côte de veau parée		
	Échalotes brutes		
Gratin de pommes de terre	Pommes de terre brutes		
	Lait pasteurisé		
Crème brûlée aux agrumes	Sucre semoule		

ACTIVITÉ 2

Représenter les différents circuits d'une cuisine

Doc. 4

Circuit des marchandises

	Étape 1	Étape 2	Étape 3	Étape 4	Étape 5	Étape 6
Actions	Réception	Décondition-nement	Stockage	Préparations préliminaires	• Cuisson • Préparation	Distribution
Locaux	Aire de livraison	Local de décartonnage	• Chambres froides positives et négatives • Local tubercules • Économat • Local produits d'entretien	• Légumerie • Garde-manger	• Garde-manger • Cuisine • Pâtisserie	Passe
Préconisations	Contrôler qualitati-vement et quantitati-vement	Recondition-ner en bacs plastique propres	Respecter les températures de stockage	Éliminer les déchets au fur et à mesure	Respecter l'organisation du poste de travail	Maintenir les préparations chaudes à + 63°C minimum

Doc. 5

Circuit des déchets

Étape 2
Déconditionnement

Étape 4
Préparations préliminaires

Étape 5
• Cuisson
• Préparation

→ **Local poubelles**

Doc. 6

Circuit du personnel

Vestiaires →

Étape 1 – Réception
Étape 2 – Déconditionnement
Étape 3 – Stockage
Étape 4 – Préparations préliminaires
Étape 5 – Cuisson/Préparation
Étape 6 – Distribution

→ À l'aide des documents 4 à 6, répondez aux questions ci-dessous.

Questions	Réponses
Quelles sont les étapes qui génèrent des déchets pendant l'activité dans une cuisine professionnelle ?	
Quelle est la première étape incontournable pour le personnel en cuisine professionnelle ?	
Quelle est la préconisation à respecter lors de la réception de marchandises ?	

ACTIVITÉ 3

Connaître le principe de la marche en avant

→ Prenez connaissance du document 7 et surlignez en bleu les éléments du texte qui définissent la marche en avant.

Doc. 7

Le principe de la marche en avant

La marche en avant est un principe omniprésent en restauration et surtout en cuisine. Ce principe d'hygiène simple consiste à ne jamais croiser le circuit du propre avec celui du sale ou du souillé, ce qui implique une progression logique des tâches. Il est nécessaire de respecter ce principe dans l'espace ou dans le temps :

- dans l'espace : les préparations préliminaires, par exemple, sont effectuées dans un local affecté à cet usage ;
- dans le temps : le local ayant servi, par exemple, aux préparations préliminaires est nettoyé afin que d'autres préparations puissent y être réalisées.

Le respect de la marche en avant et une bonne organisation des circuits permettent d'éviter la fatigue, les accidents et accroissent la rentabilité et l'hygiène dans les locaux.

ACTIVITÉ 4

Connaître la réglementation relative à l'installation des locaux

Doc. 8

La réglementation relative à l'installation des locaux

Les cuisines doivent répondre à des normes minimales d'installation :

• Hauteur du plan de travail	0,90 m minimum
• Surface du plan de travail par personnel	1,25 m²
• Hauteur minimum sous plafond	2,50 m
• Hauteur minimum de carrelage mural	1,80 m
• Éclairage suffisant	
• Les raccords sol/murs doivent être en gorge arrondie afin de maintenir la propreté.	

→ À l'aide du document 8, complétez les cotes du plan ci-dessous.

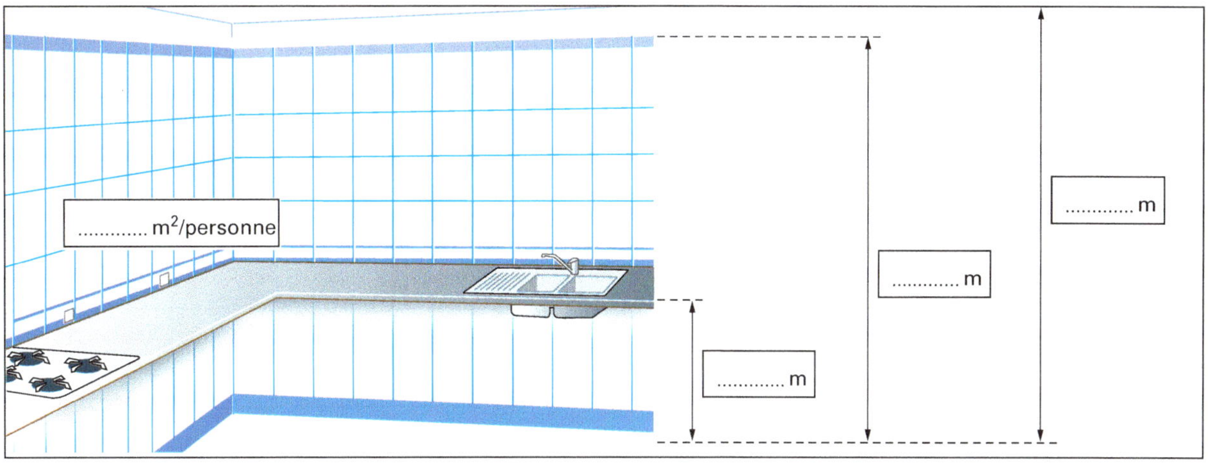

ACTIVITÉ 5

Interpréter un plan de nettoyage

Le « paquet hygiène de 2006 » est destiné à harmoniser et à simplifier les dispositions en matière d'hygiène alimentaire dans les milieux professionnels. Cette législation est évolutive comme le montre l'arrêté du 29/12/2009 qui abroge ceux de 1995 et 1997 en ce qui concerne les textes sur les denrées d'origine animale.

Doc. 9

Extrait de l'arrêté du 29 septembre 1997

Article 12 – Un plan de nettoyage et de désinfection de l'ensemble des locaux, y compris des vestiaires et des sanitaires, et du matériel est défini par écrit de façon claire et précise, conformément aux dispositions de l'article 5. Pour chacun des équipements et des différentes parties des locaux, ce plan comprend au moins les indications suivantes :

a. la fréquence et les moments de la journée auxquels les différentes opérations de nettoyage et de désinfection sont effectuées,

b. le mode opératoire précis comportant notamment, pour chaque produit utilisé, la dilution, la température d'utilisation, le temps d'application et la nécessité d'un rinçage éventuel,

c. le responsable des opérations de nettoyage et de désinfection pour chaque secteur,

d. les moyens mis en place pour vérifier l'efficacité du plan.

1 À l'aide du document 9, complétez le plan de nettoyage et de désinfection.

Plan de nettoyage et de désinfection								
Quoi ? Surface ou local	**Quand ?** Fréquence ou horaires de nettoyage	**Comment ?** Mode opératoire					**Qui ?** Responsable	**Contrôle** Émargement
Sols	Fin de chaque service	Détergent désinfectant	5 ml/l	Eau tiède 37 °C	6 min.	Oui	Dalian	Hervé
Murs carrelage	Lundi 1 fois/ semaine	Détergent désinfectant	5 ml/l	Eau tiède 37 °C	6 min.	Oui	Lisa	

Doc. 10

Procédure de nettoyage des fours mixtes ou polycuiseurs

PARTIE CONCERNÉE
Fours mixtes

PRODUIT À UTILISER
Décapant four

N° PNOO2

CONSIGNES DE SÉCURITÉ
Porter des gants et des lunettes de protection

DOSAGE DU PRODUIT
Vaporiser le décapant

ZONE DE TRAVAIL
Cuisine

TEMPS DE CONTACT
10 minutes

ÉTAPES SUCCESSIVES
1. Pulvériser le décapant four dans le four à une température inférieure à 70 °C.
2. Laisser agir le décapant.
3. Mettre le four en position « vapeur ».
4. Rincer le four au jet.

Pour améliorer l'efficacité du produit, mettre le four en position vapeur quelques minutes.

2 À l'aide des informations de la procédure de nettoyage (document 10), répondez aux questions suivantes par vrai ou faux.

Questions	Vrai	Faux
Il faut mettre des gants de protection et des lunettes pour nettoyer les fours mixtes.		
Il faut attendre 10 minutes afin que le produit agisse.		

ACTIVITÉ 6

Connaître les méthodes à mettre en œuvre et les produits à utiliser en fonction des différents travaux d'entretien

Doc. 11

Armoire ou local des produits d'entretien

Détergent

Produit nettoyant, il décolle les salissures et évitent qu'elles ne se déposent à nouveau.

Solvant

Produit dissolvant les taches (vitres)

Produit vaisselle

Produit de lavage manuel de la vaisselle, des verres, de la batterie de cuisine

Eau de Javel

Produit désinfectant

Crème à récurer

Produit composé de particules abrasives qui amplifient l'action de frotter

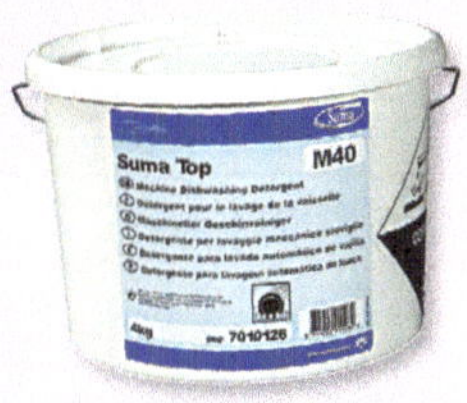

Produit à machine à laver la vaisselle

Produit de lavage en machine de la vaisselle, des verres, de la batterie de cuisine

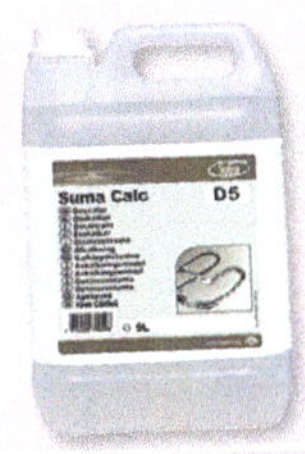

Détartrant

Produit agissant sur le tartre qui s'accumule en présence d'eau

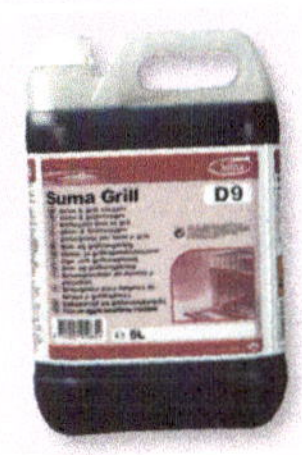

Décapant

Produit agissant sur les salissures incrustées telles les graisses brûlées dans un four

Détergent désinfectant

Produit combinant les actions d'un détergent et d'un désinfectant mais dont l'efficacité ne convient qu'à des surfaces peu sales

Décrassant

Produit dégraissant les friteuses, les hottes...

1 Grâce aux informations données dans le document 11, complétez le tableau ci-dessous en associant les produits à utiliser en fonction des surfaces à nettoyer.

Éléments à nettoyer	Détergent	Désinfectant	Détergent désinfectant	Décapant	Dégraissant	Poudre à machine	Produit vaisselle	Solvant
Sols								
Tâches incrustées								
Friteuse								
Vaisselle batterie								
Surface vitrée								
Surface inox (bac à légumes)								
Siphons								

Doc. 12

Mode d'emploi du détergent désinfectant utilisé pour le nettoyage des plans de travail

Entretien des surfaces : carrelages, surfaces planes, sols peu sales
Dilution pour 5 l d'eau : diluer 25 ml de détergent désinfectant dans de l'eau tiède.
Appliquer le produit à l'aide d'une lavette non abrasive propre.
Laisser agir 6 minutes.
Rincer et essuyer la surface avec un papier à usage unique.

2 À l'aide du document 12, complétez la procédure de nettoyage ci-dessous en indiquant la méthode à mettre en œuvre et le produit à utiliser pour nettoyer et désinfecter un plan de travail.

Surface à nettoyer	Produit à utiliser	Mode d'application	Dosage	Temps de contact	Température
Siphons	Désinfectant	Rincer à l'eau claire jusqu'à ce que l'eau restante soit transparente.	12 ml/l	10 min.	Froide
Plan de travail					

3 Répondez aux questions suivantes.

Questions	Réponses
Quels sont les critères qui permettent le choix du bon produit de nettoyage ?	
Quelles sont les quatre règles essentielles à respecter pour bien nettoyer ?	• …… • …… • …… • ……
Quel document permet de bien utiliser les produits d'entretien en fonction du nettoyage à réaliser ?	
Quel est le local où sont stockés les produits d'entretien ?	

Activité 7

Connaître les avantages d'une ventilation efficace

Doc. 13 Les différentes ventilations rencontrées en cuisine professionnelle

La ventilation permet de renouveler l'air de la cuisine en maintenant une qualité constante de l'atmosphère.

Ventilation à simple flux	Ventilation à double flux	Plafond filtrant
Extraction de l'air pollué	Extraction de l'air pollué et réinjection d'air neuf chaud par soufflage	Extraction de l'air pollué et réinjection d'air neuf chaud par soufflage au travers d'un plafond muni de filtre

Ventilation performante	
Avantages	**Inconvénients**
• Élimination des vapeurs graisseuses, de la vapeur d'eau, des fumées, des gaz brûlés, de la chaleur, des odeurs. • Amélioration de la qualité de l'air. • Suppression des irritations du système respiratoire et des yeux, de la fatigue accentuée, des maux de tête pour le personnel. • Élimination des dépôts graisseux, de la condensation (qui accentue l'oxydation des matériels).	• Coût de l'installation. • Consommation supplémentaire d'énergie pour chauffer les locaux.

→ Étudiez le document 13 puis répondez aux questions ci-dessous.

Questions	Réponses
Quels sont les avantages d'une ventilation efficace pour le personnel ?	
Quels sont les avantages d'une ventilation efficace pour le matériel ?	
Quel type de ventilation peut-on mettre en place pour extraire exclusivement l'air vicié ?	
Quels types de ventilation peut-on mettre en place pour extraire l'air vicié et réinjecter de l'air neuf chaud ?	

Activité 8

Connaître la réglementation en matière d'hygiène et d'environnement

Doc. 14

Extrait de l'arrêté du 29 septembre 1997

Chapitre II – Article 10 – Afin de limiter tout risque de contamination, les locaux dans lesquels circulent les denrées alimentaires ainsi que l'ensemble de leur équipement en matériels doivent être maintenus propres et en bon état d'entretien permanent. Dans les locaux où les denrées alimentaires sont manipulées, préparées ou entreposées non conditionnées, l'utilisation de sciure et le balayage à sec sont interdits, ainsi que l'emploi de tout produit et tout procédé de nettoyage et de désinfection inadapté.

Chapitre II – Article 14 – Les déchets alimentaires et les autres types de déchets sont stockés en dehors des locaux de conservation et de manipulation des denrées, dans des conteneurs équipés de couvercles. Ces conteneurs sont conçus dans l'objectif d'être faciles à entretenir, à nettoyer et à désinfecter. Si nécessaire, ils sont entreposés dans un local fermé, réservé à cet usage et au besoin, réfrigéré. Des dispositions appropriées doivent être prises pour assurer une évacuation régulière et suffisamment fréquente des déchets qu'ils contiennent.

En tout état de cause, les conditions d'entreposage des déchets de l'établissement avant leur évacuation ne doivent pas constituer une source d'insalubrité pour le voisinage ou pour l'établissement lui-même. Ainsi les zones de stockage des conteneurs sont conçues et gérées de manière à les maintenir propres en permanence. Toute mesure adaptée est prise pour éviter que les déchets ne puissent contaminer les denrées alimentaires, l'eau potable, les équipements et les locaux, et pour en empêcher l'accès aux insectes, rongeurs et autres animaux nuisibles ou non.

Doc. 15

Extrait de l'arrêté du 9 mai 1995

Chapitre VI – Déchets – Article 16 – En dehors des sous-produits du traitement primaire des denrées alimentaires, notamment les os et les produits de parage des viandes, qui doivent être traités comme des denrées alimentaires à part entière s'ils sont susceptibles d'une utilisation alimentaire ultérieure à leur obtention sur le lieu de production, les déchets alimentaires non susceptibles d'une récupération et les autres déchets non alimentaires :

a. sauf dans le cas susvisé à l'art. 24 [...], ne doivent pas être stockés dans une zone où sont entreposées des denrées alimentaires. Des dispositions appropriées doivent être prises pour l'élimination et le stockage de ces déchets et autres matières ;

b. doivent être déposés dans des conteneurs étanches, dotés d'une fermeture, ou tout autre moyen satisfaisant au regard de l'hygiène. Ceux-ci doivent être conçus de manière adéquate, régulièrement entretenus et faciles à nettoyer et à désinfecter.

Des dispositions et/ou des installations adéquates doivent être prévues pour stocker et éliminer, dans des conditions d'hygiène, les substances et déchets, alimentaires ou non [...]

→ Après avoir lu les documents 14 et 15, répondez aux questions suivantes.

Questions	Réponses et justifications
Peut-on balayer une cuisine ?	
Dans quels locaux est-il interdit de stocker les déchets ?	
Où les déchets doivent-ils être stockés ?	
Peut-on laisser les animaux accéder aux déchets ?	

Je retiens

1 Connaître, énumérer, utiliser les zones de travail d'une cuisine

Les locaux de stockage	Les locaux de préparations froides	Le local de préparations chaudes	Les autres locaux
• Chambre froide + • Réserve à tubercules • Chambre froide – • Réserve à produits d'entretien • Économat	• Garde-manger • Pâtisserie/Glacerie • Légumerie	Cuisine	• Vestiaires • Local de décartonnage • Bureau du chef • Local poubelles • Aire de livraisons • Plonge/batterie

2 Représenter les différents circuits en cuisine

Les circuits rencontrés dans une cuisine sont nombreux. Les principaux sont :

- le circuit des marchandises ;
- le circuit du personnel ;
- le circuit du matériel ;
- le circuit des produits finis ;
- le circuit des déchets ;
- le circuit des produits d'entretien.

3 Connaître le principe de la marche en avant

Ce principe d'hygiène simple consiste à ne jamais croiser les circuits du propre et du sale. Cette méthode implique une progression logique des tâches avec un enchaînement des étapes de la réception à la distribution des marchandises.

4 Connaître la réglementation relative à l'installation des locaux

Normes d'installation

- Hauteur du plan de travail : 0,90 m
- Hauteur de carrelage mural : 1,80 m
- Plan de travail par personnel : 1,25 m^2
- Éclairage suffisant
- Hauteur sous plafond min. : 2,50 m
- Raccords sol/murs : gorges arrondies

5 et 6 Identifier les procédures de nettoyage et connaître les méthodes à mettre en œuvre

Le nettoyage et la désinfection des locaux et du matériel sont des opérations obligatoires, imposées par la législation. Elles doivent tenir compte de la nature de la surface à nettoyer, de la nature et de l'importance de la salissure, du choix des produits à utiliser.
Grâce à ces informations, il est possible d'établir un plan de nettoyage et de désinfection des locaux en utilisant les produits adéquats.

7 Connaître les avantages d'une ventilation efficace

Une ventilation efficace permet d'éviter les désagréments liés à la pollution de l'air en cuisine professionnelle. Elle renouvelle l'air afin de maintenir une qualité constante.

8 Connaître la réglementation en matière d'hygiène et d'environnement

Évacuation des déchets

Les obligations du restaurateur sont les suivantes :

- s'équiper en locaux et en matériel ;
- veiller à l'évacuation régulière des déchets ;
- veiller à l'entretien des locaux et du matériel ;
- empêcher l'accès aux insectes, rongeurs et autres animaux nuisibles ou non.

J'applique mes connaissances

J'applique mes connaissances

Exercice 1

Répondez aux questions suivantes.

Questions	Réponses
Quel grand principe d'hygiène est obligatoirement respecté en cuisine professionnelle ? Définissez-le.	
Quelle est la hauteur minimale d'un plan de travail ?	
Comment doivent être les raccords sol/murs dans une cuisine professionnelle ?	
Sur le plan de l'hygiène, à quels aspects doit-on veiller lors de l'achat de conteneurs destinés au stockage ?	
Pourquoi est-il indispensable d'avoir une ventilation efficace en cuisine professionnelle ?	
Citez les quatre principaux circuits rencontrés en cuisine.	• .... • .... • .... • ....

J'applique mes connaissances

Exercice 2

Citez les locaux ou les zones de travail dans lesquels les techniques culinaires sont effectuées.

Techniques culinaires	Locaux ou zones de travail
Éplucher des pommes de terre	
Désosser de la viande	
Cuire des œufs durs	
Dresser une entrée froide	
Lever des filets de poisson	

Exercice 3

Déterminez les produits d'entretien à utiliser en fonction des travaux de nettoyage.

Travaux de nettoyage à réaliser	Produits d'entretien à utiliser
Nettoyer un four	
Nettoyer une friteuse	
Nettoyer les sols	
Nettoyer un plan de travail	

Exercice 4

Replacez dans le tableau ci-dessous les informations en fonction de l'étiquette du produit (décapant pour four).

Décapant pour four

Solution prête à l'emploi pour usage professionnel
Pulvériser uniformément sur les surfaces à traiter
Laisser agir 15 min env. (T° max. : + 60 °C)
L'application sous mousse permet une meilleure adhérence sur les surfaces verticales.
Rincer pour éliminer le gras dissous.
Ne pas utiliser sur l'aluminium.

Action	Dosage	Température	Temps de contact

J'applique mes connaissances

Exercice 5

◆ Représentez à l'aide d'une flèche continue le circuit des marchandises sur le plan ci-dessous.

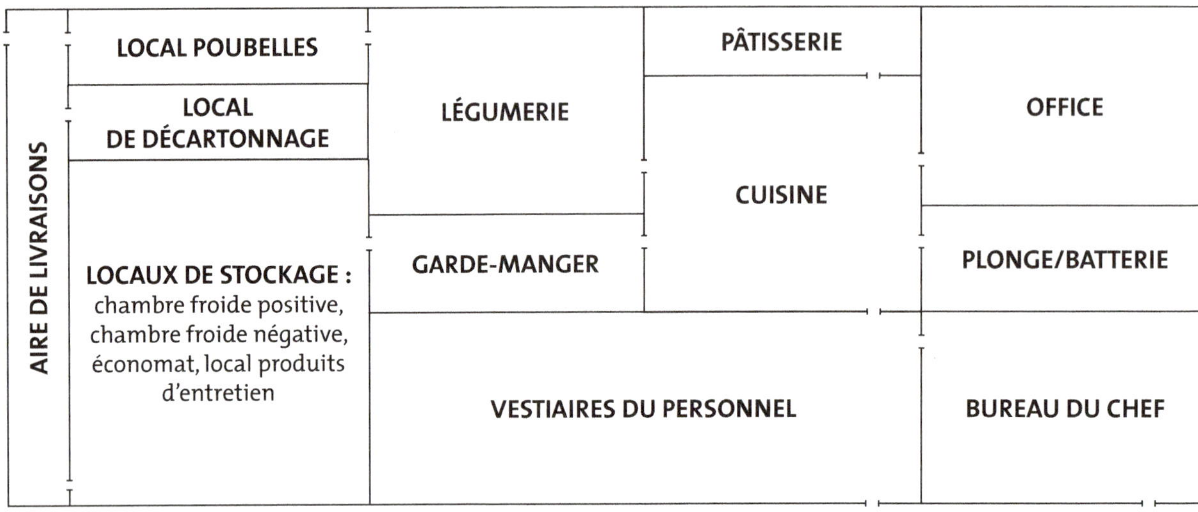

Exercice 6

◆ Complétez la grille de mots croisés.

Horizontalement

1. Je suis le local où sont préparés les desserts.
2. Je suis l'endroit où sont lavés les rondeaux, poêles et autres matériels.
3. Je suis un produit de nettoyage qui permet l'entretien des fours.
4. Je suis un local de préparations froides où peut s'effectuer le désossage des viandes.
5. Je suis un système utilisé en cuisine pour renouveler l'air des locaux de production.

Verticalement

6. Je suis un terme qui détermine la concentration du produit de nettoyage dans l'eau.
7. Je suis un local où sont épluchées les pommes de terre.
8. Je suis un produit de nettoyage qui permet, selon le cas, de tuer les bactéries et les virus.
9. Je suis un terme qui correspond au trajet emprunté par le personnel ou les marchandises dans les locaux de production.
10. Je suis l'étape finale des circuits des marchandises et du personnel.

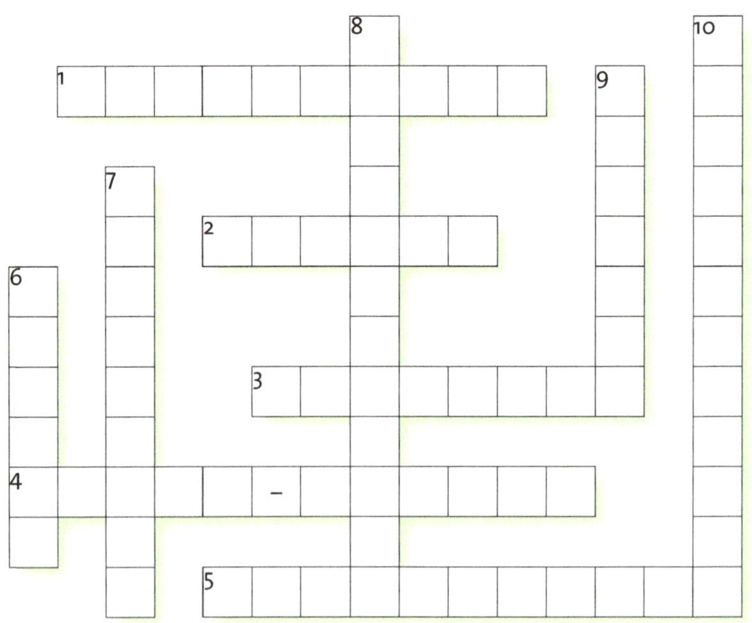

6 Le personnel de cuisine

OBJECTIFS

« En vrai professionnel, je dois être capable de... »

1. Connaître les règles essentielles d'hygiène corporelle et vestimentaire et les points de comportement.
2. Connaître le personnel d'une brigade de cuisine.
3. Connaître la structure d'une brigade.
4. Lire et interpréter les affichages obligatoires.
5. Prévenir les risques sur le lieu de travail.

DATE : ....

Le chef présente Fanny et Louis à la brigade de cuisine et leur explique la fonction et les tâches de chacun.

J'ANALYSE LA SITUATION

1 Connaissez-vous le nom donné à l'équipe des cuisiniers d'un restaurant gastronomique ?

....

2 Est-ce que tous les cuisiniers effectuent les mêmes tâches ?

....

....

3 Précisez si l'attitude de Louis est celle d'un bon cuisinier.

....

....

Activité 1

Connaître les règles essentielles d'hygiène corporelle et vestimentaire et des points de comportement spécifiques en cuisine

Doc. 1

L'évolution de la tenue du cuisinier

La tenue du cuisinier tend à être de plus en plus confortable. Elle change de style, de couleur, mais elle est obligatoirement ininflammable.

Tenue traditionnelle	Tenue contemporaine

1 À l'aide des illustrations du document 1 et des définitions données, complétez le tableau de mots croisés.

Définitions verticales

1. Elles sont antidérapantes et possèdent une coque de protection.
2. Il était souvent en tissu pied-de-poule mais se colore de nos jours, tout comme les vestes de cuisine.

Définitions horizontales

3. Il protège des salissures et se noue à la taille.
4. Autrefois plus terne, elle tend à devenir plus colorée mais est obligatoirement ininflammable.
5. Il peut être une toque, une charlotte ou une casquette.

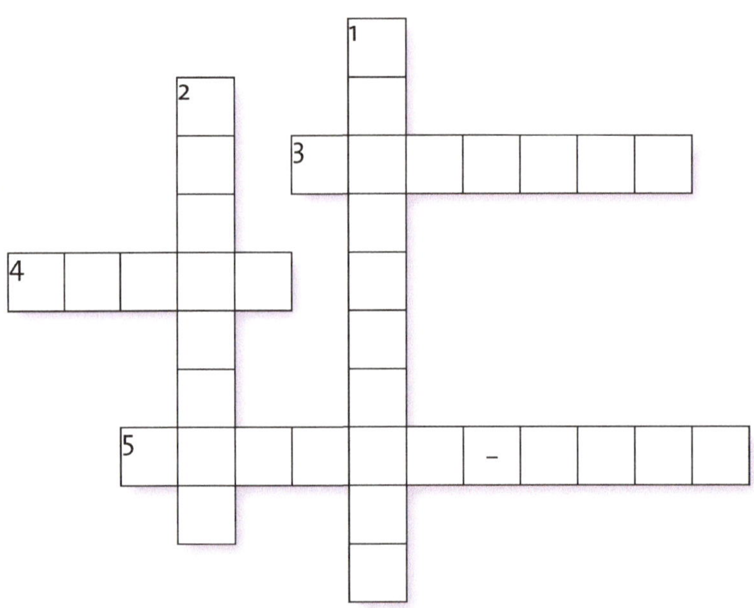

Doc. 2 — Les règles d'hygiène corporelle et les comportements adaptés au métier de cuisinier

Le métier de cuisinier nécessite une hygiène corporelle et vestimentaire irréprochable car elle est déterminante pour la sécurité alimentaire des préparations culinaires. Des règles simples d'interdiction et d'obligation sont à respecter.

Interdictions

- Porter bague, bracelet, montre...
- Fumer en cuisine.
- Utiliser sa tenue en dehors du lieu de travail.
- Utiliser les torchons de cuisine pour essuyer ses mains, la vaisselle ou le plan de travail.
- Tousser, éternuer ou se moucher au-dessus d'un plan de travail.
- Travailler avec une plaie non soignée et non pansée, non recouverte d'un doigtier étanche.
- Goûter les préparations culinaires avec les doigts.

Obligations

- Avoir les mains toujours propres, les ongles courts et brossés.
- Travailler avec une tenue professionnelle appropriée.
- Utiliser les torchons de cuisine pour la prise des récipients chauds.
- Se laver les mains régulièrement et après chaque activité.
- Utiliser des gants jetables à usage alimentaire pour les travaux salissants, les préparations de crudités, le hachage, le conditionnement...
- Utiliser une cuillère propre à chaque fois pour goûter.

2 Prenez connaissance du document 2 et, à l'aide des dessins ci-dessous, complétez le tableau en indiquant quelles attitudes devraient être adoptées par le cuisinier.

- **Ponctualité**
- **Respect des consignes**
- **Hygiène**
- **Organisation**

Quelles attitudes le cuisinier devrait-il adopter ?		
Politesse		

Respect de la hiérarchie		

ACTIVITÉ 2

Connaître le personnel d'une brigade de cuisine et la répartition des tâches

Doc. 3

La brigade d'une cuisine gastronomique

L'équipe de direction

Chef de cuisine	Second de cuisine
Il organise le travail. Il compose la carte et élabore les fiches techniques, gère l'approvisionnement des marchandises, assure l'application des règles d'hygiène et de sécurité et recrute le personnel. Il annonce et gère l'envoi des plats (aboyeur).	Il assiste le chef dans toutes ses fonctions et le remplace pendant ses congés. Lorsque le chef est présent, il occupe un poste de chef de partie.

Les chefs de partie

Poste froid	**Garde-manger** Il est le responsable de la cuisine froide. Il est chargé des préparations froides (hors-d'œuvre, buffets froids...), effectue les préparations préliminaires des poissons (habillage, filetage) et des viandes (habillage, découpage). Il gère les stocks, entretient les chambres froides et assure la rotation des produits réfrigérés. Il distribue les marchandises aux différentes parties après les avoir préparées.	
Poste chaud	**Poissonnier** Il cuit les poissons, les crustacés et les mollusques. Il réalise les fumets, les sauces hollandaises. Lorsque la brigade est réduite, le saucier prend en charge ce poste.	**Saucier** Il confectionne tous les fonds (sauf les fumets de poissons), les sauces (à l'exception de celles préparées par le poissonnier) et toutes les viandes en sauce (sautés, poêlés, braisés, pochés).
	Rôtisseur Il s'occupe de tous les aliments rôtis, frits et grillés, de la mise en place du cresson, du persil et de la réalisation des jus de rôtis, de la sauce béarnaise. Dans certains établissements, il peut faire office de communard.	**Entremétier** Il est en charge des préparations préliminaires des légumes (épluchage, lavage), de la réalisation des potages, de la cuisson des légumes frais et secs (sauf lorsqu'ils sont frits ou grillés) et des garnitures d'accompagnement. Il cuit les œufs, les entremets salés (quiches...), et les entrées chaudes (gnocchis...).
Pâtisserie	**Pâtissier** Il prépare les petits pains, les viennoiseries, les pâtes de base, les entremets sucrés, les pâtisseries, les glaces et sorbets, les petits fours et la chocolaterie.	

Chefs de partie spécifiques

Tournant	Communard
Le tournant remplace les chefs de partie en congé. Ce poste est réservé au cuisinier qui souhaite se perfectionner et ambitionne d'accéder au poste de second de cuisine.	Il confectionne le repas du personnel. Dans les petites brigades, ce poste est pris en charge par le rôtisseur. D'autres établissements font appel à des sociétés de restauration extérieures.

Les aides chefs de partie ou demi-chefs de partie

Friturier/Grillardin

Il s'occupe de tous les aliments rôtis, frits et grillés.

Les aides qualifiés	Les aides non qualifiés
Commis de cuisine titulaire d'un diplôme relatif à la production culinaire.	Stagiaires et apprentis.

1 À l'aide des éléments du document 3, répondez aux questions ci-dessous.

Questions	Réponses
Qu'est-ce qu'une brigade ?	
Qui assiste le chef de cuisine ?	
Quelle est la fonction de l'entremétier ?	
Quelles sont les appellations actuelles des différents postes des chefs de partie ?	
Citez des postes qui ont tendance à disparaître dans les brigades actuelles.	
Quelle est la fonction d'un garde-manger ?	

2 Répondez aux affirmations suivantes par vrai ou faux.

Affirmations	Vrai	Faux
Le communard est un poste de commis.		
Seul le chef de cuisine peut être aboyeur.		
Les commis sont des aides qualifiés.		

3 Associez une fonction à chaque application culinaire.

- **Rôtisseur**
- **Entremétier**
- **Saucier**
- **Friturier**
- **Pâtissier**
- **Garde-manger**
- **Poissonnier**

Applications culinaires	Postes occupés par
Blanquette de veau	
Omelette aux morilles	
Salade niçoise	
Choux Chantilly	
Huîtres tièdes au champagne	
Beignet d'aubergines, sauce Orly	
Pintadeau rôti aux herbes	

ACTIVITÉ 3

Connaître la structure d'une brigade en fonction de l'organisation du travail

Doc. 4 **Les différentes formes d'organisation du travail**

Type de restauration		Personnel
Fast-food		Manager Équipiers
Restauration de collectivité		Gérant Chef de production Cuisiniers et aides de cuisine
Cafétéria		Directeur Assistant Cuisiniers et aides de cuisine
Restauration à thème : grill		Gérant Chef de cuisine Grillardins
Restauration à thème : pizzeria		Gérant Pizzaïolo
Restauration gastronomique ou traditionnelle		Chef de cuisine Second de cuisine Chefs de partie Aides qualifiés Aides non qualifiés

→ À l'aide du document 4, retrouvez le type de restauration en fonction du profil professionnel donné.

Profils professionnels	Types de restauration
Je suis manager et je dirige des équipiers.	
Je réalise des « quatre fromages ».	
Je suis chef de partie entremétier à La Tour d'Argent.	
Je suis aide de cuisine responsable de la mise en place des hors-d'œuvre.	
Je suis grillardin chez Buffalo Grill.	

Activité 4

Lire et interpréter les affichages obligatoires et les différents tableaux de service

Doc. 5 Affichage obligatoire

Pour les entreprises de 20 salariés et plus, l'affichage du règlement intérieur ainsi que la mise en place du DUERP (document unique d'évaluation des risques professionnels) sont obligatoires.

Pour les entreprises de plus de 50 salariés, les consignes incendie précises ainsi que les noms et postes de travail des membres du comité d'hygiène, de sécurité et des conditions de travail (CHSCT) doivent être ajoutés.

1 À l'aide des informations du document 5, cochez les affichages obligatoires.

Affichages	Obligatoire
Consignes en cas d'incendie	
Heures de distribution du matériel	
Lutte contre le harcèlement moral et sexuel dans l'entreprise	
Affichage des heures des repas	
Égalité des salaires entre les hommes et les femmes	

2 Que signifient les pictogrammes suivants ?

....

....

....

....

3 Que doit-on inscrire dans les cases blanches ?

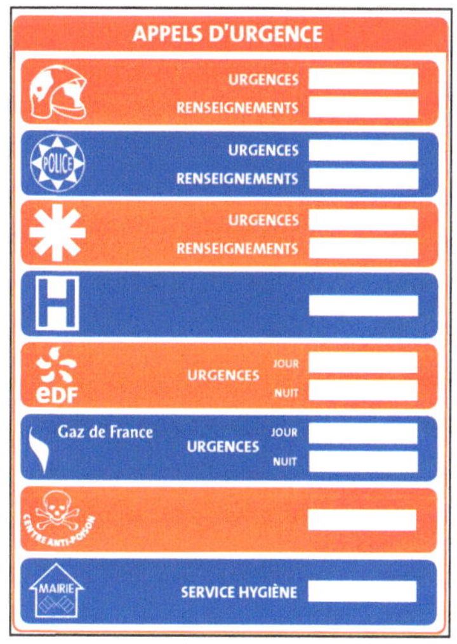

Doc. 6

Extrait du planning hebdomadaire des employés d'une cuisine de type gastronomique

Jours / Employés	Lundi	Mardi	Mercredi	Jeudi	Vendredi	Samedi	Dimanche
Sébastien	Poissonnier	Poissonnier	Congé	Congé	Poissonnier	Poissonnier	Poissonnier
Dalian	Congé	Congé	Entremétier	Entremétier	Entremétier	Entremétier	Entremétier
Lisa	Rôtisseur	Rôtisseur	Rôtisseur	Rôtisseur	Congé	Congé	Rôtisseur
Adrian	Saucier	Saucier	Saucier	Saucier	Saucier	Congé	Congé
Frédéric	Entremétier	Congé	Congé	Poissonnier	Rôtisseur	Rôtisseur	Saucier
Valérie	Tournant	Entremétier	Poissonnier	Congé	Congé	Pâtissier	Pâtissier
Louis	Pâtissier	Pâtissier	Pâtissier	Pâtissier	Pâtissier	Congé	Congé

Extrait du planning hebdomadaire des employés d'un *fast-food*

Jours / Employés	Lundi	Mardi	Mercredi	Jeudi	Vendredi	Samedi	Dimanche
Nadia	Chef d'équipe	Chef d'équipe	Congé	Congé	Chef d'équipe	Chef d'équipe	Chef d'équipe
Kevin	Congé	Congé	Équipier cuisine	Équipier cuisine	Équipier cuisine	Équipier cuisine	Équipier cuisine
Fanny	Équipier caisse	Équipier caisse	Équipier caisse	Équipier caisse	Congé	Congé	Équipier caisse
Alexandre	Équipier caisse	Équipier caisse	Équipier caisse	Équipier caisse	Équipier caisse	Congé	Congé
Hugo	Équipier cuisine	Équipier cuisine	Chef d'équipe	Chef d'équipe	Équipier caisse	Congé	Congé
Céline	Congé	Congé	Équipier caisse	Équipier caisse	Équipier caisse	Équipier caisse	Équipier caisse

4 Étudiez le document 6 et répondez aux questions ci-dessous.

Questions	Réponses
Quels sont les jours de congé de Lisa ?	
À quel poste travaille Nadia le dimanche ?	
Qui travaille comme entremétier le jeudi ?	
Qui remplace Adrian au poste de saucier le dimanche ?	
Quel est le poste spécifique occupé par Valérie ?	

Doc. 7

Fiche de poste du garde-manger

La fiche de poste est un document qui est remis généralement à l'embauche et qui décrit l'ensemble des tâches et responsabilités dévolues au poste occupé ainsi que les horaires et autres particularités.

Fiche de poste : Garde-manger

Responsable garde-manger : Emma

Horaires totaux
8 heures par jour

- 8 h 30 à 14 h 00
  - Pause de 10 h 00 à 10 h 20
  - Repas de 11 h 20 à 12 h 00
  - Repas de 18 h 00 à 18 h 30
- 18 h 30 à 22 h 00

Horaires	Phases de travail
8 h 30	Répartition des marchandises
9 h 00	• Prise de connaissance des menus et des suggestions du jour • Passage des consignes de travail aux commis • Réalisation des préparations préliminaires • Habillage et/ou filetage des poissons • Habillage et/ou découpe des viandes et des volailles
10 h 00	Pause café
10 h 20	Réalisation de la mise en place en prévision du service
11 h 20	Repas
12 h 00	Participation au dressage et à la distribution des préparations froides
13 h 30	• Participation à la remise en état du poste • Réalisation des opérations de fin de service
14 h 00	Fin du service
18 h 00	Repas
18 h 30	• Vérification et ajustement de la mise en place en prévision du service • Participation au dressage et à la distribution des préparations froides • Participation à la remise en état du poste • Réalisation des opérations de fin de service
22 h 00	Fin de service

5 À l'aide de la fiche de poste présentée dans le document 7, répondez aux questions ci-dessous.

Questions	Réponses
Quelle est l'heure de fin de service du déjeuner ?	
Quelle est l'activité principale d'Emma durant le service ?	
Quelle est la première activité qu'Emma doit réaliser en arrivant à 8 h 30 ?	
Quelles sont les préparations préliminaires à réaliser par le garde-manger ?	

Activité 5

Prévenir les risques sur le lieu de travail

Doc. 8 — La prévention des risques liés à l'activité d'une cuisine

Risques	Prévention individuelle	Prévention collective
Chutes	• Porter des chaussures antidérapantes • Ne pas courir • Ne pas salir le sol • Ne pas encombrer les passages	• Avoir des sols antidérapants
Coupures	• Respecter les procédures d'utilisation des matériels tranchants • Adopter les bonnes attitudes pour le maniement des couteaux	• Former le personnel à l'utilisation des différents matériels • Mettre à disposition l'ensemble des ustensiles des différents robots et appareils électromécaniques
Brûlures	• Utiliser des gants de protection thermique	• Avoir du matériel aux normes (friteuses avec thermostat, par exemple)
Risques liés à la manutention	• Adopter les bonnes postures • Ne pas porter de charges trop lourdes	• Mettre à disposition les bons équipements (diables, tire-pale, chariots...)
Risques chimiques	• Respecter les notices d'utilisation des produits d'entretien • Porter les protections adéquates lors de leur utilisation (gants, lunettes de protection...)	• Afficher les procédures de nettoyage
Risques liés à l'électricité	• Débrancher les appareils électromécaniques avant le nettoyage • Ne jamais manipuler d'outils électriques les mains mouillées	• Disposer d'une installation électrique aux normes
Incendies	• Garder son calme, surtout ne pas paniquer	• Posséder des extincteurs adaptés, vérifiés et en nombre • Afficher les consignes

→ À l'aide du document 8, associez dans le tableau ci-dessous chaque action de prévention au risque encouru.

Action préventive \ Risques	Chute	Coupure	Brûlure	Manutention	Chimiques	Électrocution	Incendie
Débrancher la trancheuse							
Se sécher les mains avant d'utiliser un appareil électromécanique							
Lire la notice d'utilisation des produits d'entretien							
Utiliser des chariots pour transporter les charges lourdes							
Porter des chaussures antidérapantes							
Utiliser des gants de protection thermique							
Éviter de se déplacer avec un couteau							
Éviter de surchauffer les matières grasses pendant une cuisson							
Ne pas laver à grande eau les appareils électriques							

Je retiens

1 Connaître les règles essentielles d'hygiène corporelle et vestimentaire et les points de comportement spécifiques en cuisine

En cuisine, il est indispensable de respecter un certain nombre de règles d'hygiène corporelle et vestimentaire afin d'assurer une qualité sanitaire aux préparations culinaires confectionnées.

La tenue professionnelle doit être toujours propre et de préférence de couleur claire afin de distinguer les souillures. Elle doit être obligatoirement différente de la tenue portée en dehors des locaux professionnels.

Les qualités d'un bon cuisinier	La tenue du cuisinier
Il doit être ponctuel, poli, discipliné, discret, rapide et efficace.	Couvre-chef (toque, casquette, calot), veste, pantalon, tablier, chaussures de cuisine

2 Connaître le personnel d'une brigade de cuisine et la répartition des tâches

Postes d'une brigade de cuisine gastronomique	Chef de cuisine, second de cuisine, garde-manger, poissonnier, saucier, rôtisseur, entremétier, pâtissier, tournant, communard

3 Connaître la structure d'une brigade en fonction de l'organisation du travail

L'importance de l'établissement détermine la taille de la brigade.

La brigade d'un restaurant gastronomique ou traditionnel est organisée en parties distinctes, spécialisées et hiérarchisées. Seuls certains établissements ont encore conservé cette organisation. On parle souvent de « poste froid », de « poste chaud » et de « pâtisserie ».

Les autres formes de restauration présentent des brigades restreintes, polyvalentes mais pouvant être spécialisées dans des tâches spécifiques (grillades, pizzas, hamburgers, production de masse…). Elles sont généralement dirigées par des gérants ou des managers.

4 Lire et interpréter les différents tableaux de service

Le planning hebdomadaire	La fiche de poste	Les affichages obligatoires du droit du travail
C'est un document écrit qui définit le poste occupé au cours de la semaine.	Elle énumère et précise les tâches à accomplir, les horaires, l'ordre chronologique des tâches à effectuer.	• Les coordonnées : – de l'inspecteur du travail – du médecin du travail – du CHSCT • Le règlement intérieur de l'établissement • La convention collective

5 Prévenir les risques sur le lieu de travail

Les risques professionnels en cuisine	La chute, la brûlure, la coupure, l'électrocution

J'applique mes connaissances

Exercice 1

◆ Associez chaque application culinaire à son responsable de production.

- **Estouffade de bœuf**
- **Filet de sole bonne femme**
- **Omelette aux herbes**
- **Blanquette de veau**
- **Rôti de porc aux herbes**
- **Potage cultivateur**
- **Salade verte**
- **Choux Chantilly**

Chefs de partie	Préparations culinaires
Garde-manger	
Entremétier	
Saucier	
Pâtissier	
Poissonnier	
Rôtisseur	

Exercice 2

◆ Complétez le planning hebdomadaire de Cécile, sachant que le tournant remplace les chefs de partie qui sont en congé.

Employés	Lundi	Mardi	Mercredi	Jeudi	Vendredi	Samedi	Dimanche
Thomas	Congé	Congé	Poissonnier	Poissonnier	Poissonnier	Poissonnier	Poissonnier
Alexandra	Saucier	Saucier	Congé	Congé	Saucier	Saucier	Saucier
Sandrine	Garde-manger	Garde-manger	Garde-manger	Garde-manger	Congé	Congé	Garde-manger
Cécile	Congé						Congé
Georges	Poissonnier	Tournant	Tournant	Tournant	Tournant	Congé	Congé

Exercice 3

◆ Surlignez, dans le texte ci-dessous, les éléments de prévention des risques :
- en rouge, les risques de brûlure ;
- en vert, les risques de chute ;
- en bleu, les risques de coupure.

Chaque année, des accidents pourraient être évités si des règles de base faciles à mettre en place étaient respectées. Par exemple, David nettoyait la plaque de mijotage juste après l'avoir éteinte. Il aurait été plus judicieux d'attendre et de porter des gants de protection thermique.

De même, Mireille s'est coupée en travaillant sur la même planche que son aide car elle était pressée. La précipitation et le manque d'organisation sont des facteurs de risque importants.

Quant à Quentin, il a chuté au beau milieu de la cuisine car il n'avait pas mis sa tenue complète. Il avait oublié ses chaussures de sécurité et le passage était encombré et mouillé.

7 Les approvisionnements

OBJECTIFS

« En vrai professionnel, je dois être capable de... »

1. Identifier les étapes de l'approvisionnement.
2. Identifier les produits et les rubriques de la fiche technique de fabrication, de la feuille de marché, du bon de commande, du bon de sortie.
3. Rédiger une fiche technique de fabrication.
4. Contrôler les marchandises à la réception.
5. Respecter les procédures d'annonce, comprendre et interpréter les bons de commande du restaurant.

DATE : ....

Le chef de cuisine propose à Fanny et Louis de l'assister dans la rédaction d'une nouvelle carte des plats au restaurant. Il leur fait découvrir le système documentaire nécessaire au bon fonctionnement d'un établissement.

J'ANALYSE LA SITUATION

1 Pourquoi le chef a-t-il contacté les fournisseurs ?

....

2 Auprès de quels types de fournisseurs le chef peut-il s'approvisionner ?

....

....

3 Est-il important de changer les plats sur une carte ?

....

ACTIVITÉ 1

Identifier les différentes étapes de l'approvisionnement des marchandises

→ Complétez le document 1 en replaçant les étapes de l'approvisionnement des marchandises listées ci-dessous.

- **Contrôler la qualité et les quantités des marchandises lors de la réception**
- **Réaliser les préparations culinaires du service**
- **Vérifier les stocks**
- **Envoyer les préparations culinaires**
- **Rédiger le bon de sortie**
- **Stocker les produits**
- **Passer la commande**
- **Lister les ingrédients manquants**
- **Établir les documents nécessaires**

Doc. 1 **Étapes de l'approvisionnement : de la fiche technique de fabrication à l'envoi des préparations culinaires**

L'approvisionnement doit être effectué selon une logique rigoureuse.

ÉTAPE 1	Identifier les rubriques et les produits de la fiche technique de fabrication	→	Connaître les produits et les quantités nécessaires pour réaliser la préparation culinaire.
ÉTAPE 2		→	Contrôler si des denrées de la fiche technique de fabrication figurent en stock.
ÉTAPE 3		→	Identifier les denrées à acheter pour réaliser la préparation culinaire.
ÉTAPE 4		→	Compléter selon le cas : • une feuille de marché (document n° 3) ; • un bon de commande (document n° 4).
ÉTAPE 5		→	Selon le cas : • se déplacer au marché (MIN), dans un *cash and carry*, chez un grossiste ; • téléphoner à une centrale d'achat, à un fournisseur ou à un grossiste qui procédera à la livraison ; • établir et transmettre une télécopie ou envoyer un message électronique.
ÉTAPE 6		→	Utiliser : • le bon de commande ; • le bon de livraison.
ÉTAPE 7		→	Respecter les conditions de stockage de chaque denrée ou produit.
ÉTAPE 8		→	Établir la liste des denrées nécessaires pour la production.
ÉTAPE 9		→	Lire et respecter la fiche technique de fabrication.
ÉTAPE 10		→	Lire, comprendre et interpréter les bons de commande du restaurant.

Activité 2

Rédiger une fiche technique de fabrication

Doc. 2

Cake aux fruits confits

Recette pour 6 personnes

- **0,200 kg de beurre**
- **0,200 kg de sucre semoule**
- **3 œufs entiers**
- **0,300 kg de farine**
- **0,100 kg de fruits confits**
- **0,100 kg de raisins secs**
- **0,005 L de rhum**

PM : Eau

Faire macérer les raisins secs dans de l'eau tiède additionnée de rhum. Arroser les fruits confits avec un peu de rhum pour les rendre moins collants, les détailler en brunoise. Rouler les fruits confits et les raisins macérés égouttés dans la farine. Crémer le beurre en pommade avec le sucre, ajouter les œufs un à un puis la farine avec les fruits confits et les raisins macérés.
Beurrer un moule à cake, verser l'appareil et cuire au four à 170 °C pendant 50 minutes environ.

→ À l'aide de la recette donnée dans le document 2, rédigez la fiche technique de fabrication du cake aux fruits confits.

FICHE TECHNIQUE DE FABRICATION			
Intitulé		**Photo/Croquis du dressage**	
Code fiche	**Nombre de couverts**		
	Responsable		

Denrées	**Unité**	**Quantité**	**Techniques de réalisation**
Base			

Matériel de préparation	**Matériel de dressage**
• Cul-de-poule • Chinois • Fouet • Maryse • Moule à cake	Plat rectangulaire

ACTIVITÉ 3

Identifier les produits et rubriques des principaux documents relatifs à une cuisine professionnelle : la fiche technique de fabrication, le bon de commande la feuille de marché et le bon de sortie

Doc. 3

Fiche technique de fabrication

La fiche de fabrication est un document incontournable en cuisine. Différents modèles existent.

FICHE TECHNIQUE DE FABRICATION

Intitulé : Curry de volaille

Code fiche : 00236 | **Nombre de couverts :** 8

Responsable : Saucier

Photo croquis du dressage

Denrées	**Unité**	**Quantité**
Éléments de base		
Poulets labellisés de 1,2 kg	Pièce	2
Curry	Kg	0,020
Huile d'arachide	L	0,08
Farine	Kg	0,040
Citron jaune	Kg	0,050
Oignons	Kg	0,200
Pommes	Kg	0,200
Tomates	Kg	0,400
Ail	Kg	0,050
Bananes	Kg	0,200
Bouquet garni	Pièce	1
Fond blanc de volaille		
Fond blanc de volaille PAI	Kg	0,100
Marinade		
Curry	Kg	0,200
Citrons jaunes	Kg	0,200
Yaourts nature	Pièce	2
Finition		
Lait de coco	L	0,40
Sel fin	Kg	PM
Crème liquide	L	0,20

Techniques de réalisation

- Mettre en place le poste de travail.
- Habiller et découper à cru en quatre les poulets
- Mariner les morceaux de poulet en les plaçant dans un récipient avec le curry, le jus des citrons, les yaourts.
- Confectionner le fond blanc de volaille.
- Préparer les éléments de garniture du curry de volaille (concassée de tomates, brunoise de pommes).
- Marquer en cuisson le curry de volaille (ragoût à blanc).
- Terminer le curry de volaille (lier avec les bananes, ajouter le lait de coco et la crème).
- Dresser le curry de volaille.

Matériel de préparation

Planche à découper
Couteau d'office, économe, éminceur
Rondeau bas avec couvercle
Chinois, russe, spatule

Matériel de dressage

Légumier + dessous de plat

1 À l'aide de la fiche technique de fabrication donnée dans le document 3, répondez aux questions ci-dessous.

Questions	Réponses
Quels sont les éléments qui composent la marinade ?	
Quel est le mode de cuisson du curry de volaille ?	
Quelles sont les rubriques indispensables à renseigner pour réaliser ce plat ?	

2 Complétez la feuille de marché pour s'approvisionner en volaille, en légumes et en fruits selon la fiche technique (document 3).

Doc. 4

Extrait de la feuille de marché

La feuille de marché liste les denrées à utiliser pour toutes les productions en cuisine. Ce document regroupe les commandes pour l'ensemble de l'établissement, ce qui facilite l'approvisionnement.

VOLAILLES DE LA RÉGION 03 89 54 63 89		LÉGUMES D'ALSACE 03 89 21 48 78		FRUITS FRAIS 03 89 32 87 45	
Coq		Ail		Ananas	
Coquelet		Betterave rouge		Banane	
Faisan		Carotte		Citron jaune	
Foie de volaille		Céleri branche		Citron vert	
Lapin		Oignon		Clémentine	
Poularde		Poireau		Poire abatte	
Poulet labellisé de 1,2 kg	2 pièces	Tomate		Pomme fuji	

3 Surlignez dans le bon de commande des produits laitiers ci-dessous :
- en bleu : les quantités demandées ;
- en rouge : le fournisseur auquel est passé la commande ;
- en jaune : la date de livraison souhaitée.

Doc. 5

Bon de commande des produits laitiers

Fournisseur :	Les produits laitiers de France 10 rue Principale 68000 Colmar 03 89 56 87 45	
Code client : 0253987	**Date de commande : 15/06/201N**	
Code article	**Désignation**	**Quantité demandée**
001	Yaourts nature	16 pièces
006	Crème liquide UHT 35 % MG	6 L
015	Camembert de Normandie	4 pièces
00369	Lait demi-écrémé UHT	18 L
56388	Œufs moyens	360 pièces
96872	Camembert	10 pièces
774125	Fromage blanc 40 % MG	2 x 5 kg

4 Complétez les cases du bon de sortie à l'aide des renseignements ci-dessous.

- **Quantité**
- **Numéro de bon**
- **Nombre de couverts à réaliser**
- **Responsable de la sortie des marchandises**
- **Nom de la préparation culinaire**
- **Signature du responsable**
- **Total HT**
- **Date de sortie des marchandises**
- **Destination des marchandises**

Doc. 6 Le bon de sortie est utilisé dans l'établissement pour s'approvisionner en marchandises auprès de l'économat. Il permet, s'il est valorisé, de connaître le coût matière par personne et ainsi de déterminer le prix de vente de la préparation.

BON DE SORTIE

RESPONSABLE : *Pierre*	**DESTINATION :** *Pâtisserie*	
PRÉPARATIONS : *Tarte feuilletée aux fraises*	**OBSERVATION :** *aucune* **SIGNATURE :** *Pierre*	
DATE : *12/06/20nn*	**NOMBRE COUVERTS :** *48*	**N° DU BON :** *150*

Denrées	Unité	Quantité	Prix HT	TOTAL HT	TOTAL TTC
ÉCONOMAT :					
Eau	L	0,75			
Farine	kg	1,500			
Kirsch	L	0,12			
Maïzena	kg	0,300			
Nappage blond	kg	0,500			
Sel fin	kg	0,024			
Sucre semoule	kg	0,600			
PRODUITS LAITIERS :					
Lait	L	3,00			
Margarine à feuilletage	kg	1,125			
Œufs	pièce	2			
FRUITS FRAIS :					
Fraises	kg	0,500			

5 À l'aide du bon de sortie présenté dans le document 6, répondez aux questions ci-dessous par vrai ou faux.

Questions	Vrai	Faux
Le bon de sortie est un document interne permettant de s'approvisionner en marchandises.		
Les marchandises sont classées par famille de produits.		
Il n'est pas utile de préciser l'unité de commande.		

ACTIVITÉ 4

Contrôler les livraisons quantitativement et qualitativement

Doc. 7

Procédure de réception des marchandises

❶ Les marchandises sont réceptionnées dans l'aire de livraison.
❷ Les marchandises livrées sont accompagnées d'un bon de livraison.
❸ Le bon de commande établi par la cuisine est comparé au bon de livraison. Si les quantités ne sont pas respectées, il faut prévenir le chef de cuisine qui avisera.
❹ Les marchandises sont comptées ou pesées et les données du bon de livraison sont vérifiées. En cas de non-conformité, le bon de livraison est rectifié.
❺ Les marchandises sont d'une qualité organoleptique (odeur, couleur, fraîcheur...) conforme aux critères requis, sinon elles sont retournées au fournisseur.
❻ Le bon de livraison est signé par le contrôleur des marchandises et les marchandises sont immédiatement stockées en fonction de la famille à laquelle elles appartiennent.

→ Étudiez le document 7 puis prenez connaissance du bon de commande et du bon de livraison ci-dessous. Apportez les rectifications nécessaires à ce dernier.

Fournisseur : Les produits laitiers de France 10 rue Principale 68000 Colmar 03 89 56 87 45	**BON DE COMMANDE**	
Code client : 0253987	**Date de commande : 02/02/N**	
Code article	**Désignation**	**Quantité demandée**
00369	Lait demi-écrémé UHT	18 L
56388	Œufs moyens	360 pièces
885214	Crème liquide	12 L
774125	Beurre doux	12 x 0,25 kg

Fournisseur : Les produits laitiers de France 10 rue Principale 68000 Colmar – 03 89 56 87 45		**BON DE LIVRAISON**			
Client : Cuisine professionnelle 15 Grande Rue 68000 Colmar		**Adresse de livraison :** Cuisine professionnelle 15 Grande Rue 68000 Colmar			
BL n° : 56332698		**Date : 04/02/N**			
Code article	**Désignation**	**Unité**	**Quantité**	**PU HT**	**Total**
00369	Lait demi-écrémé UHT	L	8	0,89	7,12
56388	Œufs moyens	PIÈCES	360	0,09	32,40
885214	Crème liquide	L	12	3,13	37,56
774126	Beurre demi-sel	KG	3	4,07	12,21

ACTIVITÉ 5

Respecter les procédures d'annonces et comprendre et interpréter les bons de commande de restaurant

Doc. 8

Les annonces au passe

Les bons de commande du restaurant sont des documents qui permettent au cuisinier de produire et d'envoyer les préparations culinaires souhaitées par les clients. Ils sont également un repère dans l'avancement des commandes pour chaque table.

Annonces du chef de rang	Ce que le cuisinier doit comprendre
« Chef, quatre clients passent à la table 2. »	Quatre clients sont à la table 2. La commande va être prise.
« Chef, pour la table n° 2, j'annonce une quiche lorraine pour 4 personnes pour suivre 3 entrecôtes saignantes et une estouffade de bœuf. »	Je connais la commande de la table n° 2. Je m'organise en conséquence.
« Chef, je réclame la quiche lorraine de la table n° 2. »	Je dresse la quiche lorraine chaude pour 4 personnes.
« Chef, faites marcher les entrecôtes de la table n° 2. »	Je mets mon poste en place et je marque en cuisson les trois entrecôtes de la table n° 2.
« Chef, je réclame les suites de la table n° 2. »	Je dresse les trois entrecôtes saignantes et l'estouffade de bœuf de la table n° 2.
« Chef, j'enlève la table n° 2. »	L'employé de service prend les plats de la table n° 2.

→ Prenez connaissance du document 8 puis répondez aux questions posées ci-dessous.

Questions	Réponses
Que signifie « quatre clients passent à la table n° 2 » ?	
Pourquoi l'employé de service annonce-t-il la commande des tables ?	
Quelle annonce fait-on pour une estouffade ? Je réclame ou je fais marcher ?	
Quelle annonce fait-on pour une entrecôte saignante ? Je réclame ou je fais marcher ?	

Je retiens

1 Identifier les étapes de l'approvisionnement des marchandises

Documents utilisés pour l'approvisionnement des marchandises	
Feuille de marché	C'est un document récapitulatif qui regroupe les produits utilisés en cuisine ou dans un secteur défini pour la production.
Bon de commande	C'est un document manuscrit ou informatique sur lequel le chef détaille les articles qu'il souhaite acheter auprès de ses fournisseurs (référence, désignation, prix, nombre...).
Bon de livraison	Il est rédigé par le fournisseur et accompagne les marchandises livrées. Il doit être conforme au bon de commande. Lors de la livraison, il sera comparé au bon de commande par le restaurateur. Ce dernier le signe, résume les éventuels problèmes constatés et le retourne au fournisseur.
Bon de sortie ou bon d'économat	C'est un document interne qui permet de gérer les stocks et de connaître le coût matière pour chaque partie.

Moyens d'approvisionnement possibles

- Fournisseurs locaux : livraison par le fournisseur.
- *Cash and carry* : magasins réservés aux professionnels où ils se déplacent.
- Marché d'intérêt national (MIN) : le chef ou responsable se déplace, choisit ses marchandises et en assure le transport.
- Centrale d'achat : plusieurs entreprises se regroupent pour effectuer leurs achats et bénéficier ainsi de prix plus bas.
- Grossiste : commerçant en gros qui ne vend pas au détail et approvisionne les professionnels.

2 Rédiger une fiche technique de fabrication

La fiche technique de fabrication est un document descriptif, synthétique et standardisé qui permet de préparer un plat en respectant une régularité dans la fabrication et les coûts de production.

Indications utiles	Appellation du plat, photo, code fiche, nombre de portions, liste des denrées nécessaires, unités et quantités des denrées, technique de réalisation, matériel utilisé.
Autres indications	Valeur énergétique, durée de cuisson et/ou de la technique, coût matière, prix unitaire des marchandises, coefficient multiplicateur et prix de vente, codes articles, degré de complexité...

3 Vérifier quantitativement et qualitativement la marchandise réceptionnée

- Le contrôle à la livraison doit être fait selon les règles d'hygiène en vigueur.
- Le bon de livraison est comparé aux marchandises livrées et au bon de commande. Les produits sont comptés et pesés.
- La qualité organoleptique (définie par les cinq sens) des produits est vérifiée : couleur, fraîcheur, odeur....
- Les températures réglementaires, DLC et DLUO, les étiquettes (traçabilité) ainsi que le respect des critères d'acceptation de l'établissement sont vérifiés.
- Après ces contrôles, les marchandises sont stockées selon les règles adaptées pour chaque article.

J'applique mes connaissances

Exercice 1

◆ Complétez la procédure de réception des marchandises.

Progression	Contrôle à effectuer
Arrivée du camion	
Arrêt du moteur du véhicule obligatoire	
Contrôle du camion	
Contrôle des marchandises	
Stockage	

Exercice 2

◆ Répondez aux questions ci-dessous.

Questions	Réponses
Quels sont les principaux documents utilisés pour le bon fonctionnement d'une cuisine professionnelle ?	
Quelles sont les rubriques principales d'une fiche technique de fabrication ? Citez-en au moins trois.	
Qu'est ce qu'un bon de sortie ?	
Quelle est l'utilité d'une fiche technique de fabrication ?	
Quels sont les documents nécessaires au contrôle des marchandises lors de leur livraison ?	
Quels sont les contrôles quantitatifs que je peux effectuer à la livraison des marchandises ?	

8 Les fruits et légumes

OBJECTIFS

« En vrai professionnel, je dois être capable de... »
1. Classer les légumes frais et les fruits.
2. Maîtriser la saisonnalité et l'origine des produits en fonction des climats.
3. Savoir acheter les légumes.
4. Stocker et maîtriser les présentations commerciales ou les gammes des légumes.
5. Préparer les légumes.
6. Découvrir et utiliser les pommes de terre, les féculents, les légumes secs.

DATE : ....

Fanny et Louis accompagnent le chef chez un producteur local de fruits et légumes dans le but de choisir les produits d'accompagnement de la carte du restaurant.

J'ANALYSE LA SITUATION

1. Citez différents légumes dont la période de consommation optimale est l'automne.

....

....

2. Citez différents fruits qui sont à maturité au mois de juin.

....

3. Citez différents modes de cuisson de la pomme de terre.

....

Activité 1

Classer les légumes frais

Doc. 1 La classification des légumes

Forme végétale	Bulbes	Champignons	Feuilles	Fruits	Graines
Illustration	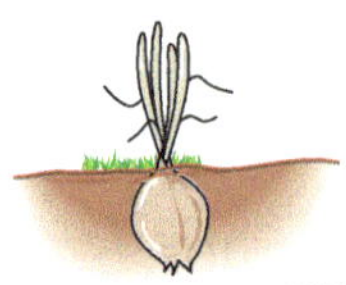				
Exemple	Oignon	Champignon de Paris	Laitue	Tomate	Petits pois
Forme végétale	**Inflorescences**	**Racines**	**Rhizomes**	**Tiges**	**Tubercules**
Illustration			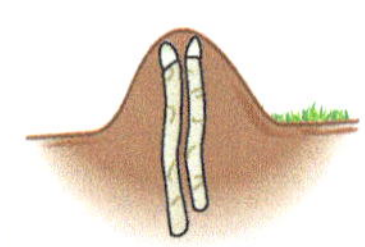		
Exemple	Chou-fleur	Radis	Asperge	Céleri branche	Pommes de terre

➜ Prenez connaissance du document 1, qui présente les différentes formes végétales. Indiquez à l'aide d'une croix la famille d'appartenance des légumes proposés dans le tableau ci-dessous.

Légumes	Famille d'appartenance des légumes									
	Bulbes	Champignons	Feuilles	Fruits	Graines	Inflorescences	Racines	Rhizomes	Tiges	Tubercules
Salsifis										
Carottes										
Endives										
Asperges										
Crosnes										
Patates douces										
Bintje										
Ail										
Fenouil										
Brocolis										
Artichauts										
Cèpes										
Truffes										
Fèves										
Petits pois										
Épinards										
Laitue										
Poivrons										
Tomates										
Céleri branche										

Activité 2
Classer les fruits

Doc. 2

Classification des fruits

Famille	Agrumes	Amylacés[1]	Fruits à noyau	Fruits à pépins	Fruits rouges	Oléagineux[2]
Illustration						
Exemples	Orange, citron	Banane, châtaigne	Pêche, mirabelle	Poire, melon	Fraise, framboise	Noix, amande

1. Ce sont des fruits riches en amidon telles les bananes.
2. Ce sont des fruits riches en lipides qui sont souvent consommés sous forme d'huile végétale (olive, noix).

→ Prenez connaissance du document 2, relatif à la classification des fruits. Complétez le tableau ci-dessous en reportant les fruits de la liste donnée dans la colonne appropriée.

• Abricot	• Banane	• Cerise	• Groseille	• Marron	• Pastèque
• Amande	• Cassis	• Citron	• Mandarine	• Noisette	• Pomme

	Familles					
	Agrumes	Amylacés	Fruits à noyau	Fruits à pépins	Fruits rouges	Oléagineux
Fruits						

Activité 3
Maîtriser la saisonnalité et l'origine des produits

1 Étudiez le document 3 et répondez aux questions suivantes en surlignant les éléments de réponse dans le texte.
- En rouge : est-il possible d'acheter des fruits toute l'année ?
- En bleu : pourquoi est-il préférable d'acheter des fruits de saison ?
- En vert : quels sont les avantages d'acheter des fruits et des légumes de la région et de saison ?

Doc. 3

Saison et origine des fruits et légumes

Pour les consommateurs soucieux de l'environnement, acheter est un réel défi : une grande variété de fruits et de légumes est disponible sur le marché toute l'année, donc également en dehors de leur saison. Transporter sur un petit parcours permet à la fois de préserver l'environnement et de réduire les coûts. En achetant des fruits et des légumes de la région et de saison, vous respectez l'environnement. De plus, parce qu'ils poussent en pleine terre, ces fruits et légumes de la région sont souvent plus mûrs et par conséquent plus savoureux. Ils présentent un meilleur rapport qualité/prix. Les produits de la région sont frais et leur teneur en vitamines et sels minéraux est donc optimale.

Doc. 4 Tableau des saisons optimales de récolte des fruits et légumes

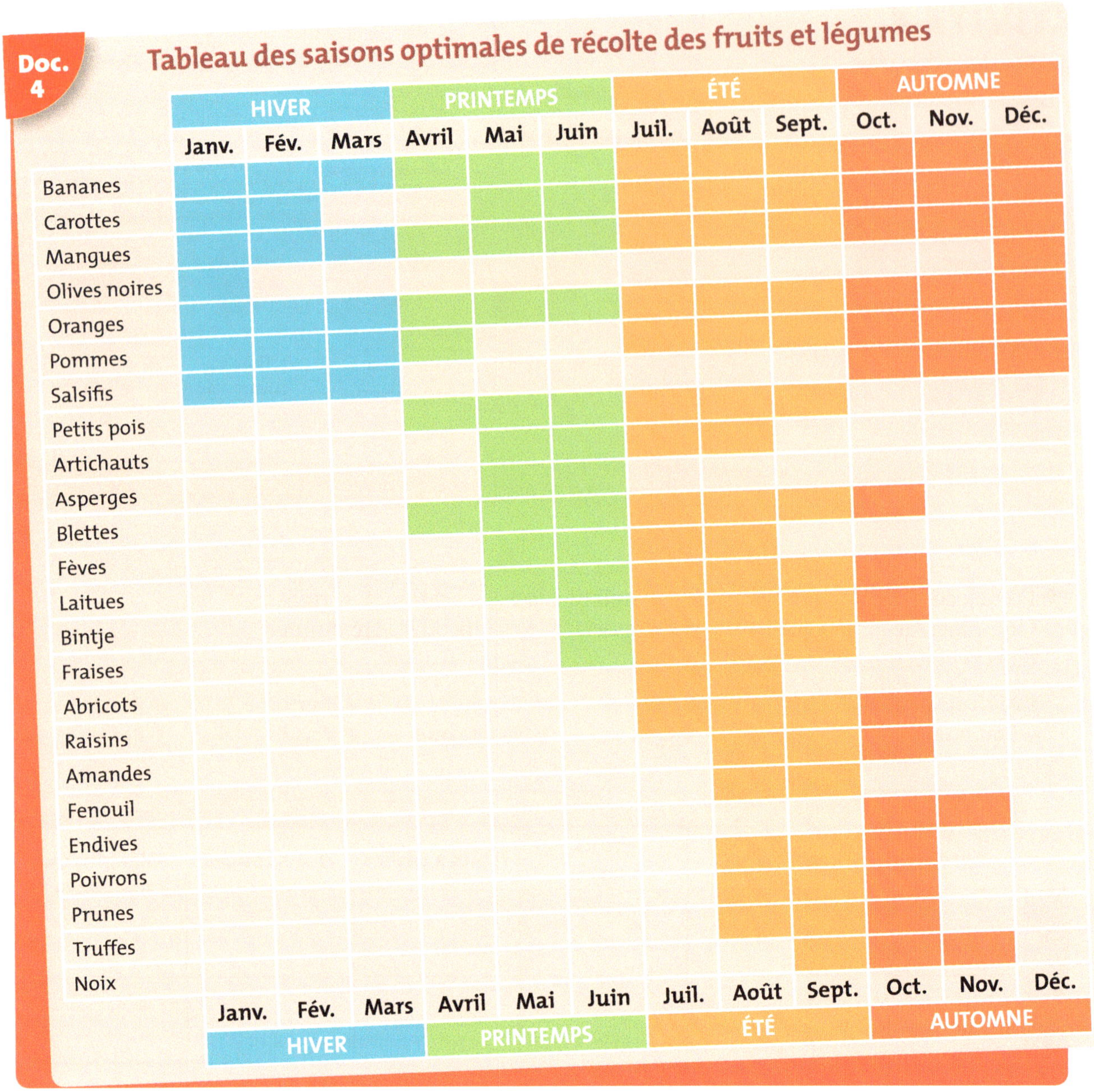

2 Prenez connaissance du document 4 puis complétez le tableau ci-dessous en indiquant la famille d'appartenance et la période optimale de commercialisation des fruits et légumes.

Légumes/fruits	Famille d'appartenance	Période optimale de commercialisation
Bananes	Amylacés	Toute l'année
Noix		
Poivrons		
Endives		
Fraises		
Asperges		
Abricots		
Salsifis		

Activité 4

Savoir acheter les légumes

Doc. 5 **L'étiquetage d'un colis d'aubergines**

Emballeur
GADEA
Fruits
Marché gare
30000 Nîmes
❶

❷ Origine
Bouches-du-Rhône

❸ Catégorie
EXTRA

❹ Nom du produit et variété :
Aubergines

❺ Calibre
NC

❻ Nombre ou poids
5 kg

Légende

Couleur de l'étiquette	Catégorie	Caractéristique
(orange)	Extra	Sans défaut
(vert)	I	Quelques défauts
(jaune)	II	Second choix
(gris)	III	Présentant des défauts physiques

1 Prenez connaissance du document 5 puis reportez dans le tableau ci-dessous les mentions obligatoires de l'étiquette.

Numéro	Mentions obligatoires	Renseignements de l'étiquette
❶	Emballeur	GADEA Fruits
❷	Origine	Bouches-du-Rhône
❸		
❹	Nom du produit et variété	
❺		
❻		

2 Surlignez dans le tableau ci-dessous :
- en vert, les termes indiquant la fraîcheur ;
- en rouge, les termes qualifiant les produits altérés.

Qualificatifs pour des critères de qualité des légumes		
Ferme	Brillant	Sain
Flétri	Couleurs vives	Terne
Mou	Desséché	Moisi
Jauni	Fané	Lisse

Activité 5

Stocker et maîtriser les présentations commerciales ou les gammes de légumes

Doc. 6 Les conditions de stockage des légumes

	Économat	Réserve tubercules et bulbes	Chambre froide positive	Chambre froide négative
Température	Température ambiante 15 °C		+ 6 °C à + 8 °C	– 18 °C à – 21 °C
Conditions optimales	• Ventilé • À l'abri des rongeurs et des insectes • Stocker sur un rayonnage et/ou des palettes PVC	• Dans l'obscurité • Ventilée • À l'abri des rongeurs et des insectes	• Conditionner en caisse plastique • Regrouper par catégories	• Ne pas rompre la chaîne du froid • Dégivrer régulièrement

1 Prenez connaissance du document 6 puis indiquez dans le tableau ci-dessous le lieu de stockage adapté aux légumes cités.

Produits	Lieu de stockage
Aubergine fraîche	
Mélange ratatouille surgelée	
Boîte de tomates pelées appertisées	
Pommes de terre charlotte	

Doc. 7 Extrait d'un bon de livraison

CASH & CARRY DE PARIS
1 rue de la Liberté
75013 PARIS

Bon de livraison n° 496979
Transporteur : Gravelot

Adresse de livraison
LE BISTROT DU COIN
12 rue de la République
75013 PARIS

Commande n° 148
Date : 13/06/N

Dénomination	Unité	Quantité commandée
Poivrons frais rouges et verts	pièce	15
Aubergines	kg	10
Mélange ratatouille surgelée	kg	10
Ail haché surgelé	kg	1
Courgettes	kg	20
Basilic déshydraté	kg	1
Tomates pelées entières	boîte 5/1	6
Pommes de terre charlotte	kg	15
Oignons crus sous vide	kg	5
Pommes de terre entières cuites sous vide	kg	10

Nombre de colis : 9

Date : 15/06/N

Signature : Durand

2 Classez les produits du bon de livraison (document 7) en fonction de leur gamme (degré de transformation) dans le tableau ci-dessous.

Gamme 1	Gamme 2	Gamme 3	Gamme 4	Gamme 5	Gamme 6
Produits frais	Produits appertisés	Surgelés	Produits crus sous vide	Produits cuits sous vide	Produits déshydratés lyophilisés
Utilisation des gammes en fonction du type de restauration					
Restauration gastronomique					
Restauration traditionnelle					
Brasserie					
Restauration collective					

3 Reclassez, dans le tableau ci-dessous, les produits du bon de livraison (document 7) en fonction du type de restauration.

Restauration de collectivité	Restauration gastronomique

ACTIVITÉ 6
Préparer les légumes

→ À partir de vos connaissances et de votre expérience professionnelle, replacez dans le tableau les légumes indiqués ci-dessous en fonction de leur mode de préparation.

- Tomate
- Petits pois
- Haricot vert
- Oseille
- Carotte
- Pomme de terre

Préparation	Exemple de légumes	Légumes
Monder	Poivron	
Écosser	Fève	
Effiler	Pois gourmand	
Équeuter	Épinard	
Éplucher	Salsifis	
Tourner	Navet	

ACTIVITÉ 7

Découvrir et utiliser
les pommes de terre, les principaux féculents et les légumes secs

Doc. 8 — **Quelques variétés de pommes de terre courantes**

Pommes de terre de consommation		Pommes de terre à chair ferme			
Bintje	Monalisa	BF 15	Charlotte	Ratte	Roseval
Caractéristiques		**Caractéristiques**			
• Chair farineuse • Se décomposent à la cuisson • Absorbent et lient les préparations culinaires		Bonne tenue à la cuisson			
Préparations culinaires		**Préparations culinaires**			
Gratin dauphinois, purée, pommes allumettes, potage Parmentier		Pommes rissolées, pommes à l'anglaise, pommes vapeur			

1 Prenez connaissance du document 8 et indiquez à l'aide d'une croix, dans le tableau ci-dessous, les modes de cuisson ou de préparation applicables aux variétés proposées.

Variétés	Principaux modes de cuisson ou de préparation						
	Rissoler	Frire	Purée	Gratin	Potage	Vapeur	Anglaise
Bintje							
Ratte							
BF 15							
Charlotte							
Monalisa							
Roseval							

2 À partir de vos connaissances, complétez le tableau ci-dessous.

Type de féculents	Variétés	Modes de cuisson	Applications culinaires
	• Thaï • Basmati • Complet • Sauvage • Rond/long	• Cuisson pilaf • Cuisson à grand mouillement (créole)	
	• Rondes (spaghettis) • Creuses (macaronis) • Plates (tagliatelles) • Farcies (raviolis)	• Cuisson à l'anglaise • Cuisson à grand mouillement (départ eau bouillante)	

Doc. 9

Les légumes secs

Définition : Graines issues de gousses, les légumes secs entrent dans la composition de nombreux plats régionaux. Consommés dans l'année de récolte, ils doivent tremper plusieurs heures, sauf les lentilles.

Mojettes

Lentilles

Fèves

Pois chiches

Pois cassés

Flageolets

Haricots blancs

Haricots rouges

3 Prenez connaissance du document 9 puis indiquez le légume sec utilisé dans les plats présentés dans le tableau ci-dessous.

Applications culinaires	Légumes secs utilisés
Couscous 	
Cassoulet 	
Chili con carne 	

Je retiens

1 Les légumes et les fruits frais

Les légumes et les fruits proviennent soit de plantes sauvages, soit de plantes cultivées du jardin ou des arbres. Ces végétaux incluent les fruits et les légumes.

Classification :

- les légumes sont classés en 10 familles : bulbes, champignons, feuilles, fruits, graines, inflorescences, racines, rhizomes, tiges et tubercules.
- les fruits sont classés en 6 familles : agrumes, amylacés, fruits à noyau, fruits à pépins, fruits rouges et oléagineux.

2 La saisonnalité et l'origine des produits

De nos jours, le restaurateur a la possibilité de s'approvisionner tout au long de l'année. Cependant, le développement de l'agriculture biologique (AB) encourage le consommateur et le restaurateur à acheter des fruits et légumes de saison afin d'obtenir la meilleure qualité organoleptique et nutritionnelle du produit.

3 L'étiquetage des légumes

La couleur de l'étiquette apporte des indications sur les caractéristiques du produit conditionné.

4 Les présentations commerciales ou les gammes de produits

1re gamme	2e gamme	3e gamme	4e gamme	5e gamme	6e gamme
Produits frais	Produits appertisés	Produits surgelés	Produits conditionnés sous vide crus	Produits conditionnés sous vide cuits	Produits lyophilisés déshydratés

5 Le stockage des légumes

Fruits et légumes frais	• En chambre froide à température positive (entre + 6 °C et + 8 °C) réservée aux fruits et légumes • Entreposés dans des caisses en plastique, hors sol
Fruits et légumes surgelés	• En chambre froide à température négative (– 18 °C) • Entreposer les cartons sur des rayonnages et hors sol
Pommes de terre, oignons, ail, bananes, ananas…	• À température ambiante (maximum + 15 °C) • À l'abri de l'air, de la lumière et des rongeurs
Légumes et fruits appertisés	• Rangés par catégories dans des armoires de stockage • Entreposés sur des rayonnages et hors sol

6 Les pommes de terre, les féculents et les légumes secs

	Dénomination	**Caractéristiques**	**Variétés**	**Modes de cuisson**
Les féculents et les pommes de terre	Pommes de terre	À chair ferme, à chair tendre	Charlotte, bintje	À l'anglaise, vapeur, sauter, gratin, frire
	Riz	Long ou rond	Basmati, arborio…	Créole, pilaf
	Pâtes alimentaires	Rondes, plates, creuses, farcies	Spaghetti, tagliatelle, penne, ravioli	À l'anglaise
	Dénomination	**Préparations**	**Cuissons**	**Applications culinaires**
Les légumes secs	Lentilles	Sans trempage	Grand mouillement salage à mi-cuisson	Petit salé, potage Ésaü
	Pois cassés			Potage Saint-Germain aux croûtons
	Pois chiches	Trempage		Houmous, couscous
	Haricots secs			Chili con carne, cassoulet

J'applique mes connaissances

J'applique mes connaissances

Exercice 1

◆ Indiquez la saison optimale de dégustation pour les plats proposés.

Plats	Printemps	Été	Automne	Hiver
Endives au jambon				
Canard aux cerises montmorency				
Fricassée de champignons				
Soupe de melon au muscat				
Asperges sauce mousseline				

Exercice 2

1. Entourez les mentions obligatoires sur l'étiquette ci-dessous

EMB.– EXP. SCEA	**ORIGINE** FRANCE Lot-et-Garonne	Produit normalisé I
Des Serres d'Eysses 47300 VILLENEUVE-SUR-LOT Tél./Fax : 05 53 70 12 24	**Produit :** Laitues **Variété :**	
	Calibre NC	**Nombre ou masse nette** 12 pièces

2. Quelle est la principale caractéristique des légumes conditionnés dans un emballage dont l'étiquette est à dominante verte ?

Exercice 3

◆ Complétez le document ci-dessous à partir de vos connaissances personnelles.

Dénominations				

Classification				

J'applique mes connaissances

Exercice 4

◆ Repérez dans le document ci-dessous les actions à éviter et celles à préconiser pour respecter la fraîcheur et les qualités nutritionnelles et organoleptiques des fruits et des légumes frais.

Actions	À faire	À ne pas faire
Acheter en grande quantité et longtemps à l'avance.		
Stocker les légumes dans un local à température ambiante.		
Cuire au dernier moment.		
Tremper dans l'eau pendant plusieurs heures.		
Tailler juste avant la cuisson.		
Entasser les cagettes en chambre froide.		
Acheter les légumes chez un producteur local.		
Cuire les légumes à l'avance et les réchauffer.		

Exercice 5

◆ Complétez le tableau ci-dessous en précisant la gamme commerciale correspondant à l'exemple.

Exemple de produit	Gamme commerciale	Exemple de produit	Gamme commerciale
Produit appertisé		Produit lyophilisé déshydraté	
Produit conditionné sous vide cuit		Produit surgelé	
Produit conditionné sous vide cru		Produit frais	

9 Les produits laitiers

OBJECTIFS

« En vrai professionnel, je dois être capable de… »

Connaître les présentations commerciales, les modes de conservation et les utilisations culinaires :

1. du lait ;
2. de la crème ;
3. des fromages ;
4. des yaourts.

DATE : ....

Le chef, Fanny et Louis sont à table et prennent le « casse-croûte ».

J'ANALYSE LA SITUATION

1. En dehors du fromage et du lait, quels sont les autres produits laitiers ?

....

2. Lorsque l'on parle de lait sans plus de précision, de quel animal provient-il ?

....

....

3. Savez-vous combien existent de codes couleur pour différencier les différents types de lait ?

....

....

ACTIVITÉ 1
Connaître le lait

Doc. 1

Définition

le lait est le produit intégral de la traite totale et ininterrompue d'une femelle laitière bien portante, bien nourrie et non surmenée. Le terme « lait » (sans autre précision) désigne le lait de vache. Le lait provenant d'une autre espèce doit être désigné en précisant « lait + nom de l'espèce », par exemple « lait de chèvre ».

Doc. 2

Les types de lait selon leur teneur en matières grasses

Lait entier
Teneur en matières grasses : 36 g/l
Couleur dominante de l'emballage : rouge

Lait demi-écrémé
Teneur en matières grasses : 15 à 18 g/l
Couleur dominante de l'emballage : bleu

Lait écrémé
Teneur en matières grasses : maximum 3 g/l
Couleur dominante de l'emballage : vert

Doc. 3

Les présentations commerciales du lait

Présentations commerciales	Conservation		Applications culinaires	
	Avant ouverture	Après ouverture	En cuisine	En pâtisserie
Lait frais pasteurisé	7 jours à + 3 °C	48 heures à + 3 °C	• Appareil à crème prise salé • Sauce Béchamel et dérivés • Soufflés salés	• Glace • Crème anglaise • Crème pâtissière et dérivés
Lait stérilisé UHT	3 mois à température ambiante	48 heures à + 3 °C		
Lait concentré	12 à 18 mois à température ambiante en respectant la DLUO*	48 heures à + 3 °C		
Lait en poudre		15 jours à température ambiante		

* Date limite d'utilisation optimale

1 Prenez connaissance des documents 1, 2 et 3 puis complétez le tableau ci-dessous en précisant le type de produit laitier ainsi que ses durée et température de conservation après ouverture.

Type de produit laitier			
Durée et température de conservation après ouverture			

2 Prenez connaissance du texte ci-dessous puis surlignez en vert les applications culinaires du lait en cuisine et en bleu les applications culinaires du lait en pâtisserie.

Le lait a une influence sur la texture des aliments. Il est utilisé en marinade pour réhydrater (fruits secs, pain), en fond de cuisson pour donner du moelleux (lotte, turbot, pomme de terre, riz, semoule…), en association avec d'autres ingrédients pour renforcer l'onctuosité (farine, œufs, beurre, sucre…).
Peut-on imaginer de la sauce Mornay ou de la crème anglaise sans lait ? Associé à l'œuf, il influe sur la texture et le goût de nombreux produits. Il est indispensable dans les appareils à crème prise, les soufflés.
L'utilisation du lait est fréquente dans les entremets froids : riz au lait et dérivés (gâteau de riz), crème frangipane, pots de crème, bavarois, crème pâtissière… Il est fortement présent dans la pâtisserie régionale : far breton, clafoutis, pudding.

Activité 2
Connaître la crème

Doc. 4 Les présentations commerciales de la crème

Présentations commerciales	Conservation		Applications culinaires			
			En cuisine		En pâtisserie	
	Avant ouverture	Après ouverture	Crème épaisse	Crème liquide	Crème épaisse	Crème liquide
Crème fraîche pasteurisée (liquide ou épaisse)	7 jours à + 3 °C	48 heures à + 3 °C	• Farces fines de poisson, volaille, veau • Finition de certaines sauces (vin blanc, ivoire) • Finition de certains potages (crème Argenteuil, crème Dubarry) • Elle apporte un peu d'acidité dans les préparations.	• Appareils à crème prise salé • Finition de certaines sauces (vin blanc, ivoire) • Finition de certains potages (crème Argenteuil, crème Dubarry) • Farces fines de poisson, volaille, veau	• Glaces • Accompagnement de desserts	• Appareil à crème prise sucré • Crème fouettée, crème Chantilly* * Ces deux préparations ne peuvent pas être réalisées avec une crème allégée.
Crème stérilisée UHT (liquide)	3 mois à température ambiante					
Crème légère (liquide)						

→ Prenez connaissance du document 4 puis répondez aux questions ci-dessous par vrai ou faux.

	Vrai	Faux
On peut trouver de la crème épaisse légère.	☐	☐
Avant et après ouverture, le lait pasteurisé est conservé dans le même lieu de stockage.	☐	☐
Je préfère le lait stérilisé au lait pasteurisé dans l'optique de le conserver un trimestre.	☐	☐
Je peux faire de la crème Chantilly à partir de crème épaisse.	☐	☐
Après ouverture, le lait UHT et le lait pasteurisé ont le même temps de conservation.	☐	☐

ACTIVITÉ 3

Connaître les fromages

Doc. 5

Les familles de fromages

Familles	Spécificités et caractéristiques	Appellations d'origine protégée (AOP)	Présentations commerciales	Applications culinaires
Pâtes molles à croûte fleurie	Croûte blanche fleurie, pâte plus ou moins souple et onctueuse selon le degré d'affinage.	• Brie de Meaux • Neufchâtel • Camembert de Normandie	• Vendus entiers ou détaillés	• Bonbon croustillant de camembert • Brie de Meaux pané • Neufchâtel au chutney de pommes
Pâtes molles à croûte lavée	Croûte lisse et poisseuse, variant du jaune au rouge, pâte crémeuse, fromages très odorants.	• Munster • Maroilles • Livarot	• Vendus entiers ou détaillés	• Gratin de pommes de terre au cumin et munster • Flamiche au maroilles • Pavé de bœuf au livarot
Pâtes persillées	Croûte naturelle, pâte présentant des traces de moisissure vertes ou bleues.	• Roquefort • Bleu de Gex • Fourme d'Ambert	• Vendus entiers ou détaillés • En cubes	• Feuilleté roquefort et noix • Fondue au bleu de Gex et vin d'Arbois • Aubergines gratinées à la fourme d'Ambert
Pâtes pressées non cuites	Croûte naturelle, pâte plus ou moins souple et fondante selon le degré d'affinage.	• Saint-nectaire • Cantal • Morbier	• Vendus entiers ou détaillés	• Aligot à la tome fraîche de cantal • Raclette au morbier • Quiche au saint-nectaire.
Pâtes pressées cuites	Fromages de grande taille, croûte naturelle, pâte plus ou moins puissante selon le degré d'affinage pouvant présenter des trous ou non.	• Emmental • Comté • Beaufort	• Râpés • En tranches • En cubes	• Poulet au comté • Soufflé à l'emmental • Omelette au beaufort
Fromages de chèvre	Peuvent être frais, demi-secs, secs ou durs. Saveur prononcée et typique.	• Banon de Provence • Sainte-maure de Touraine • Crottin de Chavignol	• Bûche • Pyramide • Crottin • Mariné • Cendré	• Fougasse au banon de Provence • Omelette au crottin de Chavignol • Parmentier de sainte-maure au sancerre
Fromages frais	Essentiellement régionaux, caillés égouttés puis salés. Se consomment sans affinage.	• Brocciu frais	• En pot • Faisselle	Agrémenté de crème fraîche épaisse, de fines herbes...
Fromages fondus	Pâte crémeuse pouvant être agrémentée de différents ingrédients.	Ne bénéficie pas d'une AOP mais on peut citer la cancoillotte.	• En tranches • Moulés sous différentes formes • En pot	• Toasts • Sauces par réduction

→ À l'aide des informations fournies dans le document 5, complétez les appellations culinaires du tableau ci-dessous à partir des photos de fromage et de leur famille d'appartenance.

- **Fromage blanc**
- **Crottin de Chavignol**
- **Saint-nectaire**
- **Roquefort**
- **Comté**
- **Camembert de Normandie**
- **Munster**

Famille d'appartenance du fromage		Appellations culinaires à compléter
	Pâte persillée	Tournedos au .... pommes Anna et subric de tomates
	Pâte molle à croûte lavée	Quiche au ...., bouquet de mesclun au vinaigre balsamique
	Pâte pressée cuite	Soufflé au .... et croustille de lard paysan
	Fromage de chèvre	Salade de .... chaud aux pignons
	Pâte pressée non cuite	Tourte feuilletée au ....
	Pâte molle à croûte fleurie	Cromesquis au .... et salade d'endives aux reinettes
	Fromage frais	Tarte au ....

Activité 4
Connaître les yaourts

Doc. 6 Les présentations commerciales des yaourts

Présentations commerciales	Conservation	Applications culinaires — En cuisine	Applications culinaires — En pâtisserie
Yaourt nature Yaourt aromatisé Yaourt aux fruits Yaourt brassé	En chambre froide positive à + 3 °C, en respectant la DLC*	Sauce blanche Marinades	• Glaces • Gâteaux

* Date limite de consommation

1 Prenez connaissance du document 6 puis, grâce aux informations données, surlignez en vert les applications culinaires du yaourt dans le texte ci-dessous.

> À froid, on l'utilise dans les sauces, les farces, les potages, les mousses, les marinades et on peut le mélanger aux coulis… Il donne aux préparations un petit goût acide caractéristique et présente un grand intérêt diététique.
> À chaud, il offre de nombreuses possibilités. On le mélange en finition dans les purées, les sauces et les potages.
> Avec la fécule de pomme de terre ou de maïs, avec le jaune d'œuf et éventuellement le vin blanc, il intervient dans la liaison finale des sauces.
> On peut l'ajouter à la crème et à la fécule quelques minutes avant la fin de la cuisson. Il est alors préférable d'employer du yaourt brassé.

Source : www.cniel.fr

2 À l'aide du document 6, retrouvez le type de yaourt correspondant à chacune des étiquettes présentées.

Ingrédients : Yaourt au lait partiellement écrémé Sucre 6,2 % Sirop de glucose-fructose 3,7 % Arômes	**Ingrédients :** Yaourt au lait entier Fruits 12 % (fraise) Sucre 8,5 % Sirop de glucose-fructose
Ingrédients : Lait entier Lait écrémé en poudre Ferments lactiques du yaourt	**Ingrédients :** Lait écrémé Protéines de lait Ferments lactiques du yaourt
	Yaourt nature

Je retiens

1 Connaître le lait

Le lait est le produit intégral de la traite totale et ininterrompue d'une vache (femelle laitière) bien portante, bien nourrie et non surmenée.

Lorsque l'on parle de « lait », sans autre précision, il s'agit exclusivement de lait de vache.

Types de lait	Couleur dominante de l'emballage	Utilisations culinaires	
		Cuisine	Pâtisserie
Entier Demi-écrémé Écrémé	(rouge) (bleu) (vert)	• Appareil à crème prise salé • Sauce Béchamel et dérivées	• Appareil à crème prise sucré • Crème pâtissière • Crème anglaise

2 Connaître la crème

Types de crème	Dénominations	Utilisations culinaires	
		Cuisine	Pâtisserie
Liquide	Crème fraîche pasteurisée liquide (ou crème fleurette) Crème stérilisée liquide Crème UHT Crème légère	• Finition de certaines sauces • Appareil à crème prise salé • Farces fines de poisson, volaille, veau	• Crème fouettée* • Crème Chantilly*
Épaisse	Crème fraîche pasteurisée épaisse Crème légère		

* Ces deux préparations ne peuvent pas être réalisées avec une crème allégée.

3 Connaître les fromages

Familles de fromages	Utilisations culinaires
• Fromages frais • Fromages de chèvre • Fromages fondus • Pâtes persillées • Pâtes molles à croûte fleurie • Pâtes pressées non cuites • Pâtes pressées cuites • Pâtes molles à croûte lavée	• Sauces • Quiches • Tourtes

4 Connaître les yaourts

Dénominations	Utilisations culinaires	
	Cuisine	Pâtisserie
Yaourt nature	• Sauces • Marinades	• Glaces • Gâteaux

J'applique mes connaissances

Exercice 1

◆ À l'aide de vos connaissances, complétez le tableau ci-dessous en associant chaque préparation culinaire à un ou plusieurs produits laitiers.

Préparations culinaires	Lait	Crème épaisse	Crème liquide
Sauce Béchamel			
Crème anglaise			
Farce fine de volaille			
Crème Chantilly			
Crème pâtissière			
Appareil à crème prise			
Finition de sauce			

Exercice 2

◆ Dans le tableau suivant, indiquez, à partir de l'appellation du fromage, sa famille d'appartenance et une application culinaire.

Appellation	Famille	Application culinaire
Abondance	Pâtes pressées cuites	Soufflé à l'abondance
Crottin de Chavignol		
Roquefort		
Munster		
Cantal		

Exercice 3

◆ Cochez la bonne réponse.

	Vrai	Faux
Il existe dix familles de fromages.	☐	☐
Le cantal est un fromage appartenant à la famille des pâtes pressées cuites.	☐	☐
La stérilisation permet de conserver le lait plusieurs mois.	☐	☐
Je peux réaliser une crème Chantilly à base de crème allégée.	☐	☐
Les traces vertes présentes dans le roquefort correspondent à de la moisissure.	☐	☐

10 Les corps gras

OBJECTIFS

« En vrai professionnel, je dois être capable de... »

1. Connaître la classification et l'origine des corps gras et découvrir les présentations commerciales et les conditions de stockage des différents corps gras.
2. Choisir le type de matière grasse en fonction des procédés de cuisson.
3. Décrypter une étiquette.

DATE : ....

Fanny et Louis travaillent au poste chaud. Ils doivent faire sauter des champignons et des lardons pour la garniture bourguignonne qui accompagnera la volaille.

J'ANALYSE LA SITUATION

1. Citez différents corps gras utilisés en cuisine.

....

2. Les différents corps gras ont-ils tous la même utilisation ?

....

3. Expliquez pourquoi la poêle de Louis dégage de la fumée.

....

Activité 1

Connaître la classification et l'origine des corps gras et découvrir les présentations commerciales et les conditions de stockage des différents corps gras

Doc. 1 Les caractéristiques des corps gras

Classification	Type de matière grasse	Présentations commerciales	Conditions de stockage	Point de fusion[1]	Point critique[2]
Origine animale	Beurre	Conditionné en motte, plaquettes de 0,500 kg, 0,250 kg, 0,125 kg, micro pains de 10 g, paniers, rouleaux, plaques de 2 kg	• Entre + 4 °C et + 6 °C • Éviter de stocker avec d'autres produits car le beurre s'imprègne de leur odeur	25 °C	120 °C
	Saindoux	Conditionné en pain de 0,500 kg, en pots, en conserve	+ 3° C	40° C	210° C
	Graisse d'oie et de canard	Conditionnée en conserve ou en seau	Température ambiante	40 °C	140 °C
	Blanc de bœuf	Conditionné en pain de 0,500 kg à 1 kg	+ 3 °C	40 °C	230 °C
Origine végétale fluide	Tournesol	Bouteilles et bidons en plastique de divers volumes, bidons métalliques de 25 l	Température ambiante	10 °C	220 °C
	Colza	Bouteilles et bidons en plastique de divers volumes	Température ambiante	10 °C	Non recommandée en cuisson
	Olive	Bouteilles de divers volumes, bidons métalliques	Au frais, à l'abri de la lumière	10 °C	210 °C
	Arachide	Bouteilles de divers volumes	Température ambiante	10 °C	220 °C
	Noix Noisette	Bouteilles de divers volumes, bidons métalliques	Au frais, à l'abri de la lumière	10 °C	Non recommandée en cuisson
	Soja Sésame	Bouteilles en verre de petit volume	Température ambiante	10 °C	210 °C
Origine végétale concrète	Coprah	Pains de 0,500 kg à 1 kg	Entre + 4 °C et + 6 °C	30 °C	180 °C
	Huile de palme	Bidons	Entre + 4 °C et + 6 °C	30 °C	230 °C
Mixte	Margarine cuisson	Pains de 0,250 kg à 1 kg	Entre + 4 °C et + 6 °C	30 °C	180 °C
	Margarine feuilletage	Pains de 0,250 kg à 1 kg, plaques de 2 kg	Entre + 4 °C et + 6 °C	Utilisée pour la préparation de la pâte feuilletée	

1. Point de fusion : température à laquelle s'effectue le changement d'état de solide à liquide.
2. Point critique appelé « point de fumée » : température à laquelle le corps gras se dégrade.

→ À l'aide du document 1, complétez le tableau ci-dessous en déterminant le corps gras à utiliser pour chaque application culinaire, son origine et son lieu de stockage.

Application culinaire	Descriptif	Matière grasse conseillée	Origine	Lieu de stockage
 Saumon froid, sauce andalouse	Pavé de saumon poché, servi froid, accompagné d'une sauce émulsionnée froide dérivée de la mayonnaise. Monter une mayonnaise classique à l'huile de tournesol et incorporer une fondue de tomate et de poivrons bien réduite.			
 Poulet rôti	Poulet badigeonné d'huile puis rôti au four.			
 Pommes sarladaises	Pommes de terre taillées en quartiers, sautées à la graisse d'oie. En fin de cuisson, ajouter quelques gousses d'ail et des cèpes frais selon la saison. La cuisson sera terminée au four si nécessaire.			
 Salade verte	Salade mesclun (mélange de différentes salades : trévise, frisée, lollo rossa, feuille de chêne verte) assaisonnée de vinaigrette.			
 Paris Brest	Gâteau (créé à l'occasion d'une course cycliste) composé d'une couronne de pâte à choux fourrée de crème mousseline pralin.			

ACTIVITÉ 2

Choisir le type de corps gras en fonction des procédés de cuisson

Doc. 2 Les procédés et modes de cuisson

Type de matière grasse	Cuisson avec brunissement					Cuisson en atmosphère combinée		
	Rôtir	Frire	Griller	Sauter	Poêler	Ragoût à brun	Ragoût à blanc	Braiser
Beurre				✓	✓		✓	
Saindoux		✓		✓		✓		
Graisse d'oie et/ou de canard	✓			✓		✓		✓
Blanc de bœuf		✓						
Huile de tournesol	✓	✓	✓	✓				
Huile d'arachide	✓	✓	✓	✓				
Huile d'olive	✓	✓	✓	✓				
Huile de soja	✓	✓	✓	✓		✓		✓
Huile de coprah		✓						
Huile de palme		✓						
Margarine				✓			✓	

→ Prenez connaissance du document 2 et attribuez un mode de cuisson à chaque corps gras cité dans le tableau ci-dessous.

- Huile de coprah
- Beurre
- Huile d'olive
- Graisse de canard

Mode de cuisson	Corps gras à utiliser
Ragoût à brun	Huile d'arachide
Sauter	
Frire	
Griller	
Ragoût à blanc	

Activité 3

Décrypter une étiquette

Doc. 3

L'apport en matières grasses est indispensable pour notre organisme mais les nutritionnistes recommandent de limiter l'utilisation des corps gras dans les préparations.

Les industriels ont créé des huiles composées de différents ingrédients, offrant une teneur garantie en vitamines.

Doc. 4

HUILE VÉGÉTALE

HUILE POUR FRITURE ET ASSAISONNEMENT
CONVIENT A L'ASSAISONNEMENT
DES SALADES ET CRUDITÉS.
Ne pas dépasser 180 °C en cuisson

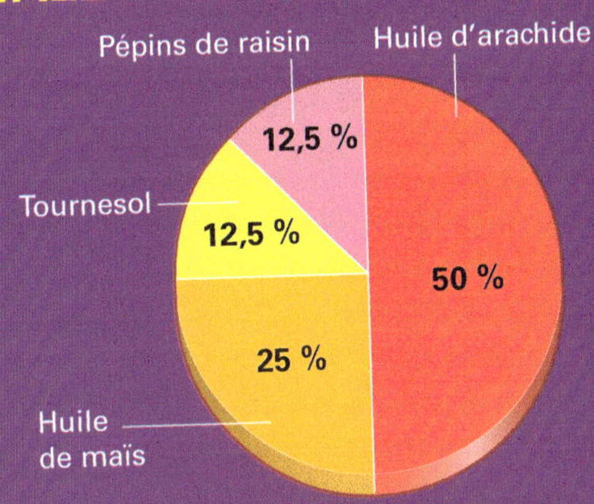

Valeur énergétique :
Pour 10 g = 90 kcal/370 kj

Composition : huile d'arachides (50 %), huile de maïs (25 %), tournesol (12,5 %), pépins de raisin (12,5 %)

Conservation à l'abri de la lumière

→ Grâce aux informations données dans les documents 3 et 4, répondez aux affirmations ci-dessous par vrai ou faux.

Questions	Vrai	Faux
Cette huile est d'origine végétale à 80 %.		
Certains personnels de l'établissement sont allergiques à l'arachide, je peux donc utiliser cette huile, au self, sans inquiétude.		
Cette matière grasse convient seulement pour les cuissons.		
La température maximale d'utilisation conseillée est de 180°C.		
Je peux utiliser cette huile pour frire des pommes allumettes.		
Je peux utiliser cette huile pour élaborer une sauce mayonnaise.		
Cette huile peut être stockée sur le rebord de la fenêtre.		

Je retiens

1 Connaître la classification et l'origine des corps gras et découvrir les présentations commerciales et les conditions de stockage des différents corps gras

Origine	Végétale		Animale	Mixte
Consistance/ état	Fluide (liquide)	Concrète (solide)	Solide	Solide
Exemples	• Arachide • Tournesol • Colza • Soja • Noix • Noisette • Olive	• Palme • Coprah (Végétaline) • Margarines végétales	• Beurre • Saindoux • Blanc de bœuf • Graisse d'oie • Graisse de canard	• Margarine

Palme : huile extraite de la pulpe du fruit du palmier à huile
Coprah : pulpe de noix de coco cueillies à maturité

2 Choisir le type de matière grasse en fonction des procédés de cuisson

Dénomination	Point de fusion	Point critique	Utilisations en cuisine
Beurre	+ 20° C environ	+ 120 °C	Utilisé en finition de sauce, en cuisson de préférence clarifié ou en mélange avec de l'huile (élévation du point critique).
Saindoux Blanc de bœuf	+ 40 °C	+ 220 °C	Utilisés pour rissoler et pour les fritures car ils résistent bien aux hautes températures.
Graisse de canard	+ 40 °C	+ 140 °C	Utilisée pour les confits, les cuissons sauter.
Huile de colza	+ 10 °C	Non recommandée en cuisson	Assaisonnement uniquement car ses acides gras ne supportent pas une température élevée.
Huile d'arachide	+ 10 °C	+ 220 °C	Utilisée pour les fritures et pour rissoler car elle résiste bien aux hautes températures.
Huile d'olive	+ 10 °C	+ 220 °C	Utilisée en assaisonnement ou pour des cuissons courtes (sauter, griller).
Margarine cuisson	+ 35 °C environ	+ 180 °C	Utilisée pour les roux et les cuissons car elle résiste relativement bien aux hautes températures.

Critères de choix des corps gras	Le prix, le goût, le point de fumée ou critique, le point de fusion, la résistance aux chauffes successives, les caractéristiques physiques du corps gras face à un travail précis (margarine feuilletage, par exemple).
Utilisation des corps gras	Condiment, assaisonnement, cuissons à basse température, cuissons à haute température, préparations particulières en pâtisserie.

J'applique mes connaissances

J'applique mes connaissances

Exercice 1

Bon d'économat					
Date :	Nombre de couverts : 200			Bon n° : 165	
Denrée	**Unité**	**Quantité**	**Denrée**	**Unité**	**Quantité**
Légumes			**Économat**		
Salade laituc	Pièce	12	Thon à l'huile	Boîte 4/4	10
Tomate garniture	Kg	15,000	Olive noire	Boîte 4/4	3
Pomme de terre	Kg	15,000	Huile d'olive	L	5,00
Poivrons vert et rouge	Kg	5,000	Vinaigre de vin	L	2,00
Oignon	Kg	2,500	Moutarde	Kg	1,000
			Huile de tournesol	L	1,00
Fruits			Vin blanc ordinaire	L	1,00
Kiwi	Pièce	20	Fond brun déshydraté	Boîte	1
			Huile d'arachide	L	6,00
Semi-conserve			Farine type 55	Kg	25,000
Filet d'anchois à l'huile	Boîte	6	Sucre semoule	Kg	6,000
			Arôme vanille	L	3,00
Boucherie			Maïzena	Kg	PM
Filet mignon de porc	Kg	30,000	Kirsch	L	2,00
			Pêche au sirop	Boîte 5/1	1
Surgelés			Poire au sirop	Boîte 5/1	2
Haricot vert extrafin	Kg	15,000			
Petit pois extrafin	Kg	25,000	**BOF**		
Pomme frite	Kg	40,000	Beurre	Kg	2,000
			Œuf	Pièce	150
			Margarine à feuilletage	Kg	2,000
			Lait	L	5,00
Signature :	Observations :				

◆ Surlignez les corps gras commandés sur le bon d'économat ci-dessus, puis classez ces corps gras selon leur origine en complétant le tableau ci-dessous.

Origine			
Type de matière grasse			

Exercice 2

◆ Répondez aux questions suivantes.

Questions	Réponses	
Citez les trois origines possibles des corps gras.		
Mentionnez le terme indiquant la décomposition d'une matière grasse sous l'action de la chaleur.		
Cochez la température correspondant au point critique du beurre.	❑ 120°C	❑ 180°C
Citez deux huiles qui ne doivent pas être utilisées pour la cuisson.		
Citez une mention que l'on peut trouver sur l'étiquette d'un corps gras.		

J'applique mes connaissances

J'applique mes connaissances

Exercice 3

◆ Pour les produits suivants, et en fonction du matériel de cuisson proposé, indiquez deux choix possibles de matière grasse.

Produits	Matériel support de cuisson	Choix de la matière grasse
 Filet de poisson		
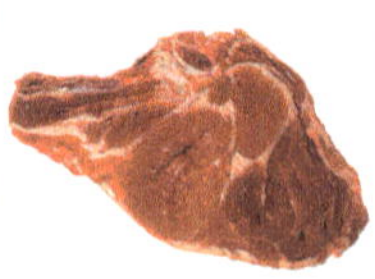 Côte de bœuf		
 Bâtonnets de légumes		
 Brochettes de poisson	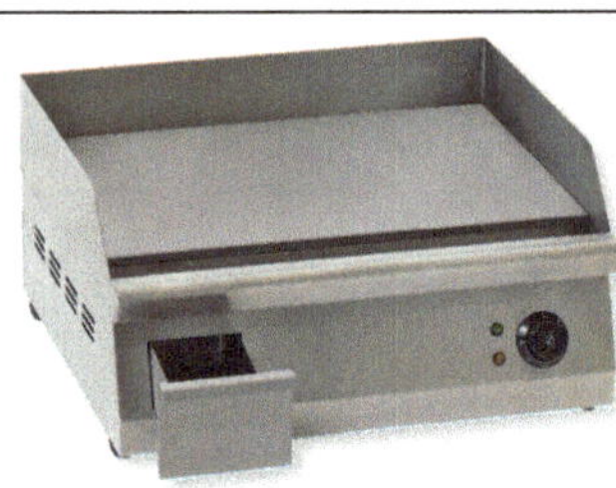	
 Pommes de terre émincées	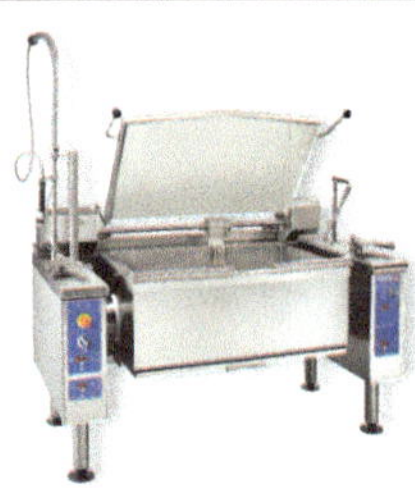	
 Beignets de crevettes, nems		

11 Les œufs

OBJECTIFS

« En vrai professionnel, je dois être capable de... »

1. Connaître l'origine des œufs et la structure d'un œuf.
2. Connaître les critères de fraîcheur et les règles de stockage.
3. Connaître la classification des œufs.
4. Décoder l'étiquette des petits et des gros emballages.
5. Identifier les modes de cuisson et connaître les applications culinaires.
6. Connaître les présentations commerciales : les ovoproduits.

DATE : ....

Fanny et Louis travaillent au poste froid. Ils doivent préparer les plats pour un buffet cocktail.

J'ANALYSE LA SITUATION

1 Connaissez-vous des œufs qui sont vendus à un prix très élevé ?

----

2 Savez-vous si les œufs évoqués par le chef proviennent tous du même animal ?

----

3 Connaissez-vous les procédés de conservation applicables aux nouvelles formes de présentation commerciale des œufs ?

ACTIVITÉ 1

Connaître l'origine des œufs et la structure d'un œuf

Doc. 1 — Définition

Le terme « œuf » sans autre précision désigne l'œuf de poule. Cependant, d'autres animaux ovipares pondent des œufs consommables par l'être humain. Ces œufs sont souvent de couleurs et de tailles différentes et la dénomination « œuf » doit être suivie du nom de l'espèce (exemple : œuf de caille).

1 Complétez les tableaux ci-dessous.

• Oie	• Caille	• Saumon
• Autruche	• Poule	• Escargot

Illustration						
Animal						

Illustration			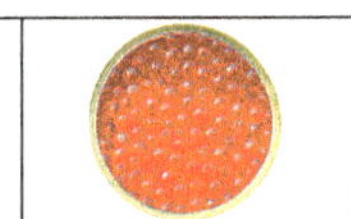			
Œuf de …						

2 Identifiez les éléments manquants de la structure de l'œuf.

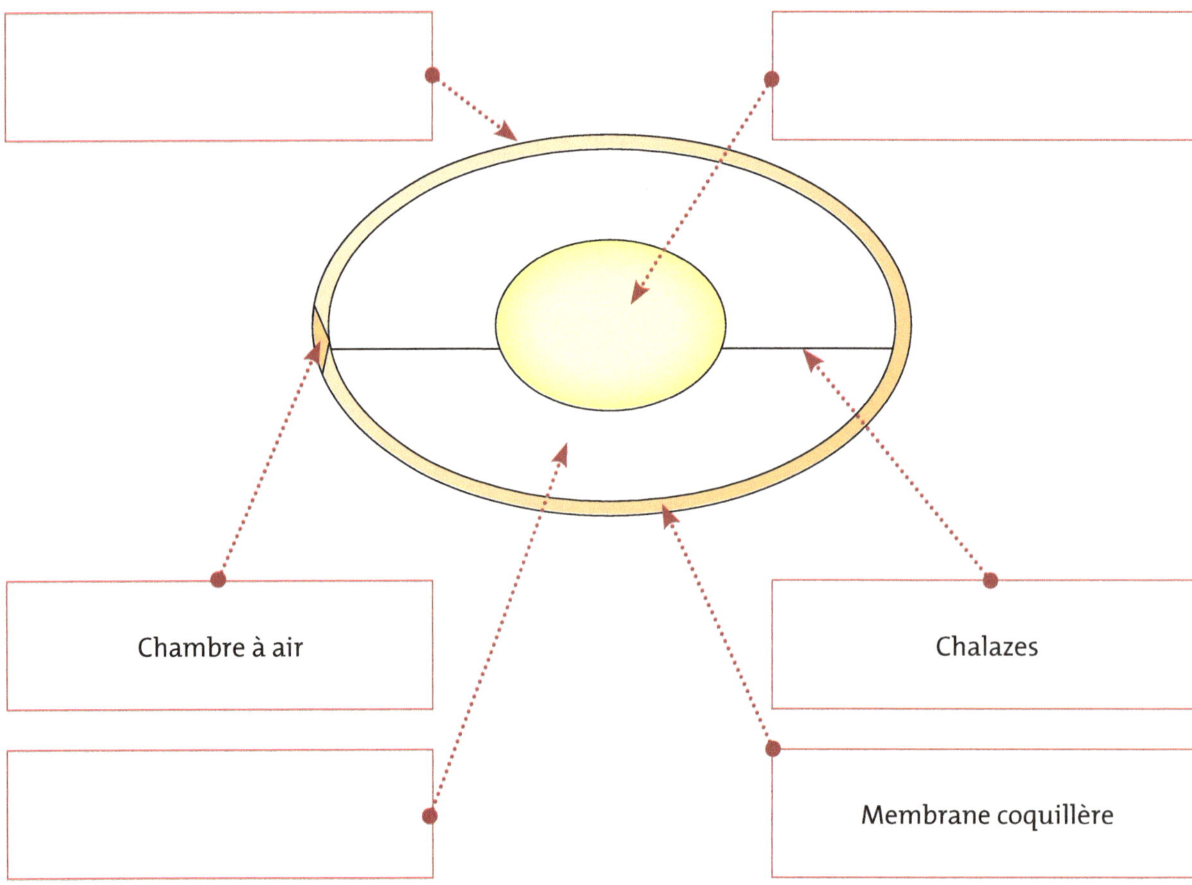

ACTIVITÉ 2

Connaître les critères de fraîcheur, les règles de stockage et la classification des œufs

Doc. 2 L'état de fraîcheur d'un œuf peut être déterminé en le mirant. Pour cela, observez la base de l'œuf en l'exposant à une forte lumière pour mesurer la dimension de la chambre à air. Plus elle est grande, plus l'œuf est ancien. Au moment du cassage de l'oeuf, on peut également s'assurer de sa fraîcheur. Plus le jaune est bombé et ferme, plus l'œuf est frais. Le blanc est plus liquide à mesure du vieillissement.

1 Prenez connaissance du texte document 2 et surlignez :

- en bleu : les actions permettant de vérifier la fraîcheur d'un œuf ;
- en vert : les modifications physiques liées au vieillissement de l'œuf.

Doc. 3 **Extrait d'une étiquette apposée sur une boîte de 6 œufs**

Conservation : à consommer de préférence avant le (ou DCR*) : …
à conserver au réfrigérateur après achat.

* DCR : date de consommation recommandée

2 À partir du document 3, identifiez dans le schéma ci-dessous la température optimale de stockage des œufs en l'entourant.

Zone 1	Zone 2	Zone 3	Zone 4	Zone 5
−16 °C à −8 °C	−8 °C à +3 °C	+3 °C à +8 °C	+8 °C à +16 °C	+16 °C à +24 °C

Doc. 4 On utilise des œufs classés en catégorie B dans l'industrie agro-alimentaire (biscuiterie industrielle). Ces œufs présentent généralement des défauts physiques concernant la coquille mais leur qualité bactériologique est irréprochable.

Doc. 5 **Extrait d'une étiquette apposée sur une boîte de 6 œufs classés en catégorie A**

EXTRA-FRAIS	Pondus le 01/07 Extra-frais jusqu'au 10/07 À consommer de préférence avant le (DCR) 29/07

Les œufs perdent la dénomination « extra-frais » au bout de 9 jours après la date de ponte. Au-delà de cette date, ils possèdent la dénomination « frais » jusqu'à 28 jours après la date de ponte.

3 À l'aide des documents 4 et 5, retrouvez dans le tableau ci-dessous les informations manquantes concernant la catégorie de qualité des œufs.

<table>
<tr><th colspan="4">Catégories de qualité des œufs</th></tr>
<tr><td rowspan="3">Catégorie ou classe</td><td rowspan="2"></td><td></td><td>Jusqu'à 9 jours après la date de ponte</td></tr>
<tr><td>Frais</td><td>Jusqu'à 28 jours après la date de ponte</td></tr>
<tr><td></td><td colspan="2">Œufs utilisés dans l'industrie agroalimentaire</td></tr>
</table>

Doc. 6 Calibre et poids des œufs

S Petit	M Moyen	L Gros	XL Très gros
Moins de 53 g	De 53 g à 62 g	De 63 g à 72 g	Plus de 73 g

Doc. 7 Le mode d'élevage des poules

Chiffre mentionné sur la coquille	Mode d'élevage
0	Issues de l'agriculture biologique
1	Élevées en plein air
2	Élevées au sol
3	Élevées en cage

4 À l'aide des documents 6 et 7, répondez aux affirmations suivantes.

	Vrai	Faux
Un œuf de 65 g est classé en calibre L.		
Le chiffre 1 sur une coquille correspond à un œuf issu d'une poule élevée en cage.		
Les œufs issus de l'agriculture biologique sont identifiés par le chiffre 0 apposé sur la coquille.		

ACTIVITÉ 3

Décoder l'étiquette des petits et des gros emballages

1 Replacez sur l'étiquette les mentions obligatoires listées ci-dessous.

- **Marque commerciale**
- **Catégorie de poids**
- **Logo AB**
- **DCR**
- **Catégorie de qualité**
- **Condition de stockage**

Étiquetage des petits emballages

Mentions obligatoires

MONAC'ŒUFS

6 œufs frais issus de l'agriculture biologique

Conservation :

À consommer de préférence avant le : 06/08

À conserver au réfrigérateur après achat

Catégorie A Moyen

2 Replacez sur l'étiquette de la canadienne les mentions obligatoires listées ci-dessous.

- **Marque commerciale**
- **Catégorie de qualité**
- **Nombre d'œufs emballés**
- **Numéro d'immatriculation**
- **Calibre**
- **Numéro de l'étiquette**
- **DCR**
- **Condition de stockage**
- **Adresse de l'entreprise**

Étiquetage des gros emballages

Mentions obligatoires

Étiquette issue d'une canadienne (carton de 360 pièces d'œufs répartis en 12 plaques alvéolées comportant 30 œufs chacune)

Décret n° 69-857 du 17-09-69
Arrêté ministériel
du 19 septembre 1972

C N° 08483

CONTRÔLE DE QUALITÉ
MINISTÈRE
DE L'AGRICULTURE

MONAC'ŒUFS
Zone industrielle
98000 MONACO

3.3028801

Nombre : **360**

Catégorie : **A**

L

À consommer de préférence avant le 11 MARS N...

Après achat, conserver au réfrigérateur

ACTIVITÉ 4

Identifier les modes de cuisson et connaître les applications culinaires

Doc. 8

Préparation à base d'œufs	Descriptif	Applications culinaires	Quantité d'œufs servis par personne
Œufs pochés	Œufs débarrassés de leur coquille et pochés, durant 5 minutes environ, dans une eau frémissante ou du vin rouge. Ils sont généralement accompagnés d'une sauce et d'une garniture d'accompagnement.	Œufs pochés meurette	1 à 2 œufs/personne
Œufs brouillés	Œufs mélangés et assaisonnés, cuits à faible chaleur dans une sauteuse beurrée ou au bain-marie. Ils peuvent être légèrement crémés en fin de cuisson et éventuellement agrémentés d'une garniture.	Œufs brouillés portugaise	3 œufs/personne
Omelette	Œufs mélangés, battus à la fourchette et assaisonnés, pouvant être agrémentés de lait ou de crème ainsi que d'une garniture. Ces œufs sont cuits dans une poêle avec une noisette de beurre. La présentation de l'omelette peut être roulée ou plate.	• Omelette plate à l'espagnole • Omelette roulée aux fines herbes	3 œufs/personne
Œufs frits	Œufs débarrassés de leur coquille et frits dans une petite quantité d'huile. Ils sont généralement agrémentés d'une garniture.	Œufs frits au bacon	2 œufs/personne
Œufs cocotte	Œufs débarrassés de leur coquille et cuits dans des ramequins beurrés au four dans un bain-marie durant quelques minutes. Ils sont généralement accompagnés d'une garniture disposée sur les œufs au terme de la cuisson.	Œufs cocotte aux légumes	2 œufs/personne
Œufs sautés ou au plat	Œufs débarrassés de leur coquille et cuits dans une poêle ou un plat à œuf, avec une noisette de beurre.	Œufs au plat	2 œufs/personne

→ À l'aide du document 8, complétez le tableau suivant.

	Temps de cuisson	Désignation	Mode de cuisson	Applications culinaires
Œufs cuits en coquille	3'	Œuf coque	Pocher départ à chaud	Œuf coque et ses mouillettes
	6'	Œuf mollet		Œuf mollet florentine
	9'	Œuf dur		Œuf farci Chimay
Œufs cuits hors coquille	Non mélangés			
	Mélangés			

ACTIVITÉ 5

Connaître les présentations commerciales : les ovoproduits

Les ovoproduits représentent l'ensemble des œufs transformés, crus ou cuits, entiers ou clarifiés, conditionnés hors coquille. Ils sont commercialisés réfrigérés, congelés ou déshydratés.
Ils sont utilisés dans les cuisines de collectivité pour élaborer des préparations culinaires car ils permettent :
- d'économiser de la main-d'œuvre ;
- de gagner du temps ;
- d'optimiser le coût matière ;
- de maîtriser la qualité bactériologique des préparations servies.

Doc. 9 **Les ovoproduits**

Dénomination des différents ovoproduits	Blancs d'œufs congelés	Jaunes d'œufs réfrigérés	Seau (5 kg) d'œufs durs saumurés	Préparation déshydratée pour omelettes	Blancs d'œufs déshydratés	Œufs entiers réfrigérés
Conditionnement	Brique de 1 l	Brique de 1 l	Seau de 5 kg	Sachet de 1 kg	Boîte de 1 kg	Bidon de 5 l
Conditions de stockage	À conserver au congélateur après achat	À conserver au réfrigérateur après achat	À conserver à + 3 °C	À conserver dans un endroit sec, à l'abri de la lumière	À conserver dans un endroit sec, à l'abri de la lumière	À conserver au réfrigérateur après achat
Illustrations						

1 À partir des éléments fournis dans les documents 8 et 9, complétez le tableau ci-dessous.

Dénomination de l'ovoproduit	Présentation commerciale (conditionnement)	Température de conservation	Lieu de stockage
Blancs d'œufs congelés	Brique de 1 l	– 18 °C	Chambre froide négative
Jaunes d'œufs réfrigérés			
Œufs durs saumurés			
Préparation déshydratée pour omelettes au fromage			
Blancs d'œufs déshydratés			
Œufs entiers réfrigérés			

Doc. 10 Demain soir, le chef a prévu de réaliser des quiches méditerranéennes pour 200 personnes. Il vous demande de réaliser le bon de sortie d'économat afin de prévoir les ingrédients pour la production de l'appareil à crème prise salée.

Quiche méditerranéenne pour 10 personnes

Œufs entiers :	3 pièces
Jaunes d'œufs :	2 pièces
Lait demi-écrémé :	1/4 l
Crème fraîche liquide :	1/4 l

→ Prévoir des ovoproduits :
- œufs entiers réfrigérés en brique de 1 l
- jaunes d'œufs réfrigérés en brique de 1 l

Ovoproduits		Œufs entiers de calibre M hors coquille = 50 g (blanc = 30 g, jaune = 20 g)
1 l de blancs d'œufs réfrigérés	=	34 blancs
1 l de jaunes d'œufs réfrigérés	=	50 jaunes
1 l d'œufs entiers réfrigérés	=	20 œufs

2 Prenez connaissance du document 10 et complétez l'extrait du bon de sortie de matières premières ci-dessous en respectant les consignes du chef.

Extrait du bon de sortie de matières premières self

Date d'utilisation : 26 juin
Nom du demandeur : DURAND Alain
Nombre de portions : 200

Désignation	Unité	Quantité
Crème fraîche liquide	l	5

3 À l'aide du document 10, complétez le tableau suivant en indiquant le poids en kilogramme correspondant aux éléments d'œufs de poule.

Éléments issus d'œufs classés en calibre M	Poids correspondant
15 œufs (hors coquille)	
12 jaunes d'œufs	
20 blancs d'œufs	

Je retiens

1 Connaître l'origine des œufs et la structure de l'œuf

Définition	Structure de l'œuf
Le terme « œuf » sans autre mention désigne exclusivement l'œuf de poule.	La coquille, la membrane coquillière, la chambre à air, les chalazes, le blanc et le jaune.

2 Connaître les critères de fraîcheur, les règles de stockage et la classification des œufs

Critères de fraîcheur	**État**	**Critères d'analyse**		
		Œufs frais	**Œufs vieux (à 28 jours)**	
	Œuf cru cassé	Le jaune est bombé, le blanc compact.	Le jaune est excentré. Le blanc est liquéfié.	
Stockage	Dans leur emballage d'origine et placés en enceinte réfrigérée (entre + 3 °C et + 8 °C) réservée au BOF (beurre, œufs, fromage).			
Conditionnement	**Petits emballages**		**Gros emballages**	
	Boîtes de 6 ou 12 œufs Plaques alvéolées de 30 œufs		Canadienne : carton comprenant 12 plaques alvéolées de 30 œufs	
Classification	**Catégorie de qualité des œufs**			
	A	Extra-frais	Jusqu'à 9 jours après la date de ponte	
		Frais	Jusqu'à 28 jours après la date de ponte	
	B	Œufs utilisés dans l'industrie agroalimentaire		
	Calibre	**Poids**	**Chiffre coquille**	**Mode d'élevage**
	S	Moins de 53 g	0	Agriculture biologique
	M	De 53 à 62 g	1	Élevées en plein air
	L	De 63 à 72 g	2	Élevées au sol
	XL	Plus de 73 g	3	Élevées en cage

3 Décoder l'étiquette des petits et des gros emballages

Étiquetage des petits emballages	Étiquetage des gros emballages
L'étiquette des petits emballages comporte les mentions extra-frais ou frais, les conditions de stockage et la DCR.	Les informations obligatoires sur une étiquette de canadienne sont : le numéro d'étiquette, la marque commerciale, l'adresse de l'entreprise, le numéro d'immatriculation, le nombre d'œufs, la catégorie de poids, la catégorie de qualité, la DCR et les conditions de stockage.

4 Identifier les modes de cuisson et connaître les applications culinaires

Cuisson avec coquille		Cuisson sans coquille, non mélangé		Cuisson sans coquille, mélangé	
À la coque	3'	Poché	3'	Brouillé	8'
Mollet	6'	Sauté (au plat)	5'	Omelette	8'
Dur	9'	En cocotte	6' à 150 °C		

5 Connaître les présentations commerciales : les ovoproduits

Définition	Avantages	Exemples
Les ovoproduits représentent l'ensemble des œufs transformés et conditionnés hors coquille.	Sécurité bactériologique, dosage facile, gain de temps et de personnel, facilité d'utilisation et de stockage.	Blancs, jaunes d'œufs ou œufs entiers réfrigérés, congelés, déshydratés, omelette cuite réfrigérée, œufs durs saumurés

J'applique mes connaissances

Exercice 1

Répondez aux questions suivantes.

Affirmations	Vrai	Faux
L'œuf d'autruche peut être utilisé dans une préparation culinaire.	☐	☐
Un œuf pondu le 01/04 bénéficie de la mention « extra-frais » jusqu'au 12/04.	☐	☐
DCR signifie « date de consommation reconnue ».	☐	☐
Les œufs de catégorie B sont utilisés dans l'industrie agroalimentaire.	☐	☐
La taille de la chambre à air d'un œuf permet de se faire une idée sur la fraîcheur du produit.	☐	☐
XL est le calibre d'un œuf qui pèse plus de 73 grammes.	☐	☐
Le lieu de stockage conseillé après achat doit figurer sur l'emballage des œufs.	☐	☐
Les ovoproduits permettent de mieux maîtriser la qualité bactériologique d'un plat.	☐	☐
Un litre de blancs d'œufs correspond aux blancs de 36 œufs entiers.	☐	☐
Le temps de cuisson idéal pour un œuf mollet est de trois minutes.	☐	☐

Exercice 2

Classez les différentes préparations suivantes en fonction de leur mode de cuisson.

- **Œuf dur**
- **Omelette plate**
- **Œuf coque**
- **Œuf mollet**
- **Œuf cocotte**
- **Œuf poché**
- **Œuf brouillé**
- **Œuf frit**
- **Œuf au plat**

Préparations à base d'œufs cuits en coquille	Préparations à base d'œufs cuits hors coquille et mélangés	Préparations à base d'œufs cuits hors coquille et non mélangés

12 Les produits de la mer et d'eau douce

OBJECTIFS

« En vrai professionnel, je dois être capable de… »

Connaître l'origine et la saisonnalité, la classification, les critères de fraîcheur, les préparations préliminaires, les présentations commerciales, les modes de cuisson, les applications culinaires, apprécier l'étiquetage et la réglementation, maîtriser les règles de stockage des :

1. poissons d'eau de mer et d'eau douce ;
2. mollusques et crustacés.

DATE : ....

Ce jour, Fanny et Louis sont affectés au poste « poissons ».

J'ANALYSE LA SITUATION

1 Connaissez-vous des poissons de mer et des poissons d'eau douce ? Citez-en deux de chaque.

....

....

2 Pouvez-vous citer des mollusques ?

....

3 Citez des crustacés.

....

Activité 1

Connaître les poissons d'eau de mer et d'eau douce

1 Prenez connaissance du document 1 puis surlignez en rouge les deux modes de production des poissons et en vert les raisons du développement des piscicultures.

Doc. 1

L'origine des poissons

Afin de vous familiariser avec les possibilités d'approvisionnement, le poissonnier vous décrit les différentes méthodes de pêche et d'élevage. Le poisson sauvage provient de trois types de pêche (côtière, au large et la grande pêche).

Il vous explique également que l'augmentation de la consommation a entraîné le développement de la production de poissons d'élevage en pisciculture marine (eau de mer) ou continentale (eau douce) afin de préserver le milieu naturel et permettre l'approvisionnement tout au long de l'année sans avoir à respecter la saisonnalité.

Doc. 2

La classification des poissons

Par origine	Eau de mer	Exemples : bar, saint-pierre, sole	
	Eau douce	Exemples : brochet, truite	
Par morphologie	Ronds	2 filets : truite 	
	Plats	2 filets : daurade 	4 filets : sole 
Par teneur en matières grasses	Poissons gras	Exemple : saumon	
	Poissons demi-gras	Exemple : sardine	
	Poissons maigres	Exemple : brochet	
Poissons migrateurs		Exemples : saumon, anguille	

2 À l'aide du document 2, spécifiez l'origine et la morphologie des poissons dans le tableau ci-dessous.

Dénomination	Illustration	Origine		Morphologie		
		Eau de mer	Eau douce	Plat		Rond
				2 filets	4 filets	2 filets
Daurade Origine : Méditerranée						
Truite Origine : étangs, rivières						
Baudroie ou lotte Origine : Méditerranée						
Turbot Origine : Atlantique						
Merlan Origine : Arctique						

Doc. 3

Depuis le 1er janvier 2002, une nouvelle réglementation concernant l'étiquetage des produits de la pêche et de l'aquaculture est entrée en vigueur.

Le consommateur doit désormais disposer d'informations précises sur les produits de la pêche ou de la pisciculture vendus au détail : en poissonnerie, en grandes et moyennes surfaces ou sur les marchés.

Cette obligation d'informations concerne les produits provenant de l'Union européenne ou importés dès lors qu'ils sont présentés : vivants (en vivier), réfrigérés ou congelés, entiers ou en filets, salés, fumés, en saumure ou appertisés.

Les mentions obligatoires
1. Le mode de production : sauvage, élevage
2. La zone de production
3. La dénomination commerciale de l'espèce

3 Après avoir lu le document 3 sur l'étiquetage et la réglementation, surlignez, dans l'étiquette ci-dessous, le mode de production en bleu, la zone de production en vert et la dénomination commerciale en jaune.

PAVÉ DE SAUMON
Salmo salar

ÉLEVÉ EN NORVÈGE

F
40.076.02
CE

Frais sous vide — poids net : ***0,140 kg***

Date d'emballage	Abattu le
09/12/N	***04/12/N***

À consommer jusqu'au	Prix / kg
17/12/N	€

Lot 1411 099

5 8243 034 0 1411099

4 À l'aide du document 3, nommez les différents modes de conservation énumérés par la réglementation du 1er janvier 2002.

Doc. 4

Les critères de fraîcheur du poisson

5 Prenez connaissance du document 4 puis reportez dans le tableau ci-dessous les termes concernant les critères de fraîcheur d'un poisson.

- **Brillant**
- **Franc**
- **Terne**
- **Nauséabond**
- **Humide**
- **Flasque**
- **Rigide**

Sens	Caractéristiques	
	Poisson frais	Poisson altéré
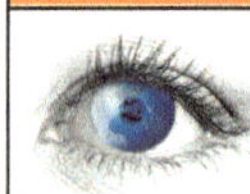 Vue		
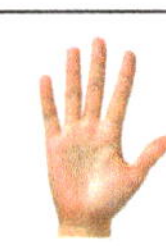 Toucher		
 Odorat		

Doc. 5

Les règles de stockage, d'hygiène et de bonnes pratiques

Le poisson frais peut être conservé, sur glace pilée, au maximum 48 heures entre 0 et + 2 °C, dans un timbre exclusivement réservé aux poissons. Afin de conserver ses qualités organoleptiques, il est nécessaire d'appliquer ses règles d'hygiène et de bonnes pratiques suivantes :

1. Mettre la glace pilée dans un timbre réfrigéré à double fond pour permettre l'évacuation de la glace fondue.
2. Couvrir la glace pilée d'un film alimentaire pour éviter d'altérer la chair du poisson.
3. Disposer le poisson puis le recouvrir à nouveau de film alimentaire et de glace pilée.

6 À l'aide des informations du document 5, précisez si les affirmations suivantes sont vraies ou fausses.

Affirmations	Vrai	Faux
Le poisson frais ne doit pas être conservé au-delà de 48 heures.		
La température optimale de stockage en timbre réfrigéré ne doit pas excéder + 2 °C et ne doit pas être négative.		
Le poisson peut être mis en contact direct avec la glace.		

Doc. 6

Les préparations préliminaires

Préparer ou habiller un poisson comprend différentes phases qui se déroulent de façon chronologique :

1. ébarber : enlever les nageoires et les barbes ;
2. écailler ;
3. vider ;
4. dépouiller si nécessaire (lotte) : enlever la peau ;
5. laver ou rincer à l'eau claire.

7 Étudiez le document 6 puis attribuez à chaque case du dessin ci-dessous la préparation préliminaire adaptée.

8 À partir de la dénomination du poisson, donnez dans le tableau ci-dessous le procédé de cuisson conseillé et indiquez à l'aide d'une croix la présentation commerciale la mieux adaptée.

Type de préparation	Dénomination	Procédé de cuisson Mode de préparation	Appellation culinaire	Présentations commerciales						
				Poisson frais ou surgelé				Autres modes de conservation		
				Entier	Filet	Darne	Tronçon	Salé	Fumé	Appertisé
Hors-d'œuvre froid	Thon		Salade niçoise							X
	Saumon Flétan Anguille		Assiette nordique							
Hors-d'œuvre chaud	Morue		Accra							
Plats principaux à base de poisson	Saumon		Darne de saumon sauce paloise							
	Truite		Truite pochée au beurre blanc							
	Sole		Sole meunière							
	Anguille		Matelote							
	Lieu		Lieu Dugléré							

Poisson entier	Filets	Darnes	Tronçons
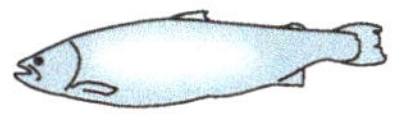	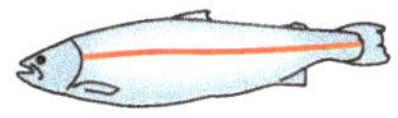	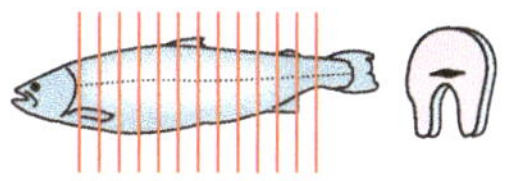	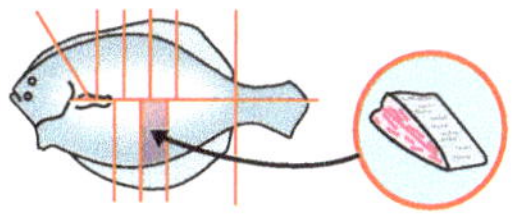

ACTIVITÉ 2

Connaître les mollusques et les crustacés

Doc. 7 — La classification des mollusques et des crustacés

Mollusques — Animaux à corps mou			Crustacés — Animaux à carapace			Autres animaux aquatiques	
Eau de mer			Eau de mer		Eau douce		
	Coquillages						
Sans coquille (céphalopode)	1 coquille (gastéropode ou univalve)	2 coquilles (lamellibranche bivalve)	Gros crustacés	Petits crustacés	Petit crustacé	Eau de mer	Eau douce
• Poulpe • Seiche • Encornet • Calamar	• Bulot • Bigorneau • Escargot • (terrestre)	• Moule • Huître • Saint-Jacques • Palourde • Coque	• Crabe • Tourteau • Araignée de mer • Langouste • Homard	• Langoustine • Crevette • Gambas • Étrille	• Écrevisse	• Oursin	Grenouille

Les mollusques et crustacés sont consommés toute l'année.

1 À l'aide des informations du document 7 et grâce aux illustrations, complétez le tableau ci-dessous en précisant la dénomination puis en cochant la famille d'appartenance et l'origine de chaque produit.

Illustration	Dénomination	Mollusques			Crustacé	Origine	
		Céphalopode	Gastéropode	Lamellibranche		Eau de mer	Eau douce

Doc. 8

L'étiquetage

Les coquillages ont une taille marchande minimale en dessous de laquelle ils ne peuvent être ni pêchés ni commercialisés. Ils doivent être vendus accompagnés d'une étiquette de salubrité numérotée garantissant la qualité sanitaire. Apposée sur le colis ou sur la ***bourriche***, elle doit comporter les mentions obligatoires suivantes :

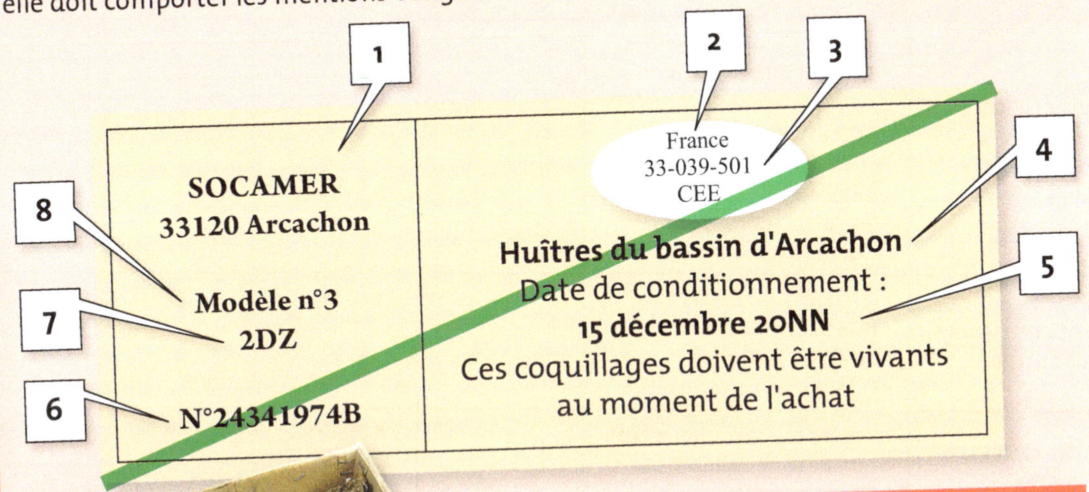

2 Prenez connaissance du document 8 puis complétez le tableau ci-dessous avec, d'une part, les mentions obligatoires de l'étiquette de salubrité et, d'autre part, les renseignements qui y figurent.

N°	Mentions obligatoires	Renseignements sur l'étiquette
1		
2		
3	N° département	33
	N° INSEE de la commune	039
	N° identification du producteur	501
4		
5		
6	N° de l'étiquette	
7		2 douzaines
8		

3 À partir de vos connaissances, complétez le tableau ci-dessous en cochant les présentations commerciales disponibles sur le marché.

Critères de fraîcheur des mollusques et des crustacés crus frais		Présentations commerciales			
		Cuits frais	Surgelés	En saumure	Appertisés
Gros crustacés Homards, langoustes, crabes	• Vigoureux, en possession de la totalité de leurs pattes et pinces. • Articulations gonflées et transparentes. • À taille égale, choisir les sujets les plus lourds. • Odeur marine agréable.				
Petits crustacés Langoustines	• Œil d'un noir brillant, tête bien attachée au corps, ferme. • Odeur marine franche.				
Petits crustacés Crevettes	• Aspect brillant, queue bien repliée sous l'abdomen. • Odeur marine agréable.				
Coquillages Huîtres, moules	• Fermés et intacts. • S'ils sont légèrement ouverts, ils doivent se refermer au moindre contact. • Le bord du manteau touché avec la pointe d'un couteau doit se rétracter. • Odeur franche, liquide abondant et limpide à l'ouverture.				
Mollusques Seiches, encornets, poulpe	• Chair ferme, tentacules résistants. • Odeur agréable.				

4 Après avoir lu le texte ci-dessous, surlignez en rouge les différents lieux de stockage des mollusques et des crustacés.

Les règles de stockage

Crabes, langoustes et homards peuvent être conservés vivants en vivier d'eau de mer reconstituée.

Les autres mollusques et crustacés vivants ou cuits frais se conservent de 3 à 5 jours en chambre froide positive, entre 0 et + 2 °C, dans leur emballage d'origine.

Doc. 9 Les préparations préliminaires

Crustacés	Mollusques
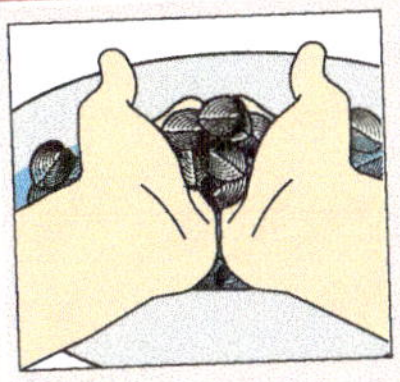 Laver/brosser	 • Laver/brosser • Gratter/éliminer le byssus (moules) • Ébarber (coquille Saint-Jacques) • Vider/batter* (poulpe)

* Battre un poulpe afin d'attendrir ses chairs

Doc. 10

	Mollusques	Crustacés
Applications culinaires	• Plateau de fruits de mer à base d'éléments crus (huîtres, moules, palourdes, praires) • Moules à la marinière • Vol-au-vent d'escargots en persillade • Noix de Saint-Jacques grillée à la mousseline de brocoli • Cannelloni de sèche aux poivrons	• Buisson de crevettes • Homard grillé à l'armoricaine • Feuilletée d'écrevisses aux girolles • Tartare de langoustines à la citronnelle
Modes de cuisson	• Cuisson « à la marinière » • Pocher • Sauter • Frire • Griller	• Pocher • Sauter • Frire • Griller

5 Étudiez les documents 9 et 10 puis, dans le tableau ci-dessous, indiquez à l'aide d'une croix la ou les préparations préliminaires correspondantes à l'application culinaire.
Précisez, pour chaque produit, le mode de cuisson utilisé.

Dénomination	Applications culinaires	Préparations préliminaires				Modes de cuisson
		Laver	Gratter	Ébarber	Batter	
Langoustines	Feuilletée de langoustines aux asperges					Sauter
Moules	Brochette de moules frites, sauce tartare					
Coquille Saint-Jacques	Noix de Saint-Jacques au pistou					
Poulpes	Poulpes à la provençale					
Crevettes	Salade de crevettes aux pousses d'épinards					

Je retiens

1 La classification

Les poissons				Les mollusques			Les crustacés	
Ronds		Plats		Céphalopodes	Gastéropodes	Bivalves	Eau de mer	
Eau de mer	Eau douce	Eau de mer		• Calamar • Encornet • Poulpe • Seiche	• Bigorneau • Bulot • Escargot (terrestre)	• Moule • Huître • Saint-Jacques • Palourde • Coque	Petits crustacés	Gros crustacés
2 filets	2 filets	2 filets	4 filets				• Crevette • Langoustine	• Tourteau • Homard • Langouste
• Bar • Merlan	• Sandre • Truite	• Daurade	• Sole • Turbot				Eau douce	
Poissons migrateurs							• Écrevisse	
Saumon, anguille								

2 L'étiquetage

	Les mollusques	Les crustacés
Mentions obligatoires 1. Mode de production 2. Zone de production 3. Dénomination commerciale	**Mentions obligatoires** 1. Expéditeur 2. Catégorie et calibre 3. Nombre ou poids	4. Numéro de l'étiquette 5. Estampille sanitaire 6. Dénomination du produit 7. Date de conditionnement

3 Les critères de fraîcheur

Œil : vif, clair, convexe **Branchies :** humides, brillantes, rouges **Odeur :** agréable **Corps :** rigide	**Odeur :** agréable **Corps :** ferme et brillant (céphalopodes) **Coquille :** intacte	**Odeur :** marine et franche Achetés vivants, ils doivent être lourds, vigoureux et sans amputation.

4 Les règles de stockage

Poissons frais	Poissons surgelés		
En chambre froide positive spécifique, dans de la glace pilée, entre deux feuillets plastique à une température comprise entre 0 et + 2 °C.	Chambre froide négative à – 18 °C	En chambre froide positive, entre + 3 °C et + 5 °C, dans leur emballage d'origine. Une fois entamées, les bourriches doivent être mises sous presse.	En chambre froide positive, entre + 3 °C et + 5 °C, dans leur emballage d'origine. Pour les homards, langoustes et crabes, stocker en vivier d'eau de mer reconstituée.

5 Les présentations commerciales

Frais et surgelés : entiers, détaillés **Fumés :** tranchés ou non tranchés **Appertisés :** au naturel, à l'huile… **Salés :** puis séchés (morue)	**Frais et surgelés :** entiers, détaillés, transformés. **Appertisés :** au naturel, à l'huile… **En saumure :** décortiqués	**Frais :** vivants ou cuits **Surgelés :** crus ou cuits, décortiqués, étêtés ou non **Appertisés - En saumure**

6 Les préparations préliminaires

Habiller : ébarber, écailler, vider, dépouiller, laver	Laver, brosser, ébarber, gratter (ôter le byssus), vider, nettoyer (céphalopodes)	Laver, brosser, décortiquer, châtrer

7 Les modes de cuisson

Modes	Applications	Modes	Applications	Modes	Applications
Pocher	Darne de colin pochée	**Marinière**	Moules marinières	**Griller**	Homard thermidor
Griller	Darne de saumon grillée	**Vapeur**	Saint-Jacques à la vapeur	**Frire**	Beignet de crevettes
Sauter	Truite grenobloise	**Frire**	Calamar frit, sauce tartare	**Sauter**	Gambas à la provençale
Pocher à court mouillement	Filet de lieu noir Dugléré	**Court-bouillon**	Cuisson bulots, bigorneaux	**Court-bouillon**	Buisson de langoustines

J'applique mes connaissances

Exercice 1

◆ Répondez aux affirmations suivantes par vrai ou faux.

Affirmations	Vrai	Faux
La sole est un poisson d'eau douce.		
La pisciculture marine permet d'élever des poissons en pleine mer.		
Le mode de production des poissons est obligatoirement apposé sur l'étiquette.		
Pour conserver correctement le poisson, je le stocke entre deux feuilles de film plastique dans de la glace pilée en chambre froide positive spécifique.		
Un poisson rigide est un poisson très frais.		
La lotte est un poisson qui se dépouille.		
La truite est un poisson rond à quatre filets.		
L'étiquetage du poisson comporte trois mentions obligatoires.		
Un poisson frais présente généralement des ouïes brillantes et humides.		
Je peux braiser une anguille.		
Le brochet se pêche dans l'océan Atlantique.		
Les moules sont des lamellibranches.		
L'écrevisse est un coquillage d'eau douce.		
Une crevette fraîche présente généralement un aspect brillant et une odeur marine agréable.		
Je peux frire un calamar préalablement détaillé.		
L'huître se cultive en lac d'eau douce.		

J'applique mes connaissances

Exercice 2

◆ À partir des noms de crustacés et de mollusques donnés ci-dessous, et à l'aide des définitions, complétez la grille de mots croisés.

Écrevisse – Escargot
Langouste – Seiche
Grenouille – Bulot

Verticalement
1. Lorsque j'ai peur, je me sauve en relâchant un nuage d'encre noire.
2. Je suis un petit crustacé d'eau douce.
3. Je suis un coquillage univalve.

Horizontalement
4. Je vis dans les étangs et on consomme une partie de mon corps en persillade ou à la provençale.
5. J'appartiens à la famille des gastéropodes, mais je vis sur terre.
6. Je suis un gros crustacé pêché au casier.

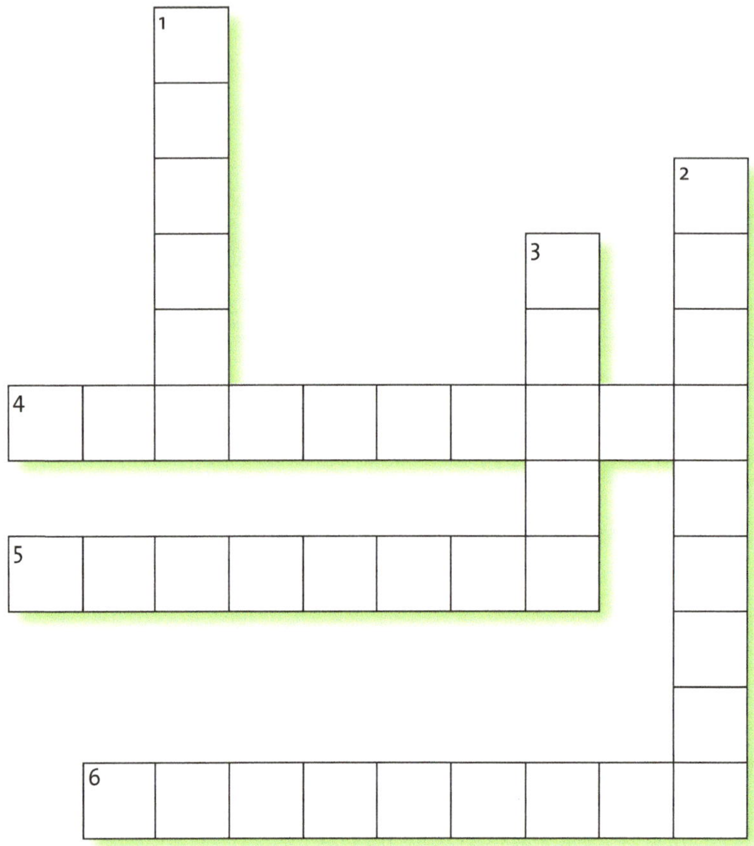

Exercice 3

◆ Indiquez le terme culinaire correspondant aux illustrations suivantes.

Illustrations	Termes culinaires	Illustrations	Termes culinaires
		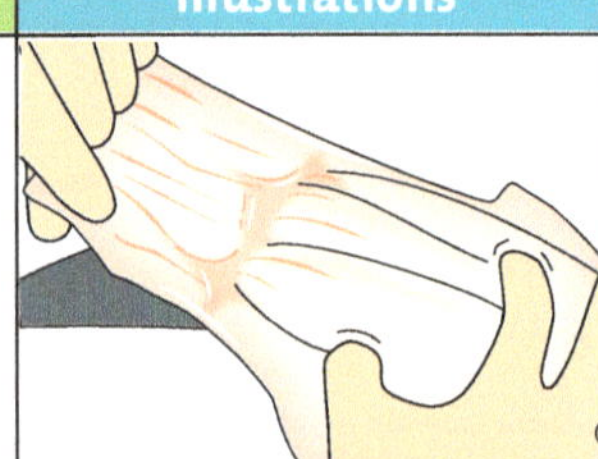	
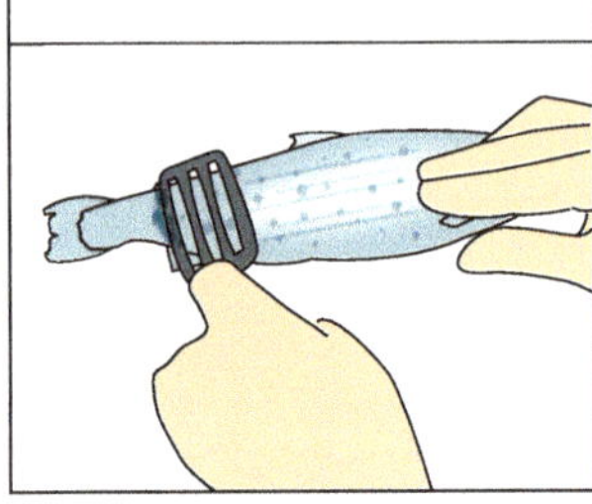		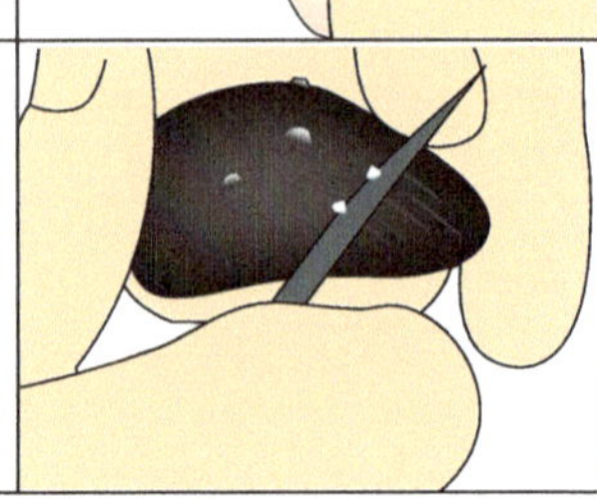	

13 Les volailles

OBJECTIFS

« En vrai professionnel, je dois être capable de... »

1. Connaître la classification des volailles.
2. Identifier les critères de qualité des volailles et maîtriser leur conservation.
3. Identifier les différentes présentations commerciales.
4. Décrypter l'estampillage sanitaire et décoder les différentes étiquettes.
5. Connaître les différentes préparations préliminaires et associer les modes de cuisson aux types de volaille.

DATE : ....

Fanny et Louis travaillent depuis une semaine avec le rôtisseur.

J'ANALYSE LA SITUATION

1 Que veut dire le chef en parlant de poulets de classe A ?

....

2 Connaissez-vous des moyens de cuisson applicables au poulet autres que celui évoqué par le chef ?

....

....

3 Connaissez-vous un label de qualité attribué aux poulets ?

....

....

ACTIVITÉ 1

Connaître la classification des volailles

Doc. 1

La classification des volailles

La filière d'approvisionnement des animaux de basse-cour classe les volailles selon trois critères fondamentaux :

- la conformation (rapport entre la masse musculaire et la carcasse) ;
- la qualité physique et bactériologique de l'animal ;
- la couleur de la chair.

Doc. 2

La conformation et la qualité physique des volailles

Classes de qualité	Qualités physiques	Illustration
Classe A	Volailles ne présentant aucun défaut physique (taches, déchirures, déboîtement des articulations) et ayant une masse musculaire importante.	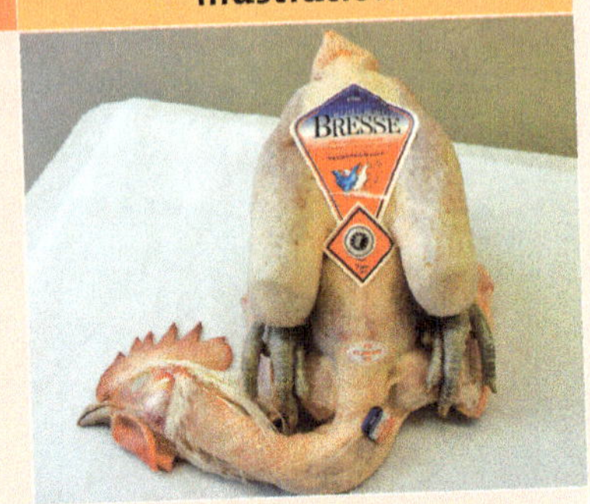
Classe B	Volailles présentant quelques défauts morphologiques (colonne vertébrale arrondie, masse musculaire peu développée) ou physiques (taches, déchirures, déboîtement des articulations) mais ne portant pas préjudice à la présentation et à la conservation de l'animal.	
Classe C	La qualité bactériologique de ces volailles est conforme à la réglementation en matière d'hygiène mais leur aspect physique ne permet pas la commercialisation en l'état. Ces volailles sont donc destinées à l'industrie agroalimentaire de transformation (fonds déshydratés, potages).	

1 Prenez connaissance des documents 1 et 2 puis complétez le tableau ci-dessous en indiquant la classe de qualité correspondant à chacun des trois poulets.

Dénomination	Poulet 1	Poulet 2	Poulet 3
Poids	1,253 kg	1,356 kg	1,275 kg
Ecchymoses visibles	Oui	Non	Oui
Déchirures de la chair	Oui	Non	Oui
Déboîtement des articulations	Non	Non	Oui
Conformation	Moyenne	Importante	Moyenne
Commercialisation en l'état	Oui	Oui	Non

Classe de qualité			

Doc. 3

La couleur de la chair des volailles

Les animaux de basse-cour sont classés en fonction de la couleur de leur chair.

Volailles à chair blanche	Volailles à chair brune
Poussin	Canard
Coquelet	Oie
Poulet	Pintade
Poule	Pigeon
Poularde	Caille d'élevage
Chapon	Canette
Coq	Caneton
Dinde	
Lapin domestique	

2 Prenez connaissance du document 3 et renseignez le tableau ci-dessous en indiquant la couleur de la chair des volailles.

Dénomination	Couleur de la chair	
	Blanche	Brune
Pigeon		
Coq		
Poussin		
Caneton		
Oie		
Lapin domestique		
Canard		
Coquelet		
Poularde		
Canette		
Pintade		
Dinde		
Poule		
Caille d'élevage		
Poulet		
Chapon		

ACTIVITÉ 2

Identifier les critères de qualité des volailles et maîtriser leur conservation

À la réception de la marchandise, le chef de cuisine vérifie la qualité et la fraîcheur d'une volaille par :
- la certification de l'animal (labels, AOC) ;
- l'observation de l'état physique du volatile.

1 Dans le texte ci-dessous, surlignez les sigles officiels de qualité en rouge et les critères de fraîcheur en vert.

Les sigles officiels de qualité

Les sigles officiels de qualité renseignent les professionnels sur la qualité de la volaille. Le sigle « Label Rouge » garantit un élevage fermier compris entre 81 et 110 jours et une alimentation végétale à 100 %. Le sigle « Agriculture Biologique » (AB) garantit à l'acheteur d'être en présence d'un animal nourri à partir de produits issus à 95 % de l'agriculture biologique, sans produit chimique, et issu d'un élevage respectueux de l'environnement.

Le poulet de Bresse, seule volaille de France à bénéficier d'une AOC, se caractérise par ses plumes blanches, sa crête rouge et ses pattes bleues. Son alimentation principale est le maïs. La qualité de sa chair fait la réputation de cette volaille.

Toutes ces volailles peuvent bénéficier de la mention « poulet fermier élevé en plein air », un complément commercial aux sigles officiels de qualité. Le sigle « CQC » (critères qualité certifiés) désigne une qualité intermédiaire entre la volaille bénéficiant d'un label et la volaille standard.

Les critères de fraîcheur

Un certain nombre d'éléments permettent de vérifier la fraîcheur d'une volaille. On pourra ainsi toucher la volaille, qui doit avoir une peau à grain épais, sans aucune plume ni duvet. Elle doit également être froide au contact de la main, ses yeux doivent être vifs, sa crête bien rouge. Aucune blessure ne doit être visible, les membres doivent être proportionnés avec une masse musculaire satisfaisante. L'odeur doit être agréable.

2 Prenez connaissance des critères de fraîcheur indiqués dans le texte ci-dessus et reclassez-les dans le tableau ci-dessous.

Sens	Critères de fraîcheur	Sens	Critères de fraîcheur
La vue 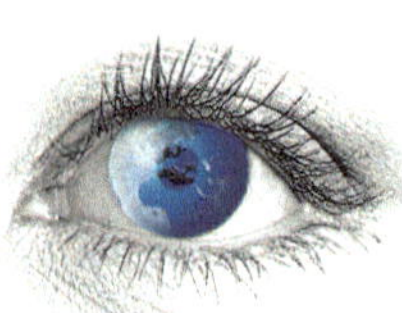	Crête rouge vif	L'odorat 	
		Le toucher 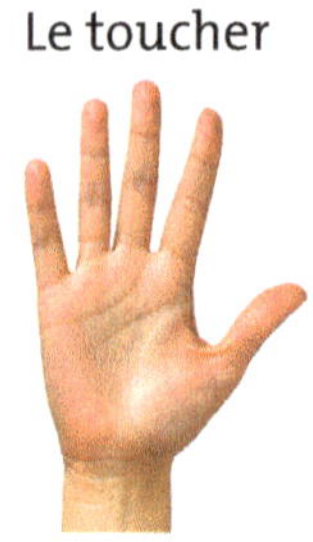	Peau à grain épais sans petites plumes ni duvet

Les conditions de stockage influencent la qualité finale du produit. Il s'agit de mettre en œuvre les bonnes pratiques afin de respecter le produit.

Doc. 4 **Extrait d'une étiquette apposée sur un poulet fermier « Label Rouge » issu d'un carton contenant 12 poulets réfrigérés**

Date limite de vente (voir colis) :
7 jours après la date d'abattage
Tenir au frais entre 0 et + 4 °C

Doc. 5 **Extrait d'une étiquette apposée sur un carton comprenant 50 cuisses de canard congelées**

Date limite de consommation :
(voir sur le dessus de l'emballage)
À conserver à – 18 °C

3 À partir des documents 4 et 5, indiquez le lieu de stockage optimal pour ces deux produits en entourant les bonnes réponses dans le tableau ci-dessous.

Je réceptionne...	Je déconditionne ?	Je stocke...
3 cartons de 12 poulets « Label Rouge » réfrigérés	OUI Les volailles fraîches sont stockées dans des bacs en plastique.	dans une armoire réfrigérée réservée aux produits carnés.
		dans le stockage BOF
		dans une chambre froide négative.
2 cartons de 50 cuisses de canard congelées	NON Les produits congelés sont stockés dans leur emballage d'origine.	dans une armoire réfrigérée réservée aux produits carnés.
		dans le stockage BOF
		dans une chambre froide négative.

Activité 3
Identifier les différentes présentations commerciales

Doc. 6 L'abattoir est une des dernières étapes avant la commercialisation. Dans le respect des normes de bien-être de l'animal et des règles sanitaires, les volailles sont insensibilisées, saignées puis plumées. Elles peuvent être partiellement vidées (intestins) : on parle alors de volailles effilées. Elles peuvent aussi être éviscérées, c'est-à-dire complètement vidées (volaille PAC). Elles peuvent être découpées en cuisses, en suprêmes et commercialisées dans les brasseries et en restauration collective. Les produits transformés à base de volaille sont divers et variés tels les cordons bleus, les saucisses ou les terrines.

➜ Surlignez les différentes présentations commerciales dans le texte ci-dessus et replacez-les dans le tableau ci-contre.

Produits	Terrine de volaille aux petits légumes 	Poulet entier partiellement vidé 	Cuisse de poulet 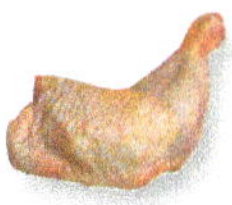	Poulet PAC 
État de commercialisation				

Activité 4

Décrypter les estampilles sanitaires et décoder les différentes étiquettes

Doc. 7

L'estampillage sanitaire garantit le respect des normes d'hygiène dans les abattoirs. À cet effet, l'estampille est automatiquement apposée, après abattage, sur toutes les pièces, quelle que soit leur origine.

Il existe deux types d'estampilles :

- l'estampille ronde nationale pour les volailles abattues dans des locaux répondant aux normes françaises ;
- l'estampille ovale communautaire destinée aux volailles abattues dans des bâtiments respectant les normes européennes.

1 À partir des informations données dans le document 7, identifiez les deux types d'estampilles présentés ci-dessous.

F 67.234.34 CEE	F 34.657.678 ISV

Doc. 8 **Les mentions obligatoires de l'étiquetage des colis**

- Dénomination
- Poids total du colis
- Catégorie de qualité
- Numéro d'immatriculation de l'abattoir
- Nombre de pièces emballées
- Catégorie de poids

2 À partir du document 8, identifiez, en complétant les cases, les mentions obligatoires de l'étiquette ci-dessous.

Poulet Label Rouge	
Classe A	
Pièces : 12	
Calibre : 2	Catégorie de poids
Poids net : 12 kg	
N° 0114367	

Doc. 9 Les mentions obligatoires de l'étiquetage des volailles

En plus des mentions portées sur l'étiquette du colis, les poulets sont étiquetés individuellement.

- Catégorie de qualité
- Dénomination du produit
- Durée d'élevage
- Mode d'alimentation
- Numéro d'identification
- Nom, adresse et numéro d'immatriculation de l'abattoir
- Label
- Présentation commerciale
- Mode d'élevage
- Mode de conservation

3 À partir du document 9, identifiez, en complétant les cases, les mentions obligatoires de l'étiquette ci-dessous.

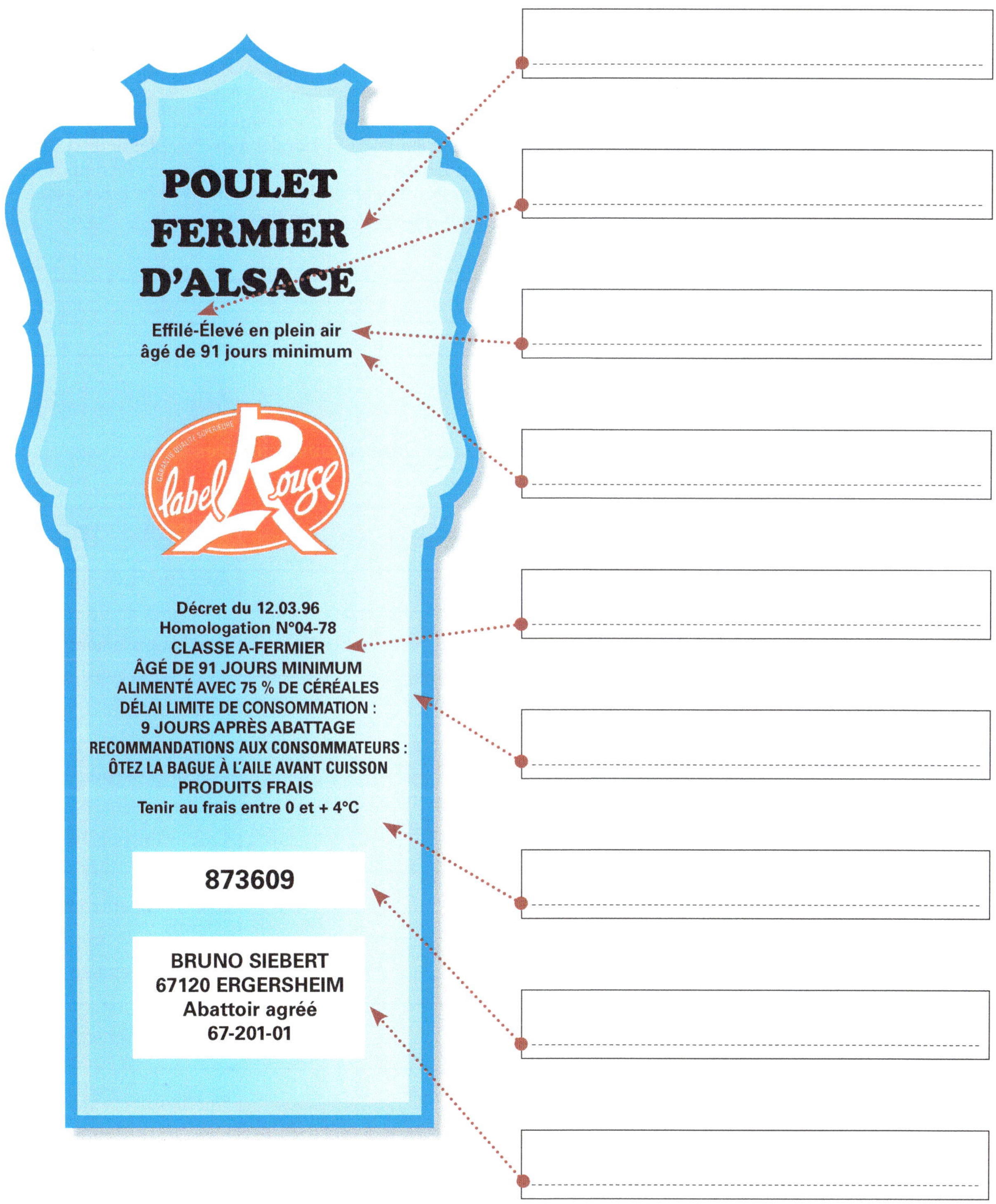

ACTIVITÉ 5

Connaître
les différentes préparations préliminaires et associer les modes de cuisson aux types de volailles

Doc. 10 **Les préparations préliminaires concernant les volailles entières**

- Parer
- Étirer
- Découper à cru
- Flamber
- Brider
- Vider

1 À partir du document 10, retrouvez dans le tableau ci-dessous le terme culinaire correspondant à chaque définition.

	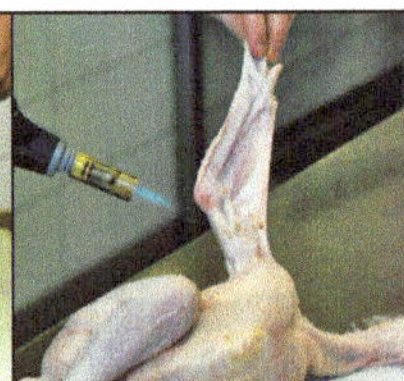	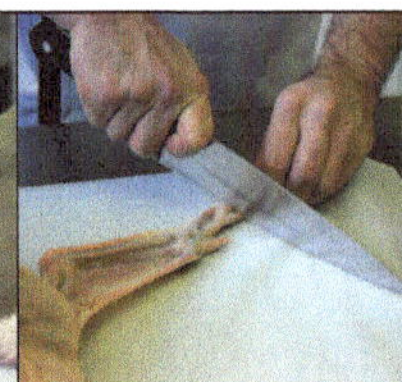	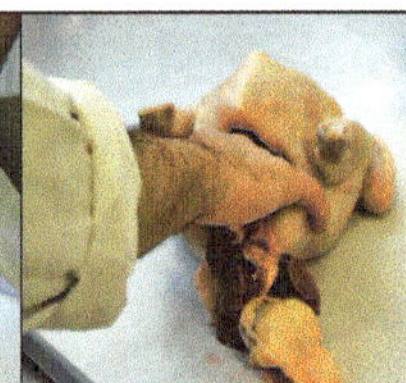	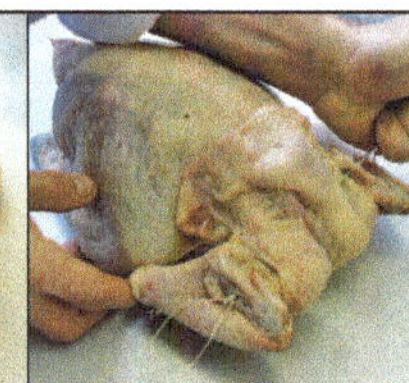	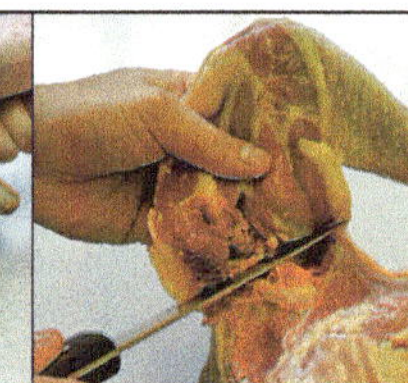
Maintenir la volaille aux deux extrémités et l'étirer afin de détendre les chairs.	Passer la volaille rapidement sur la flamme pour éliminer les dernières plumes et le duvet.	Éliminer les éléments souillés ou indésirables (tête, pattes, cou, ailerons). Ces parures peuvent êtres conservées pour réaliser un fond.	Éliminer les viscères et les voies digestives de la volaille (œsophage, poumon, foie, cœur, gésier).	Ficeler une volaille à l'aide d'une aiguille à brider afin d'éviter toute déformation pendant la cuisson.	Découper une volaille en quatre afin de dégager les deux cuisses et les deux ailes de la carcasse.
			Vider		

2 Précisez le mode de cuisson utilisé pour chacune des applications culinaires mentionnées ci-dessous.

Application culinaire	Mode de cuisson	Procédé de cuisson
Lapin ... chasseur		Avec brunissement
Pigeon ... en crapaudine		Avec brunissement
Coq au vin		En atmosphère combinée
Pintade ... sur canapé, pommes allumettes		Avec brunissement
Poularde ... Argenteuil		Sans brunissement
Fricassée de poulet aux champignons		En atmosphère combinée
Canard ... aux navets		Avec brunissement
Coquelet ... à l'américaine		Avec brunissement
Oie ... aux choux		En atmosphère combinée
Fritots de poulet, sauce diable		Avec brunissement

Je retiens

1 La classification des volailles

Définition	Classification
L'appelation « volaille » comprend l'ensemble des animaux de basse-cour : poulet, poule, pintade, oie, canard… Le lapin domestique fait partie de la filière des volailles.	La couleur de la chair des volailles permet de classer l'ensemble des animaux de basse-cour en deux catégories : les volailles à chair blanche (poulet, coq, dinde, chapon…) et les volailles à chair brune (canard, oie, pigeon…). Les volailles sont également classées en trois catégories de qualité : A, B et C.

2 Les critères de qualité d'une volaille et la maîtrise de sa conservation

Critères de qualité	Conservation
La certification Volaille « Label Rouge », volaille fermière « Label Rouge », volaille « Label bio » (AB), volaille de Bresse « AOC » **Les critères de fraîcheur** Aucun dégagement d'odeur désagréable Aucune présence d'exsudat (suintement) Chair ferme et froide	Les volailles sont conservées entre 0 et + 4 °C pour les produits réfrigérés et à – 18 °C pour les produits congelés.

3 Les différentes présentations commerciales

Volaille entière	Découpe de volaille	Volaille transformée
Chapon de Bresse	Magret de canard	Rillettes d'oie

4 Les estampilles sanitaires et les différentes étiquettes

Étiquetage

L'étiquetage constitue un document d'information à l'égard du consommateur. Il renseigne sur :
- la **catégorie** ou la classe ;
- la **dénomination** de vente ou la nature de l'élevage : standard, fermier, avec ou sans label… ;
- le mode d'alimentation de l'animal ;
- le poids net, voire le prix au kg ;
- la date limite de consommation (DLC) ;
- la durée d'élevage ;
- le **numéro d'étiquette ou d'identification du produit** ;
- l'identification de l'organisme certificateur (provenance) ;
- l'**état de commercialisation** :
  - effilé : élimination de l'intestin,
  - éviscéré ou prêt à cuire (PAC) : vidé,
  - découpé en morceaux.

➜ Les mentions en gras sont obligatoires.

5 Les différentes préparations préliminaires et les modes de cuisson des volailles

- Jeune volaille → chair tendre → cuisson courte
- Volaille adulte → chair ferme → cuisson longue
- Suprême → cuisson courte
- Cuisse → cuisson longue

J'applique mes connaissances

Exercice 1

Complétez le tableau suivant en indiquant la classe de qualité de ces poulets.

Dénomination	Poulets				
Poids	1,392 kg	1,934 kg	1,512 kg	1,050 kg	1,578 kg
Conformation	Excellente	Bonne	Moyenne	Moyenne	Excellente
Présence de défauts	Non	Oui	Oui	Non	Non
Commercialisable en l'état	Oui	Oui	Non	Oui	Oui
Classe de qualité	A				

Exercice 2

Classez les volailles énumérées ci-dessous en fonction de la couleur de leur chair que vous aurez préalablement indiquée.

- **Dinde**
- **Chapon**
- **Canard**
- **Pigeon**
- **Lapin**
- **Poule**
- **Coq**
- **Poussin**
- **Oie**
- **Caille d'élevage**

Couleur de la chair			

Exercice 3

Surlignez les critères de qualité permettant d'orienter le chef dans l'achat de volailles qui seront servies à la brasserie.

Volaille certifiée	Odeur désagréable	Chair déchirée
Alimentation 100 % naturelle	Parfaitement plumée	Articulations déboîtées
Présence d'exsudat	Chair ferme et fraîche	Élevée en plein air

Exercice 4

La présentation commerciale des volailles servies varie en fonction du type de restauration. Associez le type de volaille à commander au type de restauration.

Désignation du produit
Poulet éviscéré PAC
Poulet de Bresse « AOC »
Nuggets de poulet

En...	J'utilise...
Restauration collective	
Restauration gastronomique	
Brasserie	

14 Les gibiers

OBJECTIFS

« En vrai professionnel, je dois être capable de... »

1. Connaître la classification, la réglementation, l'étiquetage et les présentations commerciales.
2. Maîtriser les préparations préliminaires, les procédés de cuisson et les applications culinaires.

DATE : ....

Fanny et Louis sont au poste chaud avec le chef de partie saucier. Nous sommes au début du mois de septembre, la chasse est ouverte depuis peu.

J'ANALYSE LA SITUATION

1 Connaissez-vous d'autres espèces de gibier ?

....

2 En dehors de la chasse, connaissez-vous d'autres sources d'approvisionnement pour le gibier ?

....

....

3 Citez deux gibiers considérés comme « exotiques ».

....

....

ACTIVITÉ 1

Connaître la classification, la règlementation, l'origine, l'étiquetage et les présentations commerciales

Doc. 1

La classification des gibiers

Le mot « gibier » désigne les animaux vivant en liberté, à l'état sauvage, que l'on chasse à des dates fixées par la préfecture et dont la chair est comestible. Les gibiers sont classés en fonction de leurs caractéristiques physiques.

Gibiers à poil		Gibiers à plume	
Grande venaison	**Petite venaison**	**Terrestre**	**Aquatique**
Biche Bison Cerf Chevreuil Daim Kangourou Marcassin Sanglier	Lapin de garenne Lièvre	Autruche Bécasse Caille Faisan Perdrix	Canard colvert Poule d'eau

Doc. 2

La réglementation

Les achats		• Le restaurateur ne peut commercialiser du gibier sauvage que pendant les périodes autorisées et doit s'approvisionner auprès de fournisseurs, grossistes spécialisés ou chasseurs. • Le gibier d'élevage est commercialisé toute l'année.
Les factures		Pour le gibier sauvage et d'élevage, le restaurateur doit tenir obligatoirement un registre des entrées et des sorties du gibier pour inscrire les factures d'achat. Il peut être demandé lors d'un contrôle des services vétérinaires et doit comporter les rubriques suivantes :
La commercialisation	**Annuelle**	• Gibier d'élevage français • Gibier « exotique » (kangourou, autruche, bison). Il doit provenir de pays autorisés à exporter vers l'Europe. • Seules les viandes de gibier d'élevage dûment agréées sont acceptées en restauration collective à caractère social.
	Périodique	• Gibier sauvage français soumis à un « plan de chasse », ou non, fixé par le préfet et le maire. Il est commercialisé durant la période de chasse autorisée. • Gibier sauvage en provenance de pays non adhérents à l'Union européenne. Il peut être commercialisé du 1er septembre à la fin février.

Rubriques du registre :

Date entrée	Date sortie	N° enregistrement	Identification des produits						
			Coordonnées fournisseur	Nombre pièces	Espèce	Qualité	Poids	Nature	Âge

1 Prenez connaissance des documents 1 et 2 puis complétez le tableau ci-dessous en précisant, pour chaque type de gibier, sa classification et sa période de commercialisation.

Type de gibier	Classification	Période de commercialisation	
		Annuelle	Périodique
Pavé d'autruche réfrigéré conditionné sous vide			
Râble de lièvre d'élevage surgelé			

Doc. 3

L'identification des gibiers

	Gibier d'élevage français ou étranger		Gibier sauvage français ou étranger		
	Abattoirs loco-régionaux	Abattoirs CEE	Abattoirs loco-régionaux	Abattoirs CEE	• Si contrôle vétérinaire ⇛ apposition d'une estampille hexagonale
Estampillage après abattage					13 ISV 02 • Examen trichinoscopique (obligatoire pour le sanglier) T SV • Contrôle vétérinaire non obligatoire ⇛ absence d'estampille
Commercialisation	De grossiste à restaurateur		De grossiste à restaurateur		De chasseur à restaurateur

Doc. 4

Présentations commerciales	Conditions de stockage
• Gibier entier • Quartiers de gibier • Morceaux entiers ou détaillés conditionnés sous vide	• En chambre froide positive entre 0 °C et + 3 °C
• Morceaux entiers ou détaillés surgelés	• En chambre froide négative à – 18 °C
• Appertisé	• À température ambiante à + 15 °C
• Semi-conserve • Plats cuisinés réfrigérés	• En chambre froide positive à + 3 °C
• Plats cuisinés surgelés	• En chambre froide négative à – 18 °C

2 Étudiez les documents 3 et 4 puis précisez les conditions de stockage et l'origine du gibier en fonction de l'étiquette ci-dessous.

Conditions de stockage :

Les gibiers de nos régions

Râbles de lièvre sous vide réfrigérés
N° de lot : 256321
Date d'emballage : 15/10/N
Poids net : 5,635 kg

F
68.02
5.01
CEE

Origines :

ACTIVITÉ 2

Maîtriser les préparations préliminaires, les modes de cuisson et les applications culinaires

Doc. 5

La préparation et la cuisson des gibiers

La préparation du gibier nécessite des connaissances spécifiques. En raison de la nature des chairs, il convient d'adapter les modes de cuisson et de connaître les principales applications culinaires.

		Dénomination	Préparations préliminaires	Modes de cuisson ou modes de préparation	Applications culinaires
Gibier à poil	Grande venaison	• Biche • Bison • Cerf • Chevreuil • Daim • Kangourou • Marcassin • Sanglier	• Dépouiller • Mortifier • Mariner	Rôtir	Gigue de chevreuil grand veneur
				Sauter	Noisette de biche sautée, sauce poivrade
				Griller	Côtelettes de marcassin grillées
				Braiser	Selle de chevreuil braisé aux marrons
				Ragoût à brun	Civet de sanglier Saint-Hubert
				Terrine et pâté	Terrine de chevreuil aux noisettes
	Petite venaison	• Lapin de garenne • Lièvre	• Dépouiller • Découper à cru • Mariner	Rôtir	Râble de lapin de garenne aux aromates
				Ragoût à brun	Civet de lièvre à la royale
				Terrine et pâté	Terrine de lièvre aux airelles
Gibier à plume	Terrestre	• Caille • Faisan • Perdrix	• Faisander • Plumer • Vider • Flamber • Barder • Brider ou découper à cru	Salmis	Salmis de faisan aux cèpes
				Chartreuse	Chartreuse de perdrix au chou
				Rôtir	Caille farcie au foie gras
				Sauter	Bécasse sautée à l'armagnac
				Terrine et pâté	Terrine de bécasse aux pruneaux
	Aquatique	• Canard colvert • Poule d'eau	• Plumer • Vider • Flamber • Brider ou découper à cru	Salmis	Salmis de canard colvert aux figues
				Poêler	Poule d'eau poêlée aux coings
				Terrine et pâté	Ballottine de canard colvert à la pistache

Doc. 6

Termes spécifiques

Faisander	Après avoir été plumé, le gibier à plume peut être conservé plusieurs jours avant toute cuisson afin de révéler la saveur typique de sa chair.
Mortifier	Action de faire maturer la viande de gibier pour attendrir les chairs.
Mariner	Préparation à base de vin et d'une garniture aromatique ayant pour objectif d'attendrir et de parfumer les chairs.
Civet	Ragoût de gibier dont la liaison finale s'effectue au sang.
Vert cuit	Appoint de cuisson de certains gibiers à plume à peine cuit.
Salmis	Gibier à plume rôti « vert cuit », détaillé et cuit en sauce comme un ragoût dont la liaison finale se fait avec l'aide du foie haché de l'animal.
Gibelotte	Ragoût de lièvre ou de lapin de garenne au vin blanc.
Chartreuse	Préparation à base de gibier à plume cuit dans un moule chemisé de légumes.
Cuissot/Gigue	Appellation attribuée à la cuisse pour les venaisons (gigue de chevreuil, cuissot de sanglier).

1 Étudiez les documents 5 et 6 puis complétez le tableau ci-dessous en identifiant, pour chaque application culinaire, la classification du gibier utilisé et le mode de cuisson approprié.

Applications culinaires	Classification				Modes de cuisson ou de préparation					
	Gibier à poil		Gibier à plume							
	Grande venaison	Petite venaison	Terrestre	Aquatique	Rôtir	Sauter	Ragoût à brun	Poêler	Griller	Salmis
Civet de lièvre à la royale										
Cuissot de sanglier grand veneur										
Salmis de faisan aux cèpes										
Poule d'eau aux coings cuite en cocotte										
Côtelettes de marcassin aux airelles										
Noisette de biche, sauce poivrade										

Noisette de biche, sauce poivrade

Sanglier grand veneur

Terrine de bécasse aux pruneaux

2 Complétez la grille de mots croisés.

Verticalement
1. Verbe d'action concernant certains gibiers à plume qui, après avoir été plumés, peuvent être conservés plusieurs jours avant toute cuisson afin d'augmenter la saveur typique de leurs chairs.
2. Je suis la cuisse du sanglier.
3. Je suis un ragoût de lièvre ou de lapin de garenne au vin blanc.
4. Je suis la cuisse d'un chevreuil.
5. Je suis un gibier à plume rôti « vert cuit », détaillé et cuit en sauce comme un ragoût dont la liaison finale se fait avec l'aide de mon foie haché.

Horizontalement
6. Je suis un ragoût de gibier dont la liaison finale s'effectue au sang.
7. Je suis une préparation à base de gibier à plume cuit dans un moule chemisé de légumes.
8. Verbe définissant une préparation ayant pour objectif d'attendrir et de parfumer les chairs.

Je retiens

1 La classification, la réglementation et les présentations commerciales

Définition	Le mot « gibier » désigne les animaux vivant en liberté, à l'état sauvage, que l'on chasse à des dates déterminées et dont la chair est comestible.		
Classification	**Gibier à poil**	**Grande venaison**	Chevreuil, cerf, sanglier, biche, daim, marcassin, bison, kangourou
		Petite venaison	Lapin de garenne, lièvre
	Gibier à plume	**Terrestre**	Faisan, perdrix, caille, bécasse, autruche
		Aquatique	Canard colvert, poule d'eau
Réglementation	**Achats**	• Approvisionnement en gibier sauvage auprès de fournisseurs, grossistes spécialisés ou chasseurs pendant les périodes autorisées. • Gibier d'élevage commercialisé toute l'année.	
	Factures	Tout achat doit être enregistré sur un registre du gibier (entrées et sorties).	
	Commercialisation	• Annuelle : gibier d'élevage français, gibier « exotique ». • Périodique : gibier sauvage français durant la période de chasse autorisée, gibier sauvage en provenance de pays non adhérents à l'Union européenne du 1er septembre à fin février.	

2 Les préparations préliminaires, les procédés de cuisson et les applications culinaires

La préparation du gibier nécessite certaines connaissances spécifiques. En raison de la nature des chairs, il convient d'adapter les procédés de cuisson et de connaître les principales applications culinaires.

Préparations préliminaires	Barder, brider, découper à cru, dépouiller, faisander, flamber, mariner, mortifier, plumer, vider
Modes de cuisson	Braiser, ragoût à brun, griller, rôtir, sauter
Modes de préparation	Terrine, pâté, chartreuse, salmis, ballottine

J'applique mes connaissances

J'applique mes connaissances

Exercice 1

◆ Après avoir lu le document ci-dessous, mentionnez dans le tableau sous quelles conditions le restaurateur est autorisé à vendre du gibier.

Extrait de la législation concernant la commercialisation du gibier

- Un restaurateur ne peut détenir du gibier sauvage avant la date autorisée de mise en vente. Celle-ci varie selon les départements. Dans la plupart d'entre eux, cette date est fixée entre quinze jours et un mois après l'ouverture de la chasse. Le restaurateur est en droit de vendre le gibier qu'il aurait chassé lui-même.
- Le gibier sauvage provenant d'un pays agréé, membre ou non de l'Union européenne, est commercialisé du 1er septembre au 28 février.
- La commercialisation du gibier d'élevage se pratique toute l'année (y compris durant la période de fermeture de la chasse). Cependant, pour commercialiser ou transformer du gibier d'élevage en dehors de la période de chasse, le restaurateur doit s'approvisionner auprès d'un établissement autorisé.
- La commercialisation de viandes « exotiques » de gibier sauvage et d'élevage, comme l'autruche, l'émeu et le kangourou, peut se pratiquer toute l'année. Pour être importées en France, ces viandes doivent provenir impérativement d'un pays autorisé et d'un établissement agréé pour l'exportation vers l'Union européenne.

Période de mise en vente	Type de gibier
Du 01/09 au 28/02	
	Gibier d'élevage
Toute l'année	

Exercice 2

◆ Indiquez, pour les deux préparations suivantes, les différentes étapes de réalisation.

	Civet de lièvre à la royale	Salmis de faisan aux cèpes
Préparations préliminaires		Brider
Procédés de cuisson		Rôtir « vert cuit » puis :
Éléments de liaison finale	Sang	

J'applique mes connaissances

Exercice 3

Vrai ou faux ? Cochez la bonne réponse.

	Vrai	Faux
Le gibier d'élevage peut être commercialisé toute l'année.	☐	☐
La tenue d'un registre des entrées et des sorties du gibier est obligatoire.	☐	☐
Le faisan est classé comme une petite venaison.	☐	☐
Je peux réaliser un salmis à base de viande de bison.	☐	☐
Le cuissot est un morceau de l'épaule d'un gibier à poil.	☐	☐
La marinade permet d'attendrir et de parfumer les chairs.	☐	☐
Le lièvre est classé dans la famille des grandes venaisons.	☐	☐
J'utilise les morceaux les plus nobles pour faire un civet.	☐	☐

Exercice 4

Replacez dans le registre du gibier les informations mentionnées ci-dessous.

- **15/10/N**
- **chevreuil**
- **1**
- **Le gibier de nos régions 2 rue de Colmar 67000 Strasbourg**
- **N° 0223**
- **Mâle**
- **Animal sauvage**
- **2 ans**
- **17/10/N**
- **25 kg**
- **capturé**

REGISTRE DU GIBIER								
Date entrée	Date sortie	N° enregis-trement	Identification des produits					
			Coordonnées fournisseur	Nbre pièces	Espèce	Qualité/poids	Nature	Âge

15 Les viandes de boucherie et les abats

OBJECTIFS

« En vrai professionnel, je dois être capable de... »

1. Connaître la classification des viandes de boucherie et des abats.
2. Connaître les critères de qualité et de fraîcheur.
3. Connaître l'étiquetage et la réglementation.
4. Connaître les présentations commerciales, les préparations préliminaires, stocker et conserver.
5. Identifier pour chaque animal l'origine des différentes parties et morceaux de viande de boucherie et des abats, les critères de choix, les modes de cuisson adaptés et les applications culinaires.

DATE : ....

Fanny et Louis travaillent au garde-manger. Ils participent aux préparations préliminaires des viandes de boucherie.

J'ANALYSE LA SITUATION

1. Citez des animaux, en dehors de l'agneau, élevés et abattus pour leur viande de boucherie.

....

2. Le mode de cuisson doit-il être adapté au morceau de viande à préparer ?

....

3. Citez les principaux abats présents sur les cartes de restaurant.

....

ACTIVITÉ 1

Connaître la classification des viandes de boucherie et des abats

Doc. 1

	Familles / Classification	Famille porcine	Famille bovine	Famille ovine	Famille chevaline	Famille caprine
Viandes de boucherie	Viandes blanches	Porc Porcelet	Veau	Agneau de lait		Chevreau
	Viandes rouges		• Bœuf • Taureau	• Agneau • Mouton	• Cheval • Poulain	
Abats	Abats blancs	Pieds de porc	• Ris de veau • Cervelle de veau • Tête de veau • Fraise de veau • Tripe (bœuf) • Amourette (bœuf ou veau)	• Cervelle d'agneau • Ris d'agneau		
	Abats rouges	Foie de porc	• Foie de veau ou de bœuf • Langue de bœuf • Joue de bœuf • Cœur de bœuf	• Langue d'agneau • Rognon d'agneau		

→ À l'aide du document 1, classez les viandes et les abats dans les tableaux ci-dessous.

• **Bœuf**	• **Rognon**	• **Ris**	• **Cervelle**
• **Porc**	• **Foie**	• **Veau**	• **Agneau**

Abats	
Blancs	**Rouges**

Viandes de boucherie	
Blancs	**Rouges**

ACTIVITÉ 2

Connaître les critères de qualité et de fraîcheur

Doc. 2

Les critères de qualité et de fraîcheur correspondent à une classification qualitative des carcasses (attribuée par les services vétérinaires), qui tient compte de la conformation musculaire, de l'état d'engraissement, de la couleur de la viande et/ou de la teneur en viande maigre.

Doc. 3

Classification officielle de qualité

Bœuf	Agneau	Veau	Porc

Conformation musculaire (veau, bœuf, agneau)

Lettres	Qualificatif
E	Extra ou supérieure
U	Très bonne
R	Bonne
O	Assez bonne
P	Passable

État d'engraissement

Critères	État d'engraissement
1	Maigre : aucune trace de graisse.
2	Ciré ou peu couvert : muscle apparent sous une très fine pellicule de graisse.
3	Couvert : muscle apparent sous une fine pellicule de graisse uniforme.
4	Gras : présence d'une pellicule graisseuse qui recouvre la carcasse.
5	Très gras : couche graisseuse épaisse sur toute la carcasse.

Couleur de la viande

Critères	Couleur de la chair de la viande de veau
1	Chair blanche
2	Chair rosé clair
3	Chair rosée
4	Chair rouge

Teneur en viande maigre

Lettres	Teneur en viande maigre estimée en % de la viande de porc
EE (ou S)	Supérieure à 60 %
E	55 à 60 %
U	50 à 55 %
R	45 à 50 %
O	40 à 45 %
P	Moins de 40 %

→ À l'aide des documents 2 et 3, associez à chaque classification officielle de qualité la ou les viandes de boucherie concernées.

Classification officielle	Viande de boucherie
Taux de viande maigre	
Couleur de la chair	
État d'engraissement	
Conformation musculaire	

Activité 3

Connaître l'étiquetage et la réglementation

Doc. 4

Filière des viandes de boucherie	Obligations et identification communes aux deux filières		Filière des abats
Chaque animal de boucherie est identifié de sa naissance jusqu'à sa commercialisation. On parle de traçabilité.			
Étapes de la filière des viandes de boucherie	**Obligations**	**Identification**	**Étapes de la filière des abats**
Élevage 	Respect du cahier des charges si la production est placée sous un sigle officiel de qualité : • Label Rouge ; • AB ; • Atout certifié qualité ; • AOC.	**Passeport** (concerne seulement les bovins)  	**Élevage**
Abattage 	**Le rôle du vétérinaire dans l'abattoir :** • il inspecte les animaux avant l'abattage ; • il contrôle le passeport sanitaire de l'animal ; • il contrôle les carcasses et les abats ; • il estampille les carcasses jugées bonnes à la consommation (estampille sanitaire) ; • il consigne les bêtes meurtries ou malades ; • il décide de la commercialisation ou de la destruction des carcasses.	**Estampille sanitaire** F 30.463.07 CEE F : Pays d'origine 30 : Département d'origine 463 : N° INSEE de la commune 07 : N° d'immatriculation de l'abattoir CEE : Communauté économique européenne	**Abattage**
Maturation des carcasses	Les carcasses sont mises à maturer ou rassir afin d'éliminer la rigidité cadavérique par l'action des enzymes.	**Estampille qualitative** **3 U 2** **Couleur de la chair (uniquement le veau)** 3 = Chair rosée **Conformation musculaire :** U = Très bonne **État d'engraissement :** 2 = Ciré ou peu couvert	**Prélèvement des abats sur les carcasses en maturation** (produit à risques nécessitant un respect rigoureux des règles d'hygiène)
Découpage des carcasses en morceaux	La viande découpée est obligatoirement étiquetée.	Étiquette : • Dénomination du morceau • Date limite de consommation • Prix • Estampille sanitaire • Numéro de lot • Type racial • Catégorie de l'animal • Origine • Lieux d'abattage et de découpage	**Préparations spécifiques de certains abats** (découpage de la langue, désossage des têtes)

Doc. 5 Le passeport bovin

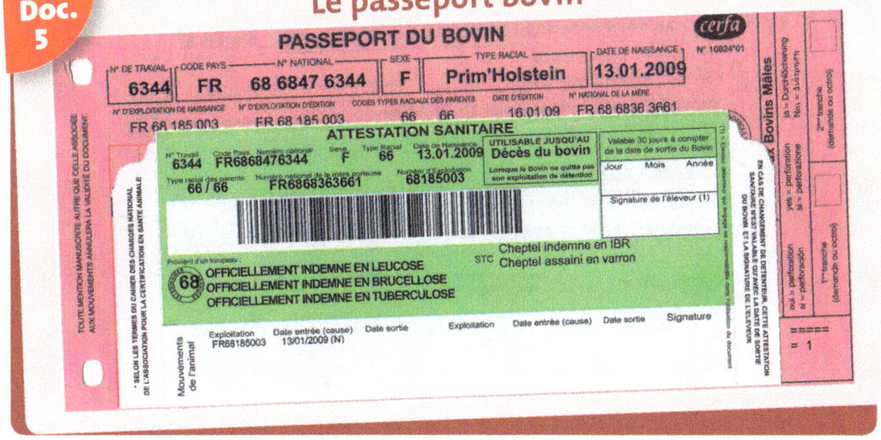

1 Étudiez les documents 4 et 5 puis répondez aux questions ci-dessous.

Questions	Réponses	
Nommez les quatre étapes de la filière des viandes de boucherie.	• …… • …… • …… • ……	
Citez le document permettant d'identifier un bovin dès la naissance.		
Décryptez les différentes informations inscrites sur l'estampille sanitaire : F 57.463.01 CEE	F	
	57	
	463	
	01	
	CEE	
Citez deux mentions obligatoires d'une étiquette de viande de boucherie.		
Que signifie la mention AOC ?		

2 Indiquez les rubriques obligatoires de l'étiquette de l'abat ci-contre avec l'aide du document 4.

ROGNON DE VEAU			N° 2368952 Origine : France
2,563 kg	À consommer jusqu'au 29/11/N	**BOUCHERIE MARTIN** Rue de la Liberté 68500 Guebwiller	F 57.463.01 CEE

ACTIVITÉ 4

Connaître les présentations commerciales, les préparations préliminaires, stocker et conserver

Doc. 6

Termes culinaires concernant les viandes de boucherie

Préparations préliminaires	Définitions	Morceaux de viande de boucherie traités
Barder	Envelopper un morceau de viande dans une barde (fine tranche de lard gras) afin d'éviter son dessèchement durant la cuisson.	• Rôti de bœuf • Noix de veau
Désosser	Dégager les os d'un morceau de viande avec l'aide d'un couteau désosseur.	• Carré de veau, d'agneau, de porc • Carré, gigot et selle d'agneau • Longe de porc, de veau • Train de côtes de bœuf
Détalonner	Enlever la colonne vertébrale d'un carré de viande en la désolidarisant des vertèbres avec l'aide d'un couteau désosseur.	Carré de veau, d'agneau, de porc
Ficeler	Entourer à l'aide d'une ficelle pour éviter la déformation d'un morceau de viande en cours de cuisson.	• Contrefilet de bœuf • Longe de veau, porc
Larder	Piquer la chair d'une viande avec un morceau de lard gras afin de « nourrir » l'intérieur de la viande pendant la cuisson pour éviter son dessèchement.	• Fricandeau de veau • Aiguillette de bœuf
Manchonner	Dégager le haut des côtes de leur chair afin d'améliorer la présentation.	Carré de veau, d'agneau, de porc
Parcheminer	Enlever la peau (parchemin) d'un morceau de viande.	Carré, gigot et selle d'agneau
Parer	Enlever toutes les parties graisseuses et nerveuses d'un morceau de viande afin de faciliter la cuisson et d'améliorer la présentation.	• Filet de bœuf • Quasi de veau

Termes culinaires concernant les abats

Préparations préliminaires	Définitions	Abats concernés
Blanchir	Enlever les impuretés d'un abat en le portant à ébullition dans un grand volume d'eau, départ à froid.	Ris, cervelle, tête, langue
Dégorger	Éliminer les impuretés d'un abat en le plongeant dans une eau froide en renouvelant l'eau continuellement.	Cervelle, pied, tête, tripe
Dénerver	Enlever les parties nerveuses d'un abat.	Foie, rognon
Limoner	Éliminer, après trempage, les parties sanguinolentes d'une cervelle sous un filet d'eau froide.	Cervelle, ris
Parer	Séparer les parties non commercialisables des parties commercialisables d'un abat.	Tous les abats
Peler	Enlever la peau d'un ris de veau après l'avoir blanchi.	Ris
Presser	Mettre des ris préalablement blanchis sous pression avec l'aide d'un poids afin d'éliminer l'excès d'humidité.	Ris

Doc. 7

Présentations commerciales	Conditions de conservation	Spécificités
• Viande réfrigérée en carcasse, piécée ou détaillée • Abat frais réfrigéré, entier ou détaillé	Conditionner en bac plastique et stocker en chambre froide positive entre 0 °C et + 3 °C.	Respecter la DLC.
Viande et abat conditionnés sous vide	Stocker en chambre positive entre 0 °C et + 3 °C.	Avant toute préparation, déconditionner et laisser aérer durant une quinzaine de minutes.
Viande et abat surgelés	Stocker dans leur emballage d'origine en chambre froide négative à – 18 °C.	Décongeler en chambre froide positive à + 3 °C pendant 24 heures.

→ À l'aide des informations fournies dans les documents 6 et 7, identifiez la présentation commerciale des produits ci-dessous et indiquez les préparations préliminaires à réaliser.

Applications culinaires	Conditions de stockage	Présentations commerciales	Préparations préliminaires
Carré de veau poêlé Choisy	Stocké en chambre froide positive		
Gigot d'agneau rôti sur l'os, jus à la marjolaine	Stocké en chambre froide négative		
Filet de bœuf rôti, sauce Madère	Conditionné sous vide, stocké en chambre froide positive		
Tourte au ris de veau	Stockée en chambre froide positive		
Rognon de veau au Madère	Conditionné sous vide, stocké en chambre froide positive		
Tranche de foie de veau au vinaigre de cidre	Stockée en chambre froide négative		

Activité 5

Identifier pour chaque animal l'origine des différentes parties et morceaux de viande de boucherie et des abats, les modes de cuisson adaptés et les applications culinaires

Doc. 8 Morceaux d'une viande de veau

Catégorie	Morceaux – Entiers	Morceaux – Détaillés	Modes de cuisson – Morceau entier	Modes de cuisson – Morceau détaillé	Applications culinaires
1re catégorie	1. Carré découvert 2. Carré couvert	Côtes	• Rôtir • Poêler	Sauter	• Côte de veau normande • Carré de veau poêlé Choisy
1re catégorie	3. Longe + filet mignon	Médaillons	• Rôtir • Poêler • Braiser	Sauter	• Rognonnade de veau Judic • Médaillon de veau Duroc
1re catégorie	4. Quasi 5. Culotte		• Rôtir • Poêler • Braiser		Quasi de veau à l'angevine
1re catégorie	6. Noix pâtissière 7. Noix 8. Sous-noix	Escalope, fricandeau, grenadin, piccata, paillard	• Rôtir • Poêler • Braiser	• Sauter • Griller	• Grenadin de veau zingara • Escalope de veau viennoise • Médaillon de veau gismonda
2e catégorie	9. Épaule 10. Poitrine 11. Tendron 12. Flanchet	Détaillé en morceaux de 50 g pour la réalisation de ragoût et blanquette	• Braiser • Poêler	• Ragoût • Pocher	• Épaule de veau rôtie aux herbes • Tendron de veau braisé Nemours • Sauté de veau marengo
3e catégorie	13. Collier	Détaillé en morceaux de 50 g pour la réalisation de ragoût et blanquette		Ragoût	Sauté de veau à la Catalane
3e catégorie	14. Jarret	Osso-buco	• Braiser • Pocher	Ragoût	• Osso-buco à la milanaise • Jarret de veau braisé bourgeoise
3e catégorie	15. Crosse		Pocher		• Marmite • Fond

Appellations spécifiques

- **Escalope** : tranche de veau taillée dans la noix, la sous-noix ou la noix pâtissière
- **Fricandeau** : tranche épaisse de veau lardée et taillée dans la noix
- **Grenadin** : petit fricandeau
- **Médaillon** : tranche taillée dans le filet mignon de veau
- **Paillard** : fine escalope de veau souvent aplatie et généralement grillée
- **Piccata** : petite tranche taillée dans la noix de veau

1 Complétez le tableau ci-dessous.

Morceau de viande	Catégorie	Mode de cuisson	Application culinaire
Épaule de veau entière			
Médaillons de veau			

Doc. 9

Morceaux d'une viande d'agneau

	Morceaux			Modes de cuisson		Applications culinaires
	Entiers		Détaillés	Morceau entier	Morceau détaillé	
1re catégorie	1. Carré découvert		Côtes	Rôtir	• Sauter • Griller	• Carré d'agneau persillé • Côte d'agneau Maréchal • Mixed-grill
1re catégorie	2. Carré couvert		Côtes	Rôtir	• Sauter • Griller	• Carré d'agneau persillé • Côte d'agneau Maréchal • Mixed-grill
1re catégorie	3. Selle	Baron	• Lamb shop • Noisette	• Rôtir • Poêler • Braiser	• Sauter • Griller	• Selle d'agneau farcie • Lamb shop grillée à la crème d'ail
1re catégorie	4. Gigot	Baron	Détaillé en morceaux de 50 g pour la réalisation de ragoût	• Rôtir • Poêler • Braiser	• Sauter • Griller	• Gigot d'agneau rôti aux herbes • Rouelle de gigot d'agneau Tourangelle
2e catégorie	5. Épaule		Détaillé en morceaux de 50 g pour la réalisation de ragoût	• Rôtir • Poêler • Braiser	• Ragoût • Pocher	• Navarin aux pommes • Épaule d'agneau braisée au chinon
3e catégorie	6. Collier		Détaillé en morceaux de 50 g pour la réalisation de ragoût et viande pochée		• Ragoût • Pocher	• Blanquette d'agneau au curry • Tajine d'agneau aux fruits secs
3e catégorie	7. Haut de côtelettes		Détaillé en morceaux de 50 g pour la réalisation de ragoût et viande pochée		• Ragoût • Pocher	• Blanquette d'agneau au curry • Tajine d'agneau aux fruits secs
3e catégorie	8. Poitrine		Détaillé en morceaux de 50 g pour la réalisation de ragoût et viande pochée		• Ragoût • Pocher	• Blanquette d'agneau au curry • Tajine d'agneau aux fruits secs

Appellations spécifiques

Baron : partie arrière d'une carcasse d'agneau comprenant la selle et les deux gigots

Canon : filet d'agneau et petit filet roulé dans sa panoufle, ficelés et préparés entiers

Lamb shop : tranche taillée dans la selle d'agneau non désossée

Noisette : tranche taillée dans le filet issu de la selle d'agneau désossée

Panoufle : partie représentant les flans de l'animal

Rouelle : tranche taillée dans le gigot d'agneau non désossé

2 À l'aide du document 9, replacez dans les tableaux ci-dessous les morceaux d'agneau listés, en fonction du mode de cuisson adapté.

- **Rouelle de gigot**
- **Carré d'agneau**
- **Selle d'agneau**
- **Noisette d'agneau**
- **Morceaux d'épaule de 50 g**
- **Morceaux de collier d'agneau de 50 g**

Sauter	Rôtir	En ragoût
•	•	• ....
•	•	• ....

Doc. 10

Morceaux d'une viande de bœuf

Catégorie	Morceaux – Entiers	Morceaux – Détaillés	Modes de cuisson – Morceau entier	Modes de cuisson – Morceau détaillé	Applications culinaires
1re catégorie	1. Train de côtes découvertes 2. Milieu de train de côtes	• Côte • Entrecôte	Rôtir	• Sauter • Griller	• Côte de bœuf grillée sauce béarnaise • Entrecôte bordelaise
	3. Contre-filet 4. Rumsteck	• Pavé • Steak	Rôtir	• Sauter • Griller	• Steak sauté Bercy • Pavé de bœuf au poivre • Contre-filet rôti fleuriste
	5. Filet	• Tournedos • Chateaubriand • Émincé	Rôtir	• Sauter • Griller	• Filet de bœuf Wellington • Tournedos sauté châtelaine • Émincé de bœuf Strogonoff
	6. Tranche grasse 7. Tende de tranche	Steak	Rôtir	• Sauter • Griller	• Steak sauté, beurre maître d'hôtel • Rôti de bœuf
2e catégorie	8. Surlonge 9. Plat de côtes couvert 10. Paleron et macreuse (épaule) 11. Jumeau	Détaillé en morceaux de 50 g pour la réalisation de ragoût	Pocher	Ragoût	• Pot-au-feu • Marmite • Estouffade de bœuf bourguignonne
	12. Bavette à steak	Steak		• Sauter • Griller	Bavette à l'échalote
	13. Aiguillette baronne	Détaillé en morceaux de 50 g pour la réalisation de ragoût	Braiser	Ragoût	• Aiguillette de bœuf braisée nivernaise • Carbonnade flamande
	14. Gîte à la noix	Détaillé en morceaux de 50 g (ragoût)		Ragoût	Daube de bœuf provençale
3e catégorie	15. Collier 16. Gros bout de poitrine 17. Milieu de poitrine 18. Flanchet	Morceaux utilisés transformés par l'industrie agro-alimentaire (farce)			• Steak haché • Conserves de viande • Plats cuisinés
	19. Gîte-gîte ou jarret 20. Crosse		Pocher		• Pot-au-feu • Marmite • Gelée

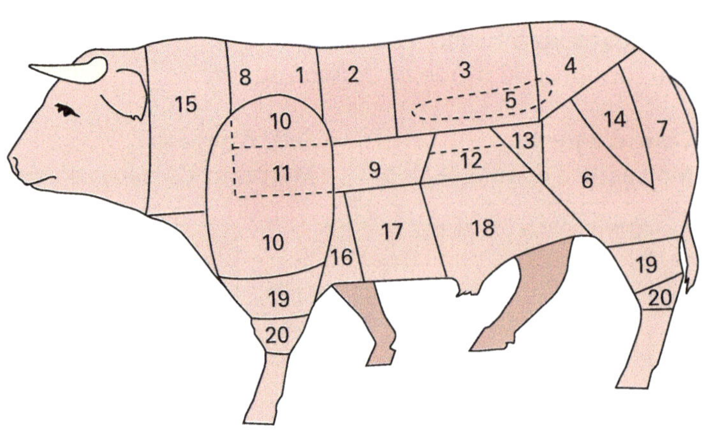

Appellations spécifiques

Chateaubriand : tranche épaisse pour deux personnes taillée dans la tête (début) du filet de bœuf

Tournedos : tranche taillée dans le milieu du filet de bœuf

3 Étudiez le document 10 puis classez les morceaux de viande de bœuf listés ci-dessous selon leur catégorie d'appartenance.

• **Filet**	• **Macreuse**	• **Flanchet**
• **Collier**	• **Milieu de train de côtes**	• **Bavette à steak**
• **Milieu de poitrine**	• **Paleron**	• **Rumsteck**

1re catégorie	2e catégorie	3e catégorie
•	•	• ....
•	•	• ....
•	•	• ....

4 Répondez aux questions ci-dessous avec l'aide du document 10.

Questions	Réponses
Nommez le morceau de bœuf dans lequel est détaillé le tournedos	• ....
Entourez le morceau de bœuf le plus adapté pour réaliser une estouffade de bœuf bourguignonne.	• Contre-filet • Crosse • Macreuse
Citez deux morceaux détaillés de bœuf pouvant être grillés.	• .... • ....
Citez un morceau de bœuf de deuxième catégorie pouvant être braisé.	• ....
Précisez quelles pièces sont découpées dans le train de côtes.	• .... • ....
Citez la préparation culinaire qui peut être préparée avec du jumeau.	• ....
Nommez la catégorie de viande dans laquelle est classé le flanchet.	• ....
Citez les deux morceaux principaux de bœuf composant l'épaule de l'animal.	• .... • ....

Doc. 11

Morceaux de la viande de porc

	Morceaux		Modes de cuisson et de préparations		Applications culinaires
	Entiers	Détaillés	Morceau entier	Morceau détaillé	
ÉPAULE	1. Épaule	Détaillé en morceaux de 50 g pour la réalisation de ragoût	• Rôtir • Pocher • Salaison	Ragoût	• Palette à la diable • Sauté de porc aux pruneaux
ÉPAULE	2. Jambonneau avant		• Pocher • Salaison		Potée auvergnate
LONGE	3. Échine	Détaillé en morceaux de 50 g pour la réalisation de ragoût	• Rôtir • Pocher • Salaison	• Ragoût • Sauter • Griller	• Échine de porc aux haricots blancs • Côte de porc aux herbes
LONGE	4. Carré	Côtes	• Rôtir • Poêler	Sauter	• Côtes de porc charcutière • Carré de porc poêlé Choisy
LONGE	5. Filet mignon	Médaillons	• Rôtir	Sauter	• Médaillons de porc à la dijonnaise • Filet mignon de porc en croûte
POITRINE	6. Poitrine	Lardons	• Salaison • Fumaison	• Pocher • Sauter	• Poitrine ou lardons fumés • Poitrine ou lardons salés
POITRINE	7. Travers 8. Plat de côtes		• Salaison • Pocher	Griller	• Petit salé aux lentilles • Travers de porc au feu de bois
POITRINE	9. Gorge		Morceau principalement haché et utilisé pour les salaisons		• Terrine de porc • Rillettes
CUISSE	10. Jambon	Rouelle	• Pocher et braiser • Pocher et rôtir • Salaison • Fumaison	Rôtir	• Jambon braisé au porto • Jambon blanc • Jambon cru • Rouelle rôtie provençale
CUISSE	11. Jambonneau arrière		• Pocher • Braiser • Salaison		• Jambonneau braisé au foin • Choucroute

Appelations spécifiques

Médaillon : tranche taillée dans le filet mignon de porc

Rouelle : tranche taillée dans le jambon non désossé

5 Étudiez le document 11 puis donnez le nom des morceaux de porc dans le dessin ci-dessous. Précisez une application culinaire possible pour chacun d'eux.

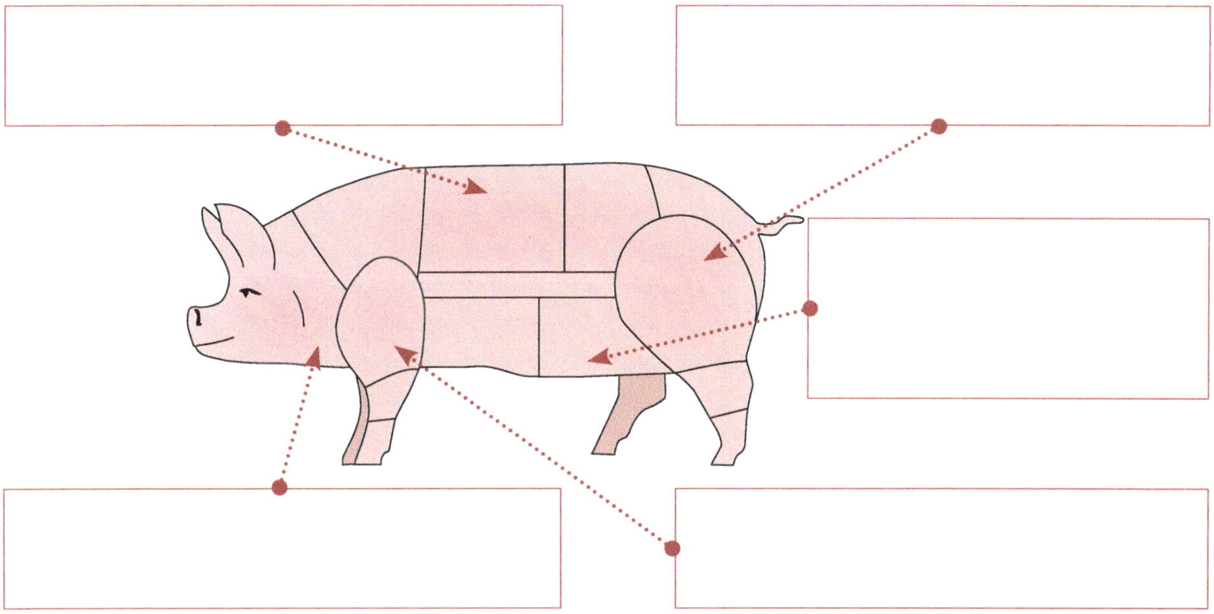

Doc. 12

	Appellations	Origines	Modes de cuisson	Applications culinaires
Abats blancs	Ris	• Veau • Agneau	• Braiser – Pocher • Sauter – Griller • Frire	Ris de veau braisé aux morilles
	Cervelle	• Veau • Agneau	• Pocher – Sauter • Frire	Fritot de cervelle, sauce tartare
	Pieds	• Veau • Porc	Pocher puis sauter ou griller	Pieds de porc panés
	Tête	• Veau • Porc	Pocher	• Tête de veau ravigote • Pâté de tête
	Tripes	• Veau • Porc	• Pocher • Braiser	• Tripes à la mode de Caen • Tripoux
Abats rouges	Langue	• Bœuf • Agneau	Pocher	Langue de bœuf, sauce piquante
	Foie	• Veau • Porc	• Sauter • Rôtir (pièce entière)	Foie de veau à la lyonnaise
	Rognons	• Veau • Porc • Agneau	• Sauter – Griller • Braiser – Rôtir (dans leur graisse)	Rognons de veau Beaugé

6 À l'aide du document 12, cochez dans le document ci-dessous le mode de cuisson le mieux adapté pour chaque abat et indiquez une application culinaire.

	Frire	Braiser	Sauter	Application culinaire
Foie				
Cervelle				
Ris				
Rognons				

Je retiens

1 Connaître la classification des viandes de boucherie et des abats

	Viandes	Abats
Viande rouge	• Bœuf • Agneau	• Pieds de porc • Ris • Cervelle
Viande blanche	• Porc • Veau	• Foie • Rognon • Langue

2 Connaître les critères de qualité

	Veau	Bœuf	Agneau	Porc
Conformation		E → Extra ou supérieure U → Très bonne R → Bonne O → Assez bonne P → Passable		**Taux de viande maigre** (TVM) estimée en pourcentage de la viande de porc EE ou S → Supérieure à 60 % E → 55 à 60 % U → 50 à 55 % R → 45 à 50 % O → 40 à 45 % P → Moins de 40 %
État d'engraissement		1 → Maigre 2 → Ciré ou peu couvert 3 → Couvert 4 → Gras 5 → Très gras		
Couleur de chair	1 → Blanche 2 → Rosé clair 3 → Rosée 4 → Rouge			

Les abats possèdent une grande qualité nutritionnelle. Ils doivent être de couleur franche et brillants à l'achat. Leur odeur doit être faible.

3 Connaître la réglementation et l'étiquetage

Traçabilité

Filière bovine	Élevage	Abattage	Maturation	Découpage
Obligations réglementaires	Passeport	Estampille sanitaire	Estampille qualitative	Étiquette

Les abats sont prélevés sur les carcasses des animaux lors de l'abattage. Ils subissent des préparations spécifiques et bénéficient du même étiquetage que les viandes de boucherie.

Étiquetage

Les mentions obligatoires sont les suivantes.
- Dénomination du morceau
- Date limite de consommation
- Prix
- Estampille sanitaire
- Numéro de lot
- Type racial
- Catégorie de l'animal
- Origine
- Lieux d'abattage et de découpage

Je retiens

4 Connaître les présentations commerciales, les préparations préliminaires, stocker et conserver

Produits	Faux filet, contre-filet et filet	Carré	Fricandeau, aiguillette baronne	Ris	Foie
Préparations préliminaires	Parer, barder, ficeler	Parcheminer, détalonner, manchonner, ficeler	Parer, larder	Dégorger, blanchir, peler, parer, presser	Dénerver, parer
Présentations commerciales et stockage	• Frais, réfrigérés, stockés à + 3 °C • Sous vide, réfrigérés, stockés à + 3 °C • Surgelés, stockés à – 18 °C				

5 Identifier pour chaque animal l'origine des différentes parties et morceaux de viande de boucherie et des abats, les modes de cuisson adaptés et les applications culinaires

Catégorie des viandes de boucherie (veau, bœuf, agneau)	Situation sur l'animal	Applications culinaires	Viande porcine
1re	Parties lombaire (dos) et postérieure (cuisse)	• Paillarde de veau grillé • Tournedos sauté châtelaine • Carré d'agneau rôti persillé	Pas de catégorie pour la viande de porc **Applications culinaires :** • Côte de porc charcutière • Palette à la diable • Jambonneau braisé au foin La viande de porc est également utilisée pour les salaisons et fumaisons (saucisson, jambon).
2e	Partie antérieure (épaule)	• Épaule de veau rôtie aux herbes • Pot-au-feu • Navarin aux pommes	
3e	Partie abdominale (poitrine), cou, gorge	• Osso-buco à la milanaise • Marmite, gelée • Blanquette d'agneau	

Classification des abats	Dénominations	Applications culinaires
Rouges	• Langue • Foie • Rognon	• Langue de bœuf pochée, sauce piquante • Foie de veau sauté en persillade • Rognon de veau sauté Beaugé
Blancs	• Ris • Crevelle • Pieds • Tripes • Tête de veau	• Ris de veau braisé aux morilles • Fritot de cervelle • Pied de porc pané • Tripes à la mode de Caen • Tête de veau pochée, sauce ravigote

J'applique mes connaissances

J'applique mes connaissances

Exercice 1

◆ Répondez aux questions suivantes.

Questions	Réponses
Que signifie le sigle TVM ?	
Que signifie le marquage 3U2 apposé sur une carcasse de viande de veau ?	
Nommez les deux morceaux d'agneau composant un baron.	
Citez le morceau d'agneau dans lequel est détaillée une lamb shop.	
Trouvez le mode de cuisson le mieux adapté pour cuire un gigot d'agneau entier.	
Citez le seul morceau d'agneau classé en deuxième catégorie.	
Indiquez les deux morceaux de viande dans lesquels sont détaillées les côtes de porc.	
Quels morceaux de viande de bœuf utilise-t-on pour réaliser un pot-au-feu ?	

Exercice 2

◆ Replacez les morceaux de viande de boucherie listés en fonction de l'animal abattu et de sa catégorie (une seule réponse par case).

- **Macreuse**
- **Noix**
- **Épaule**
- **Travers**
- **Poitrine de veau**
- **Selle**
- **Filet**
- **Gîte-gîte**
- **Jarret**
- **Collier**

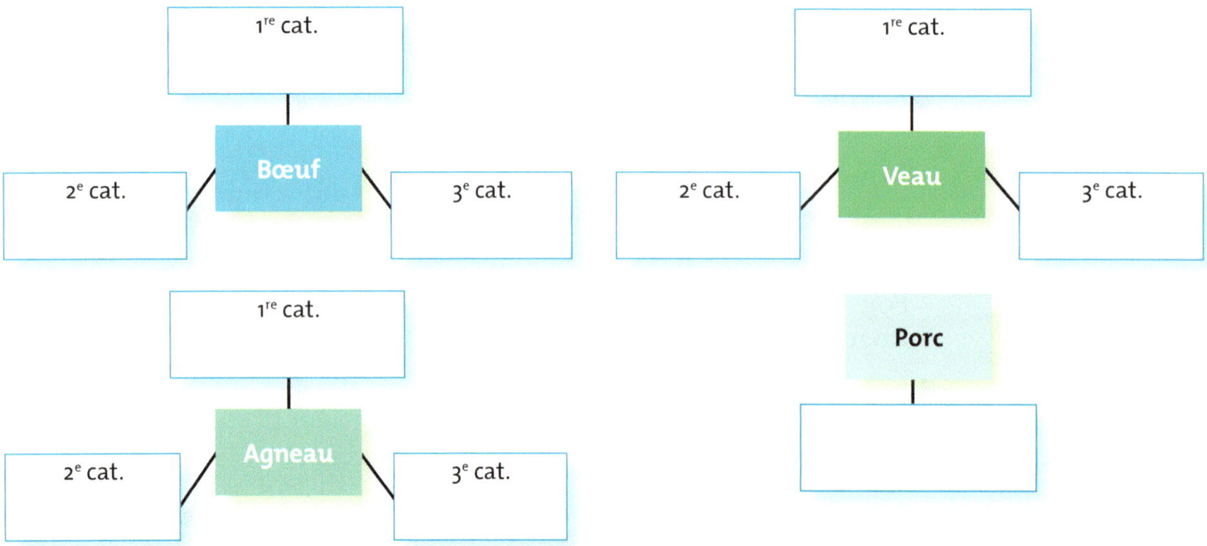

16 Les auxiliaires de cuisine

OBJECTIFS

« En vrai professionnel, je dois être capable de... »

1. Reconnaître et classer les principales herbes aromatiques, épices et condiments.
2. Connaître les différentes présentations commerciales et les règles de stockage.
3. Connaître les différents vins et alcools utilisés en cuisine.
4. Décrypter une étiquette de vin.
5. Connaître les applications culinaires.

DATE : ....

Fanny et Louis travaillent avec le chef de partie « saucier ». Ils vont préparer un colombo et un brochet au muscadet.

J'ANALYSE LA SITUATION

1 Quel est l'intérêt de mettre des épices dans le colombo ?

....

2 Fanny peut-elle utiliser un autre vin blanc que le muscadet pour réaliser le brochet au muscadet ?

....

....

3 Connaissez-vous quelques herbes aromatiques ?

....

....

Activité 1

Reconnaître et classer les principales herbes aromatiques, épices et condiments

Doc. 1 Les herbes aromatiques

Elles correspondent à l'ensemble des plantes utilisées pour leurs propriétés gustatives, odorantes et colorantes. Les herbes aromatiques sont généralement de couleur verte (foncée ou claire) et commercialisées sous forme de botte lorsqu'elles sont fraîches.

Aneth	Basilic	Cerfeuil	Ciboulette	Coriandre	Estragon

Laurier	Menthe	Persil	Romarin	Sauge	Thym

Doc. 2 Les épices

Elles permettent l'assaisonnement des mets en raison de leur goût prononcé et de leur parfum intense. Les épices sont commercialisées à l'état brut (en noix, bâtonnet, graines, baies) ou, le plus souvent, pulvérisées (en poudre).

Badiane (anis étoilé)	Baies de coriandre	Baies de genièvre	Cannelle	Clous de girofle	Cumin

Curry	Gingembre moulu	Muscade	Paprika	Piment de Cayenne	Poivre mignonnette

Poivre moulu	Ras el hanout	Safran	Tandoori

Doc. 3 Les condiments

Ils servent essentiellement à accompagner des plats, à accetuer le goût d'une préparation, à apporter une saveur particulière à un mets en utilisant le croquant, le piquant, la douceur ou le pouvoir acidifiant, le salant, du condiment employé.

Câpres	Cornichons	Harissa	Lait de coco	Moutarde
		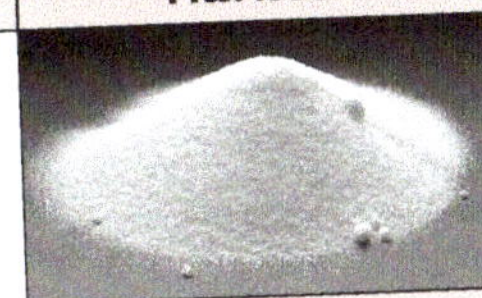		
Olives	Sauce anglaise (*Worcestershire sauce*)	Sucre	Tabasco	Vinaigres

→ Étudiez les documents 1, 2 et 3 puis complétez le tableau ci-dessous en identifiant les auxiliaires de cuisine utilisés dans les préparations citées.

Préparations culinaires	Définitions	Aromates	Épices	Condiments
Curry d'agneau	Ragoût d'agneau cuit au lait de coco et assaisonné au curry, garni de pommes fruits et de bananes.			
Sauce cocktail	Sauce mayonnaise agrémentée de ketchup, de cognac, de sauce anglaise et de Tabasco.			
Goulasch à la hongroise	Ragoût de bœuf cuit dans un fond brun et une concassée de tomate, relevé au paprika.			
Sauce Béchamel	Sauce à base de lait lié au roux et assaisonnée à la muscade.			
Pain d'épices	Pâte poussée à base d'œuf, de farine, de levure, de beurre, de miel, de badiane et de quatre épices.			
Sauce hollandaise	Sauce émulsionnée semi-coagulée chaude à base de jaunes d'œufs, de beurre clarifié et relevée au jus de citron et piment de Cayenne.			
Couscous	Viande d'agneau cuite dans un bouillon parfumé au Ras el hanout accompagné de légumes, de merguez et de semoule aux raisins cuite à la vapeur.			
Sauce paloise	Sauce à base d'une réduction de vinaigre blanc, de poivre mignonnette, d'échalote et de menthe montée en sabayon avec des jaunes d'œufs et du beurre clarifié.			
Tandoori de volaille	Cuisses de poulet marinées au tandoori, jus de citron, ail, gingembre moulu et huile d'arachide. Rôties à four chaud.			
Nouilles de riz au poulet	Dés de blancs de volaille marinés à l'ail, gingembre, sucre roux, nuoc-mam et sauce soja, sautés et mélangés à des nouilles de riz cuites.			
Paëlla	Riz safrané additionné de légumes méditerranéens, de fruits de mer, de chorizo et de cuisses de poulet.			

Activité 2

Connaître les différentes présentations commerciales et les règles de stockage

Doc. 4

Quelques conseils d'achat et de conservation

Les épices doivent être conservées dans des boîtes hermétiques, afin d'éviter l'éventement de leurs parfums, et stockées dans un endroit à l'abri de la lumière et de l'humidité.

À l'achat, les herbes aromatiques fraîches ne doivent pas être flétries. Elles doivent être stockées au frais en ambiance humide afin d'allonger leur durée de vie.

Les condiments sont conservés au frais après ouverture (produits appertisés).

Doc. 5

Cash & carry monégasque
1 allée du Prince Albert
98000 Monaco

BON DE LIVRAISON

DATE 30/07/N

NUMÉRO 496944

SIGNATURE :

Dénomination	Unité	Quantité	PU HT	PT HT
Poivrons rouges	kg	2,500		
Pommes golden	kg	10,000		
Sauge	botte	6		
Menthe	botte	6		
Batavia	pièce	2		
Épinards	kg	5,000		
Moutarde	kg	5,000		
Vinaigre de cidre	l	10,00		
Cornichons	boîte 5/1	3		
Câpres	boîte 4/4	6		
Estragon ciselé surgelé	kg	1,000		
Persil haché surgelé	kg	0,500		
Courgettes en rondelles surgelées	kg	20,000		
Tomato ketchup	bt	6		
Tabasco	flacon	3		
Curry	kg	1,000		
Vinaigre blanc	l	1,00		
Herbes de Provence séchées	kg	1,000		

→ En vous aidant des documents 4 et 5, complétez le tableau ci-dessous en identifiant les auxiliaires de cuisine commandés et en précisant leur présentation commerciale ainsi que le lieu où ils devront être stockés.

Présentations commerciales

- Botte
- Bouteille
- Flacon
- Seau
- Boîte plastique hermétique
- Sachet
- Bidon
- Produit appertisé

Lieux de conservation

- Chambre froide positive
- Chambre froide négative
- Économat

Auxiliaires de cuisine commandés			
Dénomination			
Présentation commerciale			
Lieu de conservation	Chambre froide positive		Économat
Auxiliaires de cuisine commandés			
Dénomination			
Présentation commerciale			
Lieu de conservation			Économat
Auxiliaires de cuisine commandés			
Dénomination			
Présentation commerciale			
Lieu de conservation			
Auxiliaires de cuisine commandés			
Dénomination			
Présentation commerciale			
Lieu de conservation			Économat

Activité 3

Connaître les différents vins et alcools utilisés en cuisine

Doc. 6 Les régions viticoles françaises

Vin effervescent : Champagne
Application culinaire : Sandre braisé et glacé au champagne

Vins blancs : Riesling, Sylvaner
Application culinaire : Choucroute au Riesling

Vins blanc et rouge : Meursault, Gevrey-Chambertin
Application culinaire : Coq au vin

Vins blanc et rouge : Muscadet, Saint-Nicolas-de-Bourgueil
Application culinaire : Brochet au muscadet

Vins blanc et rouge : Vin jaune, vin d'Arbois rouge
Application culinaire : Poulet aux morilles

Vins blanc et rouge : Sauternes, Médoc
Application culinaire : Lamproie à la bordelaise

Vin blanc : Crépy
Application culinaire : Féra du lac au Crépy

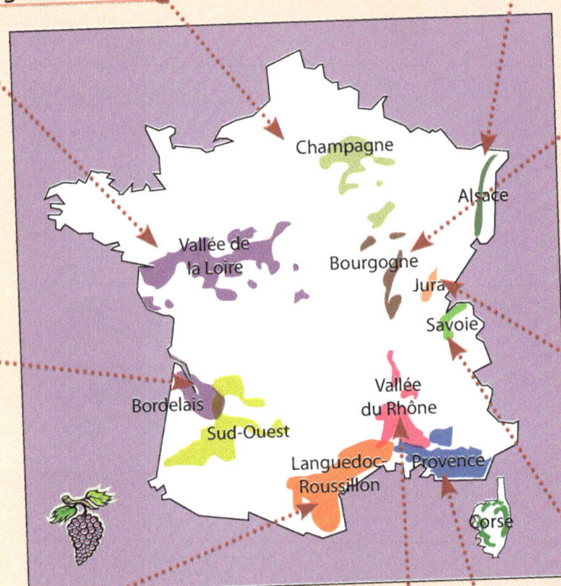

Vins blanc et rouge : Picpoul de Pinet, Corbières
Application culinaire : Bourride sétoise au Picpoul de Pinet

Vins blanc et rouge : Condrieu, Chateauneuf-du-Pape
Application culinaire : Civet de lièvre au Châteauneuf-du-Pape

Vins rouge et blanc : Cassis, Coteaux d'Aix-en-Provence
Application culinaire : Gigot d'agneau de Sisteron au Coteaux d'Aix-en-Provence

1 À partir du document 6, renseignez le tableau ci-dessous en citant, pour chaque région viticole, un vin et une application culinaire.

Régions viticoles	Vins	Applications culinaires
Alsace		
Bourgogne		
Champagne		
Bordelais		

Doc. 7 — Les eaux-de-vie et les liqueurs

Porto	Madère	Muscat de Rivesaltes	GRAND MARNIER®	Amaretto

VDL Vin de liqueur	VDL. Vin de liqueur	VDN Vin doux naturel	Liqueur à base de fruits	Liqueur à base de fruits
Vin doux liquoreux provenant du Portugal.	Vin doux liquoreux provenant des îles de Madère, au large du Portugal.	Vin doux naturel provenant de la région Languedoc-Roussillon. Il est souvent utilisé en pâtisserie en raison de sa douceur.	Liqueur à base d'essence d'écorces d'oranges amères assemblée avec du Cognac et du sirop.	Liqueur issue de la distillation d'eau-de-vie, d'amandes d'abricot et de sirop. L'Amaretto est utilisé avec le café pour imbiber les biscuits du tiramisu.

Get 27	Rhum	Cognac	Kirsch	Calvados

Liqueur à base de plantes	Eau-de-vie de plantes	Eau-de-vie de vin	Eau-de-vie de fruits	Eau-de-vie de pommes
Liqueur issue de la distillation d'eau-de-vie, de menthe et de sirop. Le Get 27 est utilisé pour sa saveur mentholée.	Eau-de-vie obtenue par distillation du sirop fermenté de canne à sucre. Ce produit est originaire des Antilles.	Eau-de-vie obtenue par distillation du vin. Il est utilisé généralement pour le flambage de viandes, de crustacés et de fruits.	Eau-de-vie obtenue par distillation de cerises fermentées. Le kirsch provient du Nord-Est de la France.	Eau-de-vie obtenue par distillation du cidre. Le calvados est souvent utilisé pour le flambage

2 À partir du document 7, complétez le tableau ci-dessous en indiquant l'alcool utilisé pour chacune des préparations culinaires proposées.

Applications culinaires	Nom de l'alcool
Feuillantine choco-menthe	Get 27
Crêpes flambées à la liqueur GRAND MARNIER®	
Lapin aux pruneaux et à l'armagnac	
Rôti de bœuf, sauce madère	
Saucisson en brioche, sauce porto	
Forêt-noire	

Applications culinaires	Nom de l'alcool
Sabayon	
Tiramisu	
Poulet vallée d'Auge	
Canard poêlé, sauce bigarade	
Glace rhum-raisins	
Magret de canard au poivre vert	

Activité 4
Lire et interpréter une étiquette de vin

Doc. 8

Comment lire une étiquette de vin ?

L'étiquette est le moyen d'identifier le produit, grâce à des indications précises, car elle est faite pour être vue dans un lieu de vente. Elle a donc avant tout un but commercial et doit attirer l'œil du consommateur.

Certaines mentions sont facultatives, d'autres obligatoires. Épurées ou chargées, les étiquettes de vin entrent toutes dans le système de réglementation afin de faciliter le choix du consommateur.

➜ Retrouvez où se situent les mentions obligatoires et facultatives indiquées ci-dessous en reportant leur numéro sur l'étiquette.

Mentions obligatoires	Mentions facultatives
1. Dénomination du produit	10. Année de récolte/Millésime
2. Nom, adresse et qualité de l'embouteilleur	11. Cépage
3. Adresse de l'expéditeur	12. Marque de commerce, cuvée spéciale...
4. Titre alcoométrique	13. Esthétique : logo, photo, couleur, style...
5. Contenance	
6. Pays d'origine	
7. N° de lot	
8. Logo préventif à l'attention des femmes enceintes	
9. Produits allergènes, mention : « contient des sulfites »	

Activité 5

Connaître les applications culinaires

➔ Prenez connaissance du tableau ci-dessous, qui répertorie quelques applications culinaires, puis identifiez les différents auxiliaires de cuisine qui entrent dans leur composition.

Applications culinaires	Auxiliaires de cuisine utilisés dans la préparation	Dénomination
Ananas à l'antillaise		
Spaghettis au pistou		
Estouffade de bœuf à la provençale		
Entrecôte à la bordelaise		
Verrine de cerises Jubilé		
Poularde à l'indienne		
Sauté de bœuf Strogonoff		
Filet de sole dieppoise		
Lapin à la dijonnaise		

Je retiens

1 Connaître les différents vins et alcools utilisés en cuisine

Les vins	Les alcools
La France est historiquement le pays du vin. Cette reconnaissance mondiale implique une cuisine ayant recours à ces produits. Il est donc essentiel pour le cuisinier de connaître les différentes possibilités qui lui sont offertes par ce patrimoine unique.	De nombreux alcools sont à la disposition des cuisiniers et des pâtissiers. Les principaux utilisés sont les suivants : • **eaux-de-vie :** cognac, armagnac, calvados, rhum, kirsch… • **liqueurs :** Get 27, GRAND MARNIER®, Cointreau, Amaretto • **VDN :** muscat • **VDL :** madère

2 Décrypter une étiquette de vin

Les mentions obligatoires : dénomination du produit ; nom, adresse et qualité de l'embouteilleur ; titre alcoométrique ; contenance ; pays d'origine ; numéro de lot ; adresse de l'expéditeur ; logo préventif « femme enceinte » ; mentions de produits allergènes (exemple : sulfites)

3 Reconnaître les principales herbes aromatiques, épices et condiments

Les aromates	Les épices	Les condiments
Aneth, basilic, cerfeuil, ciboulette, coriandre fraîche, estragon, laurier, menthe, persil, romarin, sauge, thym…	Badiane, baies de coriandre, baies de genièvre, cannelle, cumin, curry, clou de girofle, muscade, paprika, piment de Cayenne, poivre, Ras el hanout, safran, sel, tandoori…	Câpres, cornichons, criste-marine (algues), lait de coco, miel, moutarde, nuoc-mam, olives, *Worcestershire sauce*, sauce soja, Tabasco…

4 Connaître les différentes présentations commerciales et les règles de stockage

Les présentations commerciales	Les règles de stockage
Botte, bouteille, flacon, seau, distributeur manuel, sachet, bidon, produit appertisé, boîte plastique hermétique	• **Vins et alcools** À l'économat, à l'abri de la lumière. • **Épices** Stockées hermétiquement dans des boîtes, à l'abri de la lumière et de l'humidité. • **Aromates** **Frais :** en enceinte réfrigérée (+ 6 °C), dans une atmosphère humide. **Secs :** à l'économat, à l'abri de la lumière et de l'humidité. **Surgelés :** en chambre froide négative (– 18 °C). • **Condiments** À l'économat. Après ouverture des produits appertisés, les conditionner dans des récipients adaptés, filmés et datés. Puis les stocker en chambre froide positive (+ 3 °C).

5 Connaître les applications culinaires

Certaines appellations culinaires permettent de déterminer l'alcool, l'épice, l'aromate ou le condiment qui entre dans la composition du mets soit parce que le nom comporte l'auxiliaire de cuisine, soit parce que l'appellation est classique et ne peut être réalisée qu'avec cet ingrédient précis.

J'applique mes connaissances

J'applique mes connaissances

Exercice 1

Identifiez la nature de l'alcool utilisé dans les plats suivants en cochant la bonne réponse.

Dénomination du plat	Vin blanc	Vin rouge	Eau-de-vie	Liqueur	VDN	VDL
Magret de canard, jus au porto						
Soufflé glacé à la liqueur GRAND MARNIER®						
Crème coco au rhum et pistils de safran						
Coq au Riesling						
Sabayon de fruits exotiques au muscat						
Civet de lièvre au Corbières						

Exercice 2

Nommez les différentes herbes aromatiques représentées ci-dessous.

Exercice 3

Associez chaque plat à son auxiliaire de cuisine prédominant à l'aide des lettres.

Paëlla	A
Couscous	B
Coq au Gevrey-Chambertin	C
Pain d'épices	D
Côtes de porc charcutières	E
Goulasch à la hongroise	F
Volaille à l'indienne	G

	Paprika
	Curry
	Harissa
	Cornichons
	Safran
	Quatre épices
	Vin rouge de Bourgogne

J'applique mes connaissances

Exercice 4

◆ Identifiez les auxiliaires de cuisine ci-dessous à partir des photos et indiquez leur nature, leur présentation commerciale, leur lieu de conservation puis citez une application culinaire correspondante.

Illustrations	Dénomination	Nature du produit	Présentation commerciale	Lieu de conservation	Applications culinaires
	Sancerre	Vin blanc du Val de Loire	Bouteille de 75 cl	Économat	Lotte au Sancerre
			Sachet de 250 g	Conservateur négatif	
			Boîte de 1 kg	Économat	
			Produit appertisé	Économat	Estouffade de bœuf provençale
			Botte	Réfrigérateur	
			Bouteille de 1 l	Économat	
			Produit appertisé	Économat	Sauce tartare
			Boîte de 1 kg	Économat	

17 Les fonds et les sauces

OBJECTIFS

« En vrai professionnel, je dois être capable de... »
Connaître la composition, la classification, la réglementation, les préparations dérivées, les applications culinaires et produits semi-élaborés, maîtriser les phases de fabrication ou règles à observer pour la réussite des :
1. Fonds de base
2. Sauces de base
3. Éléments de liaison
4. Sauces émulsionnées

DATE : ....

Fanny et Louis accompagnent le chef de partie saucier afin de découvrir les fonds et sauces utilisés en cuisine.

J'ANALYSE LA SITUATION

1 À quoi servent les fonds ?

----

2 Quels sont les avantages et les inconvénients d'acheter une mayonnaise industrielle ?

----

3 Citez les ingrédients de base qui composent une mayonnaise faite maison.

Activité 1

Connaître la composition, la classification, la réglementation, les applications culinaires et produits semi-élaborés, maîtriser les phases de fabrication des fonds

Doc. 1

Fonds de base

	Fonds bruns	Fonds blancs	Fumet de poisson	Fumet de crustacés
Composition	Os de veau ou de volaille Garniture aromatique (carottes, oignons, bouquet garni) Eau	Os de veau ou de volaille Garniture aromatique (carottes, oignons, bouquet garni) Eau	Arêtes de poissons maigres Garniture aromatique (oignons, échalotes, parures de champignons) Eau Vin blanc (facultatif)	Carapaces ou crustacés Garniture aromatique (carottes, oignons, bouquet garni, concentré de tomate) Vin blanc Eau Cognac
Phases de fabrication	Concasser les os Colorer les os au four Suer la garniture aromatique Mouiller à hauteur Cuire Chinoiser	Concasser les os Blanchir Égoutter et rincer Mouiller Ajouter la garniture aromatique Cuire Chinoiser	Concasser les arêtes Dégorger les arêtes Suer la garniture aromatique Ajouter les arêtes Mouiller à hauteur Cuire Chinoiser	Brosser, rincer les crustacés Cardinaliser Suer la garniture aromatique Ajouter les crustacés Flamber Déglacer Piler Mouiller Cuire Chinoiser
Temps de cuisson	Volaille : 1 heure Veau, gibier : 4 heures		20 minutes	45 minutes
Applications culinaires	Sauces brunes Glace de viande Mouillement ragoût à brun	Sauces blanches Gelée claire Mouillement ragoût à blanc	Sauce poisson Gelée de poisson Mouillement des pochés à court mouillement	Sauce crustacés Gelée de crustacés
Réglementation	Les fonds doivent être réalisés à partir d'os issus du désossage des viandes réalisé dans l'établissement. Les fonds doivent être refroidis en cellule de refroidissement de + 63 °C à + 10 °C en moins de 2 heures. Les fonds se conservent en enceinte réfrigérée à + 3 °C pendant 3 jours.			
Remarques	Les fonds traditionnels sont remplacés par des produits semi-élaborés déshydratés ou en pâte réfrigérée qui offrent une meilleure garantie sanitaire et des coûts de fabrication moindres. Les fonds ne sont jamais assaisonnés car ils sont parfois réduits.			

1 À l'aide du document 1, répondez par vrai ou faux aux affirmations suivantes.

	Vrai	Faux
Je peux conserver un fond brun frais pendant une semaine en chambre froide positive.		
J'utilise de préférence des arêtes de poissons gras pour réaliser un fumet de poisson.		
Le fond brun et le fond blanc de veau utilisent les mêmes ingrédients. Ce sont les techniques culinaires à mettre en œuvre qui diffèrent.		
Le fumet de poisson ne cuit que 20 minutes.		
Le fond brun de volaille ne cuit qu'une heure.		

2 À l'aide du document 1, complétez les schémas ci-dessous en énumérant les phases de fabrication du fond brun et du fumet.

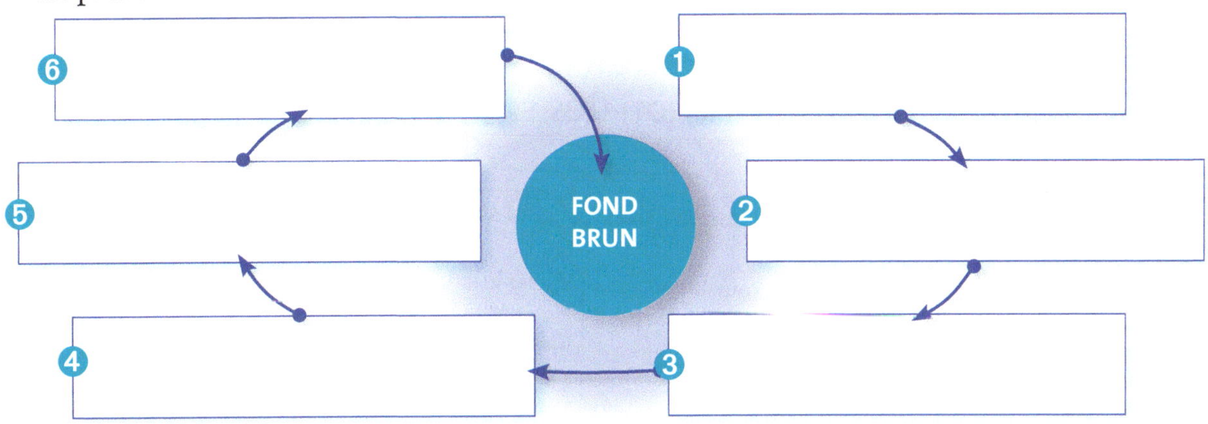

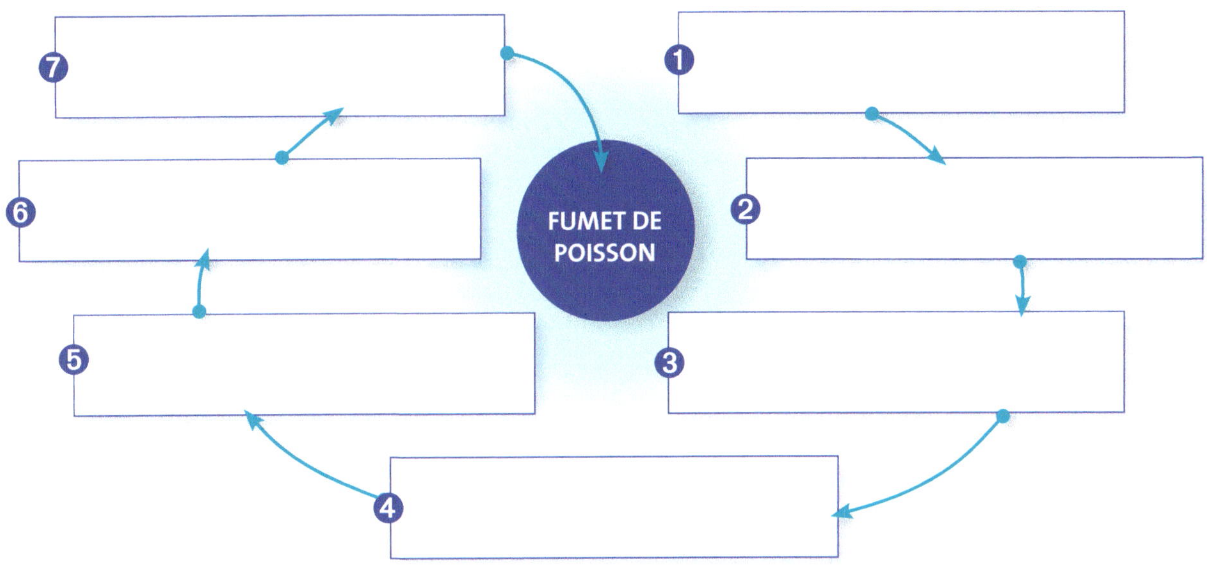

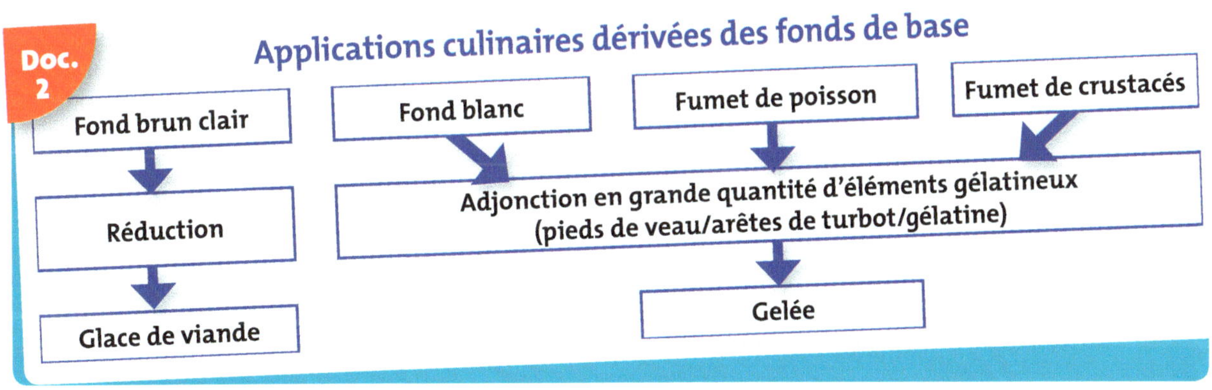

3 À l'aide du document 2, complétez le tableau ci-dessous.

Fonds de base	Techniques culinaires mises en œuvre	Préparations dérivées
Fond blanc		Gelée
Fumet de crustacés	Adjonction de gélatine	
	Réduction	Glace de viande
Fumet de poisson		Gelée de poisson

Activité 2

Connaître la composition, la classification, la réglementation, les préparations dérivées, les applications culinaires et produits semi-élaborés, maîtriser les phases de fabrication des sauces de base

Doc. 3

Classification	Dénomination	Composition	Phases de fabrication	Sauces dérivées
Sauces blanches	**Sauce Béchamel**	Roux blanc Lait	Confectionner le roux blanc. Verser le lait bouillant sur le roux froid. Cuire à ébullition.	Sauce Mornay (jaunes d'œufs et gruyère)
	Velouté de volaille	Roux blanc Fond blanc de volaille	Confectionner le roux blanc. Verser le fond blanc de volaille bouillant sur le roux froid. Cuire à ébullition.	Sauce suprême (crème)
	Velouté de veau	Roux blanc Fond blanc de veau	Confectionner le roux blanc. Verser le fond blanc de veau bouillant sur le roux froid. Cuire à ébullition.	Sauce allemande (jaunes d'œufs)
	Velouté de poisson	Roux blanc Fumet de poisson	Confectionner le roux blanc. Verser le fumet de poisson bouillant sur le roux froid. Cuire à ébullition.	Sauce normande (jus de champignons et d'huîtres, jaunes d'œufs et crème)
Sauces brunes	**Fond brun lié**	Farine Fond brun lié de veau	Singer le fond lors de son élaboration avant le mouillement.	Sauce Madère (réduit et madère)
	Sauce espagnole	Roux brun Garniture aromatique Fond brun de veau	Suer la garniture aromatique. Confectionner un roux brun. Mouiller au fond brun. Cuire à ébullition.	Sauce bordelaise (échalotes, vin rouge, moelle et persil)
	Fond brun de volaille lié	Fécule ou farine de maïs Fond brun de volaille	Singer le fond lors de son élaboration avant le mouillement.	Sauce chasseur (champignons, échalotes, vin blanc, cerfeuil et estragon)
Autre sauce	**Sauce américaine**	Roux blond Corail des crustacés, carapaces pilées Fumet de poisson GA Tomates Vin blanc Cognac Cerfeuil, estragon	Cardinaliser les crustacés. Suer la garniture aromatique. Flamber au cognac. Déglacer au vin blanc. Mouiller au fumet de poisson. Piler les carapaces. Ajouter le roux blond. Cuire. Chinoiser. Ajouter les herbes aromatiques.	Sauce Newburg (crème, montée au beurre rouge)

→ Retrouvez la sauce de base des sauces dérivées et leur classification.

Sauce dérivée	Sauce de base	Classification
Sauce grand veneur		
Sauce Mornay		
Sauce bordelaise		

ACTIVITÉ 3

Connaître la composition, la classification, la réglementation et les préparations dérivées, maîtriser les phases de réalisation et les applications culinaires des éléments de liaison

Doc. 4

Éléments de liaison

	Classification	Composition	Règles à observer	Utilisations
À BASE D'AMIDON	Céréales	Farine de blé + eau froide Farine de maïs + eau froide Fécule + eau froide	Diluer la farine dans l'eau froide. Verser dans la préparation bouillante. Porter à ébullition et laisser cuire.	Rectifier une sauce de base trop liquide
	Légumes ou fruits riches en amidon	Pommes de terre Châtaignes Lentilles	Mettre au départ de la cuisson l'élément qui épaissira la préparation.	Potages Purée
	Beurre manié	Beurre et farine en même quantité	Mélanger le beurre et la farine jusqu'à l'obtention d'une pâte homogène. Ajouter à la préparation bouillante. Laisser cuire.	Rectifier une sauce trop liquide
	Roux		Faire fondre le beurre. Ajouter la farine. Laisser cuire jusqu'à la couleur voulue. Laisser refroidir. Verser la préparation à lier bouillante. Cuire.	Confectionner un velouté
À BASE DE PROTÉINE	Œufs	Entier ou jaune ou blanc	Ajouter à la préparation à lier avant la cuisson.	Appareil à crème prise Farce
	Crème	Crème	Ajouter à la fin. Réduire.	Liaison finale des sauces : veloutés
	Sang, corail, encre	Sang ou corail ou encre, additionné de la préparation à lier chaude	Verser dans le sang ou le corail ou l'encre une partie de la préparation chaude à lier. Verser ce mélange dans la préparation à lier. Ne pas porter à ébullition.	Liaison finale des sauces : civet de lièvre, sauce aux crustacés
AUTRES	Gélatine	Feuille de gélatine	Faire tremper les feuilles de gélatine dans l'eau froide. Faire fondre dans la préparation chaude. Refroidir et servir froid.	Chaud-froid de volaille
	Agar-agar	Poudre d'agar-agar	Ajouter la poudre d'agar-agar dans la préparation et laisser prendre au frais. Servir froid.	

➜ À l'aide du document 4, associez les éléments de liaison aux préparations culinaires dans le tableau ci-dessous.

Préparations culinaires		Éléments de liaison	
Liaison finale de la blanquette de veau	A	Sang	
Chaud-froid de volaille	B	Crème	
Potage Parmentier	C	Œufs entiers	
Appareil à crème prise sucré	D	Gélatine	
Velouté	E	Roux	
Civet	F	Pommes de terre	

ACTIVITÉ 4

Connaître la composition, la classification, la réglementation, les préparations dérivées, les applications culinaireset produits semi-élaborés, maîtriser les phases de fabrication des sauces émulsionnées

Doc. 5

Classification	Dénomination	Composition	Phases de fabrication	Règles à observer	Sauces dérivées
Sauce froide instable	Sauce vinaigrette	Sel, poivre Vinaigre Huile	Dissoudre le sel et le poivre dans le vinaigre. Monter à l'huile.	Les ingrédients doivent être à la même température. Incorporer l'huile progressivement. Utiliser des ustensiles en inox. Respecter les proportions de base.	Sauce ravigote
Sauce froide stable	Sauce mayonnaise	Jaunes d'œufs Moutarde Sel, poivre Huile Vinaigre	Clarifier les œufs. Assaisonner les jaunes. Ajouter la moutarde. Monter à l'huile. Ajouter un peu de vinaigre.		Sauce cocktail (ketchup, cognac, Tabasco, sauce Worcestershire)
Sauce chaude émulsionnée	Beurre fondu	Eau Jus de citron Sel, poivre Beurre	Réduire l'eau, le jus de citron avec le sel et le poivre. Monter avec le beurre en parcelles très froid.	Le beurre en parcelles doit être très froid.	Beurre fondu aux herbes
	Beurre blanc	Échalotes Vinaigre de vin blanc Vin blanc Sel, poivre Beurre	Réaliser la réduction. Monter avec le beurre en parcelles bien froid.		Beurre nantais
Sauce chaude semi-coagulée	Sauce hollandaise	Jaunes d'œufs Eau Beurre clarifié Jus de citron Sel, poivre, piment de Cayenne	Réaliser un sabayon au bain-marie. Monter au beurre clarifié.	Utiliser du matériel inoxydable. Ne pas dépasser + 60 °C pour le sabayon. Incorporer le beurre progressivement hors du feu. Éviter un écart de température entre le sabayon et le beurre fondu.	Sauce mousseline
	Sauce béarnaise	Vinaigre blanc Vin blanc Échalotes Mignonnette Estragon et cerfeuil Jaunes d'œufs Beurre clarifié	Réaliser la réduction. Ajouter les jaunes d'œufs. Monter au bain-marie. Monter au beurre clarifié. Chinoiser. Ajouter les herbes hachées.		Sauce choron (tomate)

Doc. 6

Les sauces sont des préparations de base importantes qui permettent au cuisinier de montrer sa maîtrise des techniques culinaires et sa créativité.

Aujourd'hui, nous rencontrons de plus en plus des sauces semi-élaborées ou élaborées, fabriquées par l'industrie agroalimentaire, en cuisine collective et même en cuisine traditionnelle. Elles se présentent sous forme déshydratée (sauce hollandaise, demi-glace), en bidon (vinaigrette), en tube, en bocal ou en seau (mayonnaise).

Si ces produits permettent une meilleure maîtrise des coûts et une sécurité accrue en matière de santé publique, ils uniformisent les sauces. Il est donc indispensable de les personnaliser.

1 À l'aide du document 5, identifiez les sauces émulsionnées en fonction de leur composition et indiquez une sauce dérivée.

Sauce chaude émulsionnée		
Beurre blanc		
Beurre nantais		
Échalotes ciselées Vinaigre de vin blanc Vin blanc Sel, poivre Beurre	Jaunes d'œufs Sel, poivre Moutarde Huile Vinaigre	Vinaigre blanc Vin blanc Échalotes ciselées Mignonnette Estragon et cerfeuil Jaunes d'œufs Beurre fondu clarifié

2 Grâce à tous les éléments vus dans ce chapitre, associez le terme technique à sa définition.

- **Suer**
- **Dégorger**
- **Piler**
- **Mouiller**
- **Cardinaliser**
- **Réduire**
- **Blanchir**
- **Flamber**
- **Produit semi-élaboré**
- **Chinoiser**
- **Déglacer**
- **Produit élaboré**

Passer au chinois afin de séparer la partie liquide de la garniture aromatique.	Faire revenir sans coloration pour éliminer l'eau de végétation.	Immerger des arêtes dans de l'eau froide afin d'éliminer les traces de sang.
Ajouter un liquide pour permettre la cuisson d'un aliment	Cuire des crustacés jusqu'à ce qu'ils deviennent rouges.	Arroser d'alcool pour enflammer.
Décoller les sucs en ajoutant un liquide froid.	Immerger dans de l'eau puis porter à ébullition pour éliminer les impuretés ou l'excédent de sel.	Produit élaboré par l'industrie agroalimentaire et qui est servi tel quel ou réchauffé.
Produit qui a déjà subi une transformation par l'industrie agroalimentaire et qui doit être terminé par le cuisinier.	Réduire en purée avec un pilon.	Faire bouillir un mélange d'ingrédients jusqu'à ce que le volume de liquide diminue.

Je retiens

1 Connaître la composition, la classification, la réglementation, les préparations dérivées, les applications culinaires et produits semi-élaborés, maîtriser les phases de fabrication des fonds de base

Les fonds de base sont refroidis en cellule de refroidissement de + 63 °C à + 10 °C en moins de 2 heures et peuvent être conservés 3 jours en enceinte réfrigérée à + 3 °C. Les fonds de base sont utilisés pour réaliser des sauces, des glaces de viande, des gelées et des mouillements.
Ils se trouvent aussi en produits semi-élaborés déshydratés ou en pâte réfrigérée qui permettent une sécurité alimentaire et un gain de temps.

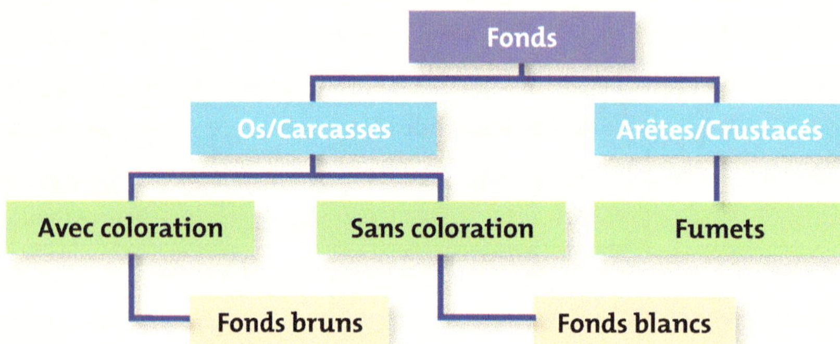

2 Connaître la composition, la classification, les utilisations, maîtriser les règles à observer pour la réussite des éléments de liaison

Les éléments de liaison sont des préparations de base intermédiaires qui permettent de lier une sauce, une farce ou un potage.

3 Connaître la composition, la classification, les préparations dérivées et produits semi-élaborés, maîtriser les phases de fabrication des sauces de base

Les sauces de base sont classées en fonction de leur couleur :
- blanches : veloutés de veau, de volaille, de poisson, sauce Béchamel ;
- brunes : fond brun lié, sauce espagnole, sauce poivrade ;
- autres : sauce tomate et sauce américaine.

4 Connaître la composition, la classification, les préparations dérivées et produits semi-élaborés, maîtriser les phases de fabrication des sauces émulsionnées

Les sauces émulsionnées sont classées en fonction de leur stabilité :
- sauce froide instable : vinaigrette ;
- sauce froide stable : mayonnaise ;
- sauce chaude émulsionnée : beurre fondu, beurre blanc ;
- sauce chaude semi-coagulée : sauce hollandaise, sauce béarnaise.

J'applique mes connaissances

Exercice 1

Classez les sauces suivantes.

- Sauce cocktail
- Sauce tomate
- Sauce Newburg
- Beurre fondu
- Sauce grand veneur
- Sauce chasseur
- Sauce poivrade
- Sauce allemande
- Beurre fondu aux œufs
- Sauce hollandaise
- Sauce béarnaise
- Velouté de veau
- Beurre nantais
- Fond brun de veau lié
- Sauce mousseline
- Sauce suprême
- Sauce Mornay
- Fond brun de volaille lié
- Sauce américaine
- Sauce mayonnaise
- Sauce Béchamel
- Sauce normande
- Sauce Madère
- Velouté de volaille
- Sauce bordelaise
- Velouté de poisson
- Sauce Bercy
- Sauce espagnole
- Sauce choron
- Beurre blanc
- Sauce ravigote
- Sauce bolognaise
- Sauce vinaigrette

Sauces de base		Sauces émulsionnées	
Blanches	Brunes	Froide instable	Froide stable
Autres		Chaude émulsionnée	Chaude semi-coagulée

Exercice 2

Répondez par vrai ou faux aux affirmations suivantes.

	Vrai	Faux
Je peux conserver un fond brun lié frais pendant une semaine en chambre froide positive.		
Je peux réaliser des fonds frais en restauration collective.		
J'utilise de préférence des arêtes de poissons gras pour réaliser un fumet de poisson.		
Le velouté est un fond de base lié au roux blanc.		
La sauce bordelaise est réalisée à partir de vin blanc.		
La sauce Béchamel est liée à la fécule.		

J'applique mes connaissances

Exercice 3

Répondez aux questions suivantes.

Questions	Réponses
Fabriquée à base de jaunes d'œufs, de moutarde et d'huile, je suis…	
Sauce dérivée de la sauce béarnaise à laquelle on a ajouté de la fondue de tomate, je suis…	
Réalisée à partir d'un mélange de 1/3 de vinaigre et 2/3 d'huile, je suis…	

Exercice 4

Classez les éléments de la liste suivante dans le tableau ci-dessous (les éléments ne peuvent être utilisés qu'une seule fois) en vous aidant de l'exemple.

- **Marinade de gibier**
- **Roux blanc**
- **Fond brun de gibier**
- **Vin blanc**
- **Poivre en grains**
- **Fond blanc de veau**
- **Fécule**
- **Champignons**
- **Cerfeuil**
- **Gelée de groseille**
- **Fond brun de volaille**
- **Crème**
- **Parures de gibier**
- **Sauce grand veneur**
- **Garniture aromatique**
- **Sauce chasseur**
- **Sauce allemande**
- **Échalotes**
- **Estragon**
- **Crème**

Fonds	+	Éléments de liaison	=	Sauce de base	+	Éléments complémentaires	=	Sauce dérivée
Fumet de poisson	+	Roux blanc	=	Velouté de poisson	+	Jus de champignons Jus d'huîtres Jaunes d'œufs Crème	=	Sauce normande
	+		=	Sauce poivrade	+		=	
			=	Velouté de veau	+		=	
			=	Fond brun de volaille lié	+		=	

18 Les farces, les beurres composés, les marinades, les courts-bouillons

OBJECTIFS

« En vrai professionnel, je dois être capable de... »
Classer, connaître la composition, les phases principales de fabrication, les applications culinaires, les utilisations, les règles d'hygiène et la réglementation des :
1. Beurres composés
2. Marinades
3. Farces
4. Courts-bouillons

DATE : ....

Fanny et Louis sont en compagnie du chef, qui prépare un beurre maître d'hôtel.

J'ANALYSE LA SITUATION

1 Proposeriez-vous du beurre maître d'hôtel dans votre carte ? Avec quel plat ?

....

2 Connaissez-vous le rôle du jus de citron dans cette préparation ?

....

3 Est-il utile de farcir une oie ?

....

Activité 1

Classer, connaître la composition, les phases principales de fabrication, les applications culinaires, les utilisations des beurres composés

Doc. 1

Les beurres composés peuvent être réalisés à froid ou à chaud. À froid, ils se composent de beurre en pommade dans lequel on ajoute des ingrédients crus ou cuits. À chaud, le beurre composé est élaboré principalement par infusion de carcasses de crustacés (beurre élaboré à chaud puis refroidi ou beurre rouge). Il est utilisé pour finir les sauces des crustacés.

1. À l'aide du document 1, replacez les termes ci dessous dans l'organigramme.

- **Beurres composés à chaud**
- **Ingrédients crus**
- **Ingrédients cuits**
- **Beurres composés à froid**
- **Infusion de carcasses de crustacés**

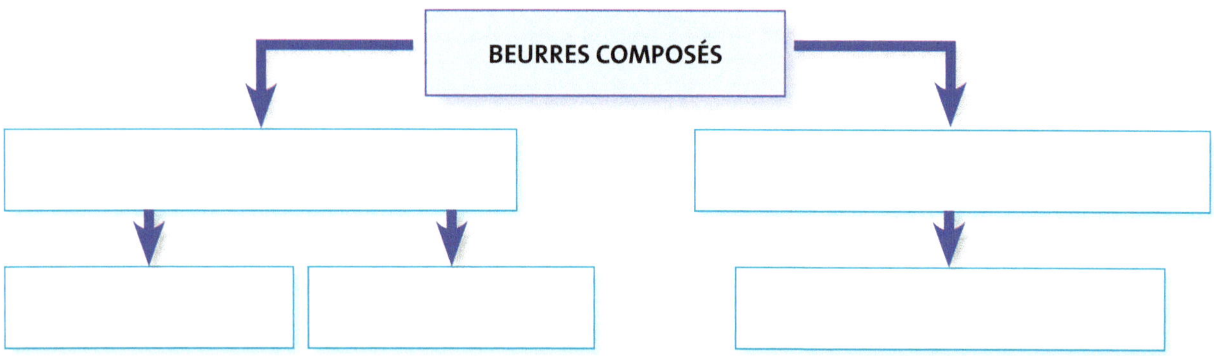

Doc. 2

Classification	Application culinaire	Utilisations	Composition	Phases de fabrication
Beurre composé à froid ingrédients crus	Beurre maître d'hôtel	• Accompagnement des viandes grillées (entrecôtes), des poissons grillés (darne de saumon) et frits (sole Colbert) • Réalisation de canapés (aux crevettes...)	• Beurre en pommade • Jus de citron • Persil haché	• Mettre le beurre en pommade. • Ajouter les ingrédients crus et mélanger de façon homogène. • Assaisonner.
	Beurre d'escargot		• Beurre en pommade • Ail • Persil haché • Échalotes ciselées	
Beurre composé à froid ingrédients cuits	Beurre Bercy		• Beurre en pommade • Réduction d'échalotes ciselées et vin blanc • Persil haché • Dés de moelle	• Mettre le beurre en pommade. • Ajouter les ingrédients cuits et mélanger de façon homogène. • Assaisonner.
	Beurre hôtelier		• Beurre en pommade • Jus de citron • Persil haché • Duxelles de champignons	
Beurre composé à chaud puis refroidi	Beurre de homard	Finition de sauce montée au beurre	• Beurre • Carcasses de homard	• Broyer les carcasses de crustacés au pilon. • Faire fondre le beurre au bain-marie avec les carcasses pilées (infuser). • Chinoiser dans de l'eau glacée. • Recueillir le beurre figé à la surface et le faire fondre au bain-marie pour le clarifier.

2 À l'aide des documents 1 et 2, répondez par vrai ou faux aux affirmations ci-dessous.

Affirmations	Vrai	Faux
Le beurre composé à chaud puis refroidi est aussi appelé beurre rouge.		
Le beurre maître d'hôtel se compose de beurre en pommade, de jus de citron, d'échalotes ciselées et de persil haché.		
Le beurre Bercy est un beurre composé à chaud puis refroidi.		

ACTIVITÉ 2

Classer, connaître la composition, les phases principales de fabrication, les applications culinaires des marinades

1 Dans le texte ci-dessous, surlignez en vert les trois types de marinades, et en rouge les résultats attendus d'une marinade.

Doc. 3

Les marinades sont des préparations de base qui permettent d'attendrir et de parfumer les chairs et de prolonger le temps de conservation. Elles sont composées principalement de vin et d'une garniture aromatique pour la marinade crue (gibelotte de lapin) ou cuite (civet de sanglier). Les marinades instantanées sont composées essentiellement d'huile et d'éléments acides ou aromatiques (rouget grillé) ou d'alcool (foie gras).

Classification	Composition	Utilisations	Phases de fabrication
Marinade crue	• Vin blanc ou rouge • Garniture aromatique (carottes, oignons, laurier...) • Vinaigre • Huile en petite quantité pour éviter l'oxydation du vin	Mariner les volailles (coq, lapin), les viandes blanches (baeckeofe)	• Réaliser les préparations préliminaires et tailler la garniture aromatique. • Immerger l'aliment à mariner dans le vin et ajouter la garniture aromatique. • Réserver au frais à couvert.
Marinade cuite		Mariner des viandes de gibier (sanglier, cerf, biche...)	• Réaliser les préparations préliminaires et tailler la garniture aromatique. • Suer la garniture aromatique, déglacer au vin, cuire 30 minutes à frémissement et refroidir. • Immerger l'aliment dans la marinade cuite. • Réserver au frais à couvert.
Marinade instantanée	• Huile • Jus de citron • Thym et laurier	Mariner les petites pièces à griller	Mélanger les ingrédients, enrober les aliments et laisser reposer quelques minutes avant leur cuisson.
	• Alcool • Assaisonnement	Mariner des pièces pour terrine	Arroser l'aliment d'alcool et laisser reposer au frais recouvert de film alimentaire.

2 À l'aide du document 3 surlignez, dans la liste ci-dessous, en vert les ingrédients nécessaires pour réaliser une marinade, et en bleu ceux nécessaires pour réaliser une marinade instantanée.

Fumet de poisson – Oignon – Vin rouge – Citron – Jus de veau – Huile – Laurier – Cognac

ACTIVITÉ 3

Classer, connaître la composition, les phases principales de fabrication, les applications culinaires des farces

Doc. 4

Dénomination	Applications culinaires	Composition	Phases de fabrication
FARCES GRASSES (à base de denrées d'origine animale)			
Farce mousseline	Farcir des préparations (jambonnette) ou réaliser des terrines.	• Chair (viande ou poisson, crustacés) • Blancs d'œufs • Crème à 35 % • Assaisonnement	• Mixer les chairs. • Coller aux blancs d'œufs. • Monter à la crème. • Assaisonner.
Farce à pâté	Réaliser des pâtés, des terrines.	• Chair (1/3 viande grasse et 2/3 viande maigre) • Œufs • Cognac • Assaisonnement	• Hacher les viandes. • Ajouter les œufs, le cognac et l'assaisonnement. • Mouler en terrine et cuire à four chaud.
Farce simple ou commune	Farcir des préparations (hachis parmentier, légumes farcis, fleischsnackas)	• Viandes cuites • Œufs • Mie de pain • Oignons, échalotes • Assaisonnement	• Suer les oignons et les échalotes. • Hacher les viandes cuites. • Mélanger tous les ingrédients. • Assaisonner. • Farcir les éléments.
Farce à gratin	Farcir des croûtons et des canapés pour volailles rôties.	• Foies de volaille • Échalotes • Cognac • Thym et laurier • Assaisonnement	• Sauter les foies. • Ajouter et suer les échalotes ciselées. • Flamber au cognac. • Mixer. • Assaisonner.
FARCES MAIGRES (à base de denrées d'origine végétale)			
Duxelles sèche	Farcir des préparations (œufs farcis Chimay, beurre hôtelier).	• Champignons • Échalotes • Persil haché	• Hacher les champignons. • Ciseler et suer les échalotes. • Ajouter les champignons. • Cuire à découvert. • Assaisonner et ajouter le persil haché.
Duxelles à farcir	Farcir des légumes (petits farcis niçois).	• Champignons, échalotes, persil haché • Vin blanc • Sauce espagnole • Mie de pain • Assaisonnement	• Confectionner une duxelles sèche. • Déglacer au vin blanc. • Mouiller à la sauce espagnole. • Réduire et lier à la mie de pain. • Assaisonner.
Farce américaine	Farcir des petites volailles (pigeons, caille...).	• Poitrine de porc fumée • Oignon • Mie de pain • Sauge • Assaisonnement	• Sauter les lardons. • Ajouter et suer les oignons ciselés. • Lier à la mie de pain. • Assaisonner. • Ajouter les feuilles de sauge ciselées.

1 À partir du document 4, indiquez la farce adaptée à chaque application culinaire.

Lettre	Application culinaire
A	Jambonnette de volaille
B	Terrine de campagne
C	Hachis parmentier
D	Œufs farcis Chimay
E	Caille farcie

Lettre	Dénomination des farces
	Farce simple ou commune
	Farce américaine
	Farce à pâté
	Farce mousseline
	Duxelles sèche

2 À l'aide du document 4, surlignez dans la liste ci-dessous :
- en rouge, les ingrédients de base pour la réalisation d'une farce à gratin ;
- en vert, les ingrédients de base pour la réalisation d'une farce mousseline.

Chair à saucisse – Blanc d'œuf – Mie de pain – Foies de volaille –
Viandes cuites (pot-au-feu) – Échalotes – Cognac – Crème – Chair de poisson

ACTIVITÉ 4

Classer, connaître la composition, les phases principales de fabrication, les applications culinaires des courts-bouillons

Doc. 5 Les courts-bouillons sont des préparations de base qui permettent de pocher des poissons entiers, en darnes, en tronçons ou en filets, des crustacés ou des coquillages.

Classification	Applications culinaires	Composition	Phases de fabrication
Court-bouillon classique (pocher départ à froid)	• Saumon en belle vue • Bulot au court-bouillon servi froid, sauce mayonnaise	• Eau • Carottes cannelées • Oignons en bracelet • Bouquet garni • Sel • Vin blanc ou rouge ou vinaigre • Poivre en grains	• Réaliser les préparations préliminaires et tailler la garniture aromatique. Confectionner un bouquet garni. • Porter l'eau à ébullition avec vinaigre, vin blanc ou vin rouge et les carottes cannelées. • Ajouter les bracelets d'oignon, prolonger la cuisson. • Ajouter les grains de poivre, refroidir.
Nage (pocher départ à chaud)	• Écrevisses à la nage • Truite au bleu	• Eau • Carottes cannelées • Oignons en bracelet • Bouquet garni • Sel • Vin blanc ou rouge ou vinaigre • Poivre en grains	• Réaliser les préparations préliminaires et tailler la garniture aromatique. Confectionner un BG. • Porter l'eau à ébullition avec vinaigre, vin blanc ou vin rouge et les carottes cannelées. • Ajouter les bracelets d'oignon, prolonger la cuisson. • Ajouter les grains de poivre, utiliser immédiatement sans refroidissement.
Court-bouillon simple (pocher départ à froid)	Filet de merlu poché, beurre blanc	• Eau • Jus de citron • Sel	Mélanger les ingrédients à froid.
Court-bouillon blanc (pocher départ à froid)	• Tronçons de turbot • Haddock	• Lait, eau • Sel • Citron pelé à vif en tranches	• Faire bouillir le lait. • Ajouter les autres ingrédients. • Refroidir

→ À l'aide du document 5, répondez aux affirmations suivantes par vrai ou faux.

Affirmations	Vrai	Faux
J'utilise un court-bouillon simple pour pocher un filet de volaille.		
Je réalise une truite au bleu en pochant le poisson dans une nage, départ à chaud.		
Je mets des zestes de citron dans le court-bouillon blanc.		
Je dois mettre du vin blanc, du vin rouge ou du vinaigre dans un court-bouillon classique.		
Je peux utiliser le court-bouillon blanc pour pocher départ à chaud.		

ACTIVITÉ 5

Connaître les règles d'hygiène et la réglementation des beurres composés, des farces, des marinades et des courts-bouillons

Doc. 6

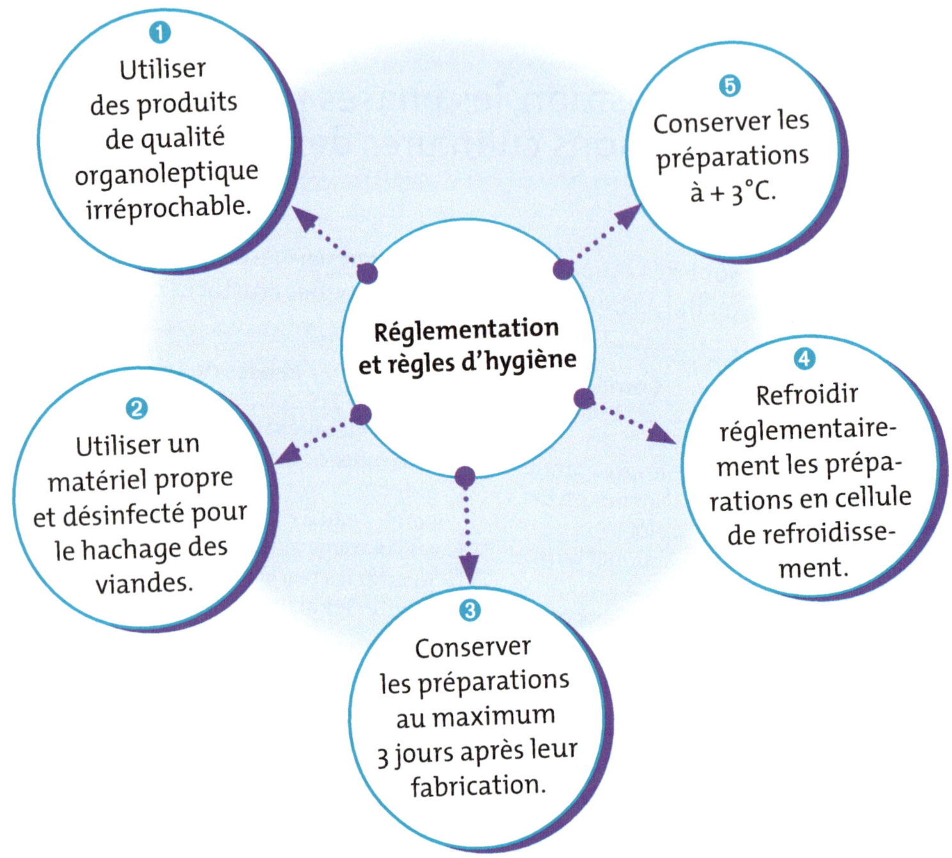

➜ À l'aide du document 6, répondez aux questions suivantes.

Questions	Réponses
Quelle est la température optimale de conservation des beurres composés ?	
Quelle est la durée de conservation des beurres composés ?	
Quelle préconisation doit être respectée dans l'entretien du matériel pour réaliser un hachage de viande ?	
Quel matériel est obligatoirement utilisé pour faire rapidement baisser la température d'une préparation de base ?	
Quelles conditions doivent remplir les produits utilisés pour réaliser les farces ?	
Quand doit-on hacher la viande destinée à être utilisée pour une farce ?	

Je retiens

1 Classer, connaître la composition, les phases principales de fabrication, les applications culinaires, les utilisations des beurres composés

Classification	Réalisation
• Beurre composé à froid ingrédients crus (beurre maître d'hôtel) • Beurre composé à froid ingrédients cuits (beurre Bercy)	• Pour les beurres composés à froid, mettre le beurre en pommade et ajouter les ingrédients crus ou cuits et un assaisonnement.
• Beurre composé à chaud puis refroidi (beurre d'écrevisse)	• Pour les beurres composés à chaud puis refroidis, infuser les carcasses dans le beurre fondu, chinoiser, refroidir et clarifier.

2 Classer, connaître la composition, les phases principales de fabrication, les applications culinaires, les utilisations des marinades

Classification	Réalisation
• Marinade crue (coq au vin) • Marinade cuite (civet de sanglier)	Les marinades sont composées principalement de vin et d'une garniture aromatique pour la marinade crue ou cuite.
• Marinade instantanée (darne de saumon grillée)	Les marinades instantanées sont composées essentiellement d'huile et d'éléments acides ou d'alcool.

3 Classer, connaître la composition, les phases principales de fabrication, les applications culinaires, les utilisations des farces

Les farces sont des préparations hachées ou mixées qui peuvent être liées à l'œuf ou à la mie de pain et assaisonnées selon le goût.

Classification	Applications culinaires	Dénomination	Applications culinaires
Farce mousseline	Jambonnette de volaille	Farce à gratin	Croûtons à farcir
Farce à pâté	Terrine de campagne	Duxelles sèche	Œufs farcis Chimay
Farce simple	Hachis parmentier	Duxelles à farcir	Petits farcis niçois
Farce américaine	Caille farcie		

4 Classer, connaître la composition, les phases principales de fabrication, les applications culinaires, les utilisations des courts-bouillons

Classification	Réalisation	Utilisations/Applications culinaires
Court-bouillon classique	Pocher départ à froid	Saumon en belle vue
Court-bouillon simple	Pocher départ à froid	Filet de merlu poché
Court-bouillon blanc	Pocher départ à froid	Tronçon de turbot
Nage	Pocher départ à chaud	Écrevisse à la nage

5 Connaître les règles d'hygiène et la réglementation des beurres composés, des farces, des marinades et des courts-bouillons

- La température de conservation est de + 3 °C, la durée optimale est de 3 jours.
- Il est indispensable d'utiliser un matériel propre et désinfecté.
- Le matériel utilisé est une cellule de refroidissement.
- Les produits doivent être de qualité organoleptique irréprochable.

J'applique mes connaissances

Exercice 1

Classez les beurres composés ci-dessous dans leur famille d'appartenance.

- Beurre maître d'hôtel
- Beurre hôtelier
- Beurre d'écrevisse
- Beurre d'escargot
- Beurre Bercy

Beurre composé à froid ingrédients crus	Beurre composé à froid ingrédients cuits	Beurre composé à chaud puis refroidi

Exercice 2

Répondez par vrai ou faux aux affirmations suivantes.

	Vrai	Faux
La farce américaine est une farce grasse.	☐	☐
La farce mousseline de poisson se compose de chair de poisson, de blancs d'œufs et de crème.	☐	☐
Les foies de volaille entrent dans la composition de la farce à gratin.	☐	☐
Les duxelles sont des farces à base de champignons.	☐	☐
Le hachis parmentier est réalisé à partir d'une farce à pâté.	☐	☐
La viande de pot-au-feu peut être utilisée pour réaliser une farce simple.	☐	☐

Exercice 3

Citez les marinades à utiliser pour les applications culinaires proposées.

Applications culinaires	Marinades
Gigue de chevreuil grand veneur	
Coq au vin	
Gibelotte de lapin	
Pavé de saumon grillé au thym	

Exercice 4

Énumérez les ingrédients indispensables pour réaliser les courts-bouillons suivants.

Court-bouillon simple	Court-bouillon classique au vin blanc	Court-bouillon blanc

19 Les cuissons

OBJECTIFS

« En vrai professionnel, je dois être capable de… »

1. Connaître les différents procédés de cuisson et maîtriser la conduite des différents modes de cuisson.
2. Choisir le procédé de cuisson en fonction de l'aliment à traiter.

DATE : ....

Fanny et Louis travaillent au « poste chaud », sous la responsabilité du chef saucier.

J'ANALYSE LA SITUATION

1 Quels sont les effets constatés de la cuisson sur les aliments ?

....

....

2 Citez deux aliments pouvant être sautés.

....

3 Citez deux modes de cuisson traditionnels pouvant être utilisés pour cuire un steak de bœuf.

....

ACTIVITÉ 1

Connaître les différents procédés de cuisson et maîtriser la conduite des différents modes de cuisson

Doc. 1

La cuisson sans brunissement

La cuisson sans brunissement est un procédé qui consiste à cuire des denrées dans un liquide et sans coloration. Le liquide de cuisson, qui s'enrichit d'éléments nutritifs et gustatifs au cours de la cuisson d'une viande ou d'un poisson, est généralement utilisé pour la réalisation d'une sauce.

	Modes de cuisson			
	Braiser un poisson Braiser un légume	Pocher départ à chaud	Pocher départ à froid	Pocher à court mouillement
Étape n° 1 Choisir le matériel	Rondeau bas avec couvercle	Russe, marmite, rondeau haut		• Plaque gastronorme • Plaque à poisson
Étape n° 2 Marquer en cuisson	• Foncer l'ustensile de cuisson avec une garniture aromatique suée. • Plaquer l'aliment à marquer en cuisson. • Mouiller à hauteur. • Porter à ébullition et cuire à frémissement et à couvert dans un four chaud. • Égoutter/décanter.	• Porter le liquide à ébullition. • Immerger l'aliment. • Cuire à frémissement (possibilité d'ajouter une garniture aromatique). • Écumer régulièrement si nécessaire. • Égoutter/décanter.	• Blanchir : immerger l'aliment et porter à ébullition. • Égoutter, rafraîchir et rincer. • Immerger l'aliment. • Porter à ébullition. • Ajouter une garniture aromatique. • Cuire à frémissement. • Écumer régulièrement si nécessaire. • Décanter.	• Plaquer le poisson. • Mouiller à hauteur avec un liquide froid. • Porter à ébullition. • Cuire à frémissement dans un four chaud recouvert d'un papier sulfurisé. • Égoutter/décanter.
Particularités/ Remarques	Hormis le fond de braisage des poissons, qui est généralement utilisé pour la réalisation d'une sauce, le liquide de cuisson n'est jamais conservé.	Hormis le bouillon (marmite) issu du pochage de viande de boucherie, qui est généralement clarifié et servi comme consommé, le liquide de cuisson n'est jamais conservé.	Le liquide de cuisson est généralement utilisé pour réaliser une sauce (sauce suprême, sauce pour blanquette).	Le liquide de cuisson est généralement utilisé pour réaliser une sauce (sauce vin blanc).
Applications culinaires	• Laitues braisées • Choux braisés • Turbot soufflé	• Pot-au-feu • Cuisson des œufs (durs, pochés) • Haricots verts à l'anglaise • Riz créole	• Blanquette de veau • Poularde pochée, sauce suprême • Pommes à l'anglaise	• Filet de lieu bonne femme • Filet de sole Dugléré

1 À l'aide du document 1, précisez le matériel adapté et le mode de cuisson correspondant aux applications culinaires.

Applications culinaires	Matériel à utiliser	Mode de cuisson adapté
Filet de lieu Dugléré		
Haricots verts à l'anglaise		

Doc. 2

La cuisson avec brunissement

La cuisson avec brunissement est un procédé qui consiste à cuire un aliment avec une matière grasse et sans liquide afin de provoquer une coloration à la surface, ce qui permet la conservation des éléments nutritifs et gustatif.

	Modes de cuisson				
	Sauter	**Rôtir**	**Poêler**	**Griller**	**Frire**
Étape n° 1 Choisir le matériel	Poêle, sautoir	Plaque à rôtir	Rondeau bas avec couvercle	Gril	Friteuse
Étape n° 2 Mettre en chauffe le matériel de cuisson avec un corps gras	• Huile d'arachide • Huile de tournesol • Huile d'olive • Beurre clarifié • Beurre clarifié + huile de tournesol	• Huile d'arachide • Huile de tournesol	• Huile d'arachide • Huile de tournesol	*Graisser l'aliment (marinade instantanée)* • Huile d'arachide • Huile de tournesol • Huile d'olive	• Huile d'arachide • Huile de tournesol • Végétaline • Coprah
Étape n° 3 Marquer en cuisson	• Saisir. • Retourner la pièce en cours de cuisson sans la piquer. • Assaisonner.	• Saisir. • Cuire à four chaud. • Arroser la pièce. • Assaisonner.	• Saisir. • Cuire à four chaud, à couvert et avec une GA. • Assaisonner.	• Quadriller. • Retourner la pièce en cours de cuisson. • Assaisonner.	• Frire. • Égoutter. • Assaisonner.
Étape n° 4 Débarrasser au chaud	Laisser reposer les aliments pour détendre les chairs afin d'obtenir une préparation moelleuse.				Servir aussitôt pour conserver le croustillant.
Particularités/ Remarques	**Sauter meunière :** • Fariner l'aliment. • Sauter. • Arroser de beurre noisette + jus de citron. **Sauter paner :** • Paner à l'anglaise. • Sauter. **Sauter déglacer :** • Sauter l'aliment. • Ajouter une GA. • Déglacer/réduire. • Mouiller. • Réduire. • Chinoiser.	**Réaliser un jus de rôti :** • Dégraisser partiellement si nécessaire. • Pincer les sucs. • Déglacer à l'eau. • Réduire. • Chinoiser.	**Réaliser un fond de poêlage :** • Dégraisser partiellement si nécessaire. • Pincer les sucs. • Déglacer/réduire. • Mouiller. • Réduire. • Chinoiser. • Glacer l'aliment.	Adapter la température du grill en fonction de l'aliment à cuire.	Ne pas clocher les aliments frits.
Applications culinaires	• Poulet sauté chasseur • Sole meunière • Escalope viennoise	• Poulet rôti • Contre-filet	Carré de veau poêlé Choisy	• Daurade grillée • Poulet grillé à l'américaine	Ailerons de volaille au curry

2 À l'aide du document 2, complétez le tableau suivant.

	Poulet			
Préparations préliminaires	Brider	Découper à cru	Ouvrir par le dos	Paner à l'anglaise des ailerons de poulet
Matériel à utiliser	Plaque à rôtir	Sautoir	Gril	Friteuse
Mode de cuisson	Rôtir			
Applications culinaires	Poulet rôti			

Doc. 3

La cuisson en atmosphère combinée

La cuisson en atmosphère combinée est un procédé qui consiste à colorer un aliment dans une matière grasse en début de cuisson afin de conserver les éléments nutritifs et gustatifs au cœur du produit. La cuisson de l'aliment se poursuit dans un liquide aromatique afin d'obtenir une viande en sauce.

	Modes de cuisson		
	Braiser une viande	**Ragoût à brun**	**Ragoût à blanc**
Étape n° 1 Choisir le matériel	Rondeau bas avec couvercle		
Étape n° 2 Mettre en chauffe le matériel de cuisson avec le corps gras	• Huile d'arachide • Huile de tournesol		
Étape n° 3 Marquer en cuisson	• Saisir. • Suer une garniture aromatique. • Déglacer. • Mouiller/assaisonner. • Porter à ébullition. • Cuire au four et à couvert. • Décanter/chinoiser. • Réduire. • Rectifier la liaison et l'assaisonnement. • Glacer la pièce de viande.	• Rissoler. • Suer une garniture aromatique. • Singer. • Déglacer. • Mouiller au fond brun/assaisonner. • Porter à ébullition. • Cuire au four et à couvert. • Décanter/chinoiser. • Rectifier la liaison et l'assaisonnement. • Napper la viande.	• Raidir. • Suer une garniture aromatique. • Singer. • Déglacer. • Mouiller au fond blanc/assaisonner. • Porter à ébullition. • Cuire au four et à couvert. • Décanter/chinoiser. • Rectifier la liaison et l'assaisonnement. • Saucer la viande.
Denrée d'origine animale à utiliser	Pièces de viande cuites entières : • Aiguillette baronne • Selle d'agneau • Longe de veau	Pièces de viande détaillées en morceaux : • Paleron • Macreuse • Gîte à la noix	Pièces de viande détaillées en morceaux : • Épaule • Poitrine • Collier
Applications culinaires	• Aiguillette de bœuf braisée bourgeoise • Jambon braisé au madère	• Estouffade bourguignonne • Veau marengo	Fricassée de veau à l'ancienne

3 À l'aide du document 3, indiquez, pour chaque application culinaire, la pièce de viande recommandée et le mode de cuisson adapté.

Application culinaire	Pièce de viande recommandée	Mode de cuisson adapté
Estouffade bourguignonne		
Aiguillette de bœuf braisée bourgeoise		
Fricassée de veau à l'ancienne		

4 Indiquez les trois termes culinaires utilisés dans le mode de cuisson en atmosphère combinée pour colorer une pièce de viande en début de cuisson.

• .... • ....

• ....

Doc. 4

Cas particuliers

Ces modes de cuisson nécessitent l'utilisation d'un matériel spécifique.

	Modes de cuisson			
	Cuisson à la vapeur	Cuisson sous vide à basse température	Cuisson programmable avec un matériel spécifique	Cuisson au four à micro-ondes
Étape n° 1 Identifier l'aliment à traiter	Viandes de boucherie Produits de la mer et d'eau douce Fruits et légumes			Aliments de petite taille riches en eau
Étape n° 2 Choisir le matériel	• Polycuiseur • Four à vapeur avec ou sans pression • Couscoussier	• Sachet étanche thermorésistant • Cloche sous vide • Four vapeur sans pression • Bain-marie thermostaté	• Polycuiseur avec programmation • Enceinte de cuisson programmable et spécifique	• Four à micro-ondes
Étape n° 3 Marquer en cuisson	• Placer l'aliment sur une plaque gastronorme perforée. • Assaisonner. • Mettre au contact de la vapeur.	• Placer l'aliment à cuire dans un sachet thermorésistant. • Mettre sous vide. • Cuire à basse température par immersion ou à la vapeur.	• Suivre les instructions de la programmation en fonction du résultat voulu.	• Placer l'aliment dans un support filmé. • Disposer dans l'enceinte du four à micro-ondes. • Choisir la puissance adaptée. • Cuire par intermittence.
Particularités/ Remarques	La vapeur ne permet pas l'osmose.	• Il est possible de saisir l'aliment avant ou après cuisson. • L'aliment peut être mis en sachet avec une garniture et/ou un liquide aromatique.	C'est le résultat de la cuisson sur l'aliment qui détermine le programme.	Le four à micro-ondes est généralement utilisé comme matériel de remise en température.

5 Répondez aux affirmations suivantes par vrai ou faux.

	Vrai	Faux
Un bouillon parfumé transmet ses saveurs au cours d'une cuisson à la vapeur.		
Un aliment peut être saisi avant d'être mis sous vide.		
Un bain-marie thermostaté permet de cuire un aliment à la vapeur.		
Un aliment cuit au four à micro-ondes ne doit jamais être filmé.		
La cuisson au four à micro-ondes doit s'effectuer par intermittence.		

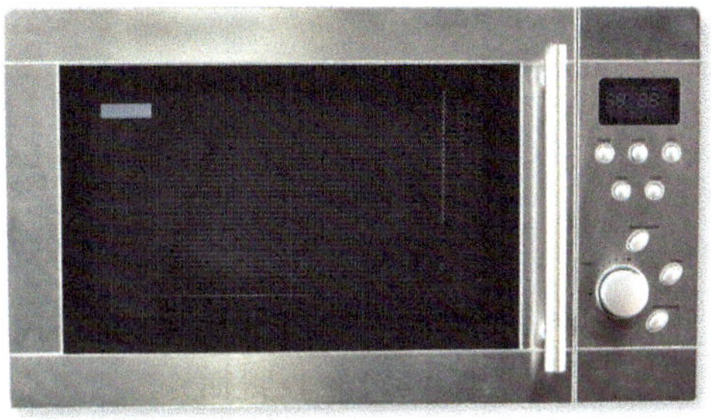

ACTIVITÉ 2

Choisir le procédé de cuisson en fonction de l'aliment à traiter

Doc. 5

Aliments à traiter

Petites pièces	**Grosses pièces entières ou détaillées**
• Viande de boucherie, volaille, gibier • Tournedos, escalope, piccatas • Poisson et crustacés • Noix de Saint-Jacques, darne de saumon, truite • Légumes taillés • Pommes allumettes, haricots verts à l'anglaise	• Viande de boucherie, volaille, gibier • Macreuse, paleron, aiguillette baronne, épaule, poitrine • Poisson et crustacés • Saumon, bar, homard, langouste • Légumes entiers • Laitue, fenouil

	CUISSONS COURTES				CUISSONS LONGUES		
Milieu de cuisson	En ambiance sèche	En ambiance humide	En ambiance sèche avec élaboration de sauce	Par immersion dans un liquide	En ambiance sèche	En ambiance humide	Par immersion dans un liquide
Modes de cuisson	Rôtir Sauter Frire Griller	Sous vide Vapeur	Sauter par déglaçage	Pocher à court mouille-ment Pocher	Rôtir	Poêler Vapeur Sous vide	En ragoût Braiser Pocher

Cas particulier : la cuisson programmable avec un matériel spécifique concerne tous les aliments pour une cuisson de courte ou de longue durée.

➜ À l'aide du document 5, associez chaque procédé de cuisson au mode de cuisson adapté.

Procédés de cuisson		Modes de cuisson	
Cuisson longue en ambiance humide	A	Frire	
Cuisson longue en ambiance sèche	B	Pocher à court mouillement	
Cuisson courte par immersion dans un liquide	C	Ragoût à brun	
Cuisson longue par immersion dans un liquide	D	Poêler	
Cuisson courte en ambiance sèche	E	Vapeur	
Cuisson courte en ambiance humide	F	Rôtir	

Je retiens

1 Connaître les différents procédés de cuisson et maîtriser la conduite des différents modes de cuisson

Procédés de cuissons	Modes de cuisson	Procédures
Cuisson sans brunissement	• Pocher départ à froid • Pocher départ à chaud • Pocher à court mouillement • Braiser un poisson/un légume	L'aliment est cuit par immersion, généralement avec une garniture aromatique et sans coloration préalable.
Cuisson avec brunissement	• Sauter • Rôtir • Poêler • Griller • Frire	L'aliment est coloré et sa cuisson s'effectue dans une ambiance sèche.
Cuisson en atmosphère combinée	• Braiser une viande • Ragoût à brun • Ragoût à blanc	L'aliment est cuit par immersion, avec une garniture aromatique et avec une coloration préalable. La cuisson s'effectue au four et à couvert.
Cas particuliers	• Cuisson à la vapeur • Cuisson sous-vide à basse température • Cuisson programmable avec un matériel spécifique • Cuisson au four à micro-ondes	L'utilisation des nouvelles technologies permet d'obtenir une juste cuisson des aliments.

2 Choisir le procédé de cuisson en fonction de l'aliment à traiter

Petites pièces = cuisson courte	Grosses pièces = cuisson longue	Grosses pièces = cuisson longue
• Tournedos • Steak • Escalope de dinde • Darne de saumon • Noix de Saint-Jacques • Pommes allumettes	• Contre-filet • Poulet • Carré de porc • Longe de veau • Saumon • Macreuse	• Macreuse • Paleron • Gîte à la noix • Épaule • Poitrine
• Sauter • Griller • Frire • Pocher à court mouillement • Pocher départ à chaud	• Rôtir • Poêler • Pocher à court mouillement • Pocher départ à froid • Pocher départ à chaud	• Braiser • Ragoût à blanc • Ragoût à brun

J'applique mes connaissances

J'applique mes connaissances

Exercice 1

◆ Répondez aux affirmations suivantes par vrai ou faux.

	Vrai	Faux
Je peux griller un tournedos.	☐	☐
Je peux cuire un filet de poisson au four à micro-ondes.	☐	☐
Je classe les « sauter déglacer » dans les procédés de cuisson en atmosphère combinée.	☐	☐
Je peux utiliser de l'huile de tournesol pour frire un aliment.	☐	☐
Je dois cuire une préparation mise sous vide à basse température.	☐	☐
J'utilise une plaque à débarrasser pour pocher un poisson à court mouillement.	☐	☐
Je ne dois jamais réutiliser le liquide de cuisson d'un pocher départ à froid.	☐	☐
Je peux cuire sous vide une aiguillette baronne.	☐	☐
J'utilise un four traditionnel pour cuire un ragoût à brun.	☐	☐
Je dois laisser reposer une viande sautée après sa cuisson afin d'obtenir une chair moelleuse.	☐	☐

Exercice 2

◆ Classez les modes de cuisson listés ci-dessous selon le procédé de cuisson auxquels ils correspondent.

- **Frire**
- **Braiser**
- **Pocher à court mouillement**
- **Pocher départ à froid**
- **Ragoût**
- **Sauter meunière**
- **Poêler**

Cuisson sans brunissement	Cuisson avec brunissement	Cuisson en atmosphère combinée

20 Les potages

OBJECTIFS

« En vrai professionnel, je dois être capable de... »

1. Classer les différents potages.
2. Maîtriser la fabrication des potages de base.
3. Connaître la composition et les dérivés des potages de base.
4. Observer les principales règles d'hygiène et les règles de présentation.

DATE : ....

Fanny et Louis sont au poste entremétier. Ils participent aux préparations des potages.

J'ANALYSE LA SITUATION

1. Quelles sont les différentes formes de potages évoquées par le chef ?

....

2. Quelle est la différence entre une soupe et un potage ?

....

....

....

3. À quel moment du repas sert-on les potages ?

....

ACTIVITÉ 1

Classer les différents potages

Doc. 1

La classification des potages

LES POTAGES

POTAGES LIÉS
(avec liaison)
Familles :
- Potage de légumes frais mixés
  Potage Parmentier
- Potage de légumes secs mixés
  Potage Saint-Germain
- Potage à base de légumes taillés
  Potage minestrone
- Veloutés et crèmes
  Velouté Dubarry
  Crème de champignons
- Bisques
  Bisque de homard

POTAGES CLAIRS
(sans liaison)
Familles :
- Consommé double (clarifié)
  Consommé madrilène
  Consommé brunoise
- Consommé simple (non clarifié)
  Bouillon de bœuf

SOUPES
(potage lié à caractère régional ou local)
Familles :
- Soupes régionales
  Tourin, soupe de poisson...
- Soupes froides
  Vichyssoise, gaspacho

➜ À l'aide du document 1, indiquez la classification et la famille des potages.

Illustration	Dénomination	Classification	Famille
	Potage Parmentier		
	Tourin		
	Bisque d'écrevisse		
	Potage Saint-Germain		
	Gaspacho		
	Minestrone		

Activité 2

Maîtriser la fabrication des potages de base

Doc. 2

Famille	Application culinaire	Phases principales de fabrication
Consommé	Consommé de volaille	Blanchir la viande. Égoutter, rincer. Pocher départ à froid. Ajouter la garniture aromatique (GA). Assaisonner.
Potage de légumes mixés	Potage Parmentier	Émincer les blancs de poireaux, détailler les pommes de terre en gros cubes. Suer les blancs de poireaux. Mouiller avec l'eau froide, porter à ébullition. Ajouter les pommes de terre. Assaisonner. Cuire 20 minutes à frémissement. Mixer.
Potage de légumes taillés	Potage paysanne	Voir exercice.
Potage de légumes secs	Potage Saint-Germain	Suer la GA. Mouiller à l'eau froide, ajouter un morceau de poitrine salée et un bouquet garni (BG). Ajouter les pois cassés lavés. Cuire à frémissement pendant 45 minutes. Assaisonner aux 3/4 de la cuisson. Mixer.
Veloutés et crèmes	Velouté Dubarry	Préparer le chou-fleur. Émincer les blancs de poireaux. Suer les blancs de poireaux, singer. Mouiller avec l'eau froide ou du fond blanc de volaille ou du lait. Porter à ébullition, assaisonner. Ajouter le chou-fleur. Cuire 20 minutes à frémissement. Mixer et crémer.
Bisques	Bisque de homard	Cardinaliser les carapaces de homard. Suer la GA. Flamber au cognac. Déglacer au vin blanc. Mouiller avec du fumet de poisson. Ajouter le concentré de tomate, les tomates concassées et le BG. Assaisonner et cuire 30 minutes. Broyer au pilon et cuire 20 minutes. Mixer et chinoiser. Lier avec le riz et crémer. Mixer et chinoiser.
Soupes	Soupe à l'oignon	Compoter les oignons émincés. Singer. Mouiller avec du consommé ou du bouillon de bœuf. Cuire 20 minutes.

→ À l'aide du document 2, indiquez les étapes à respecter pour la réalisation d'un potage à base de légumes taillés.

- **Tailler les légumes en paysanne**
- **Mouiller avec l'eau froide, porter à ébullition**
- **Ajouter les pommes de terre et le chou**
- **Suer les blancs de poireaux, puis les carottes, navets et céleri**
- **Ajouter les petits pois et les haricots verts cuits à l'anglaise**
- **Tailler en paysanne les pommes de terre**
- **Cuire 20 minutes à frémissement**
- **Assaisonner**

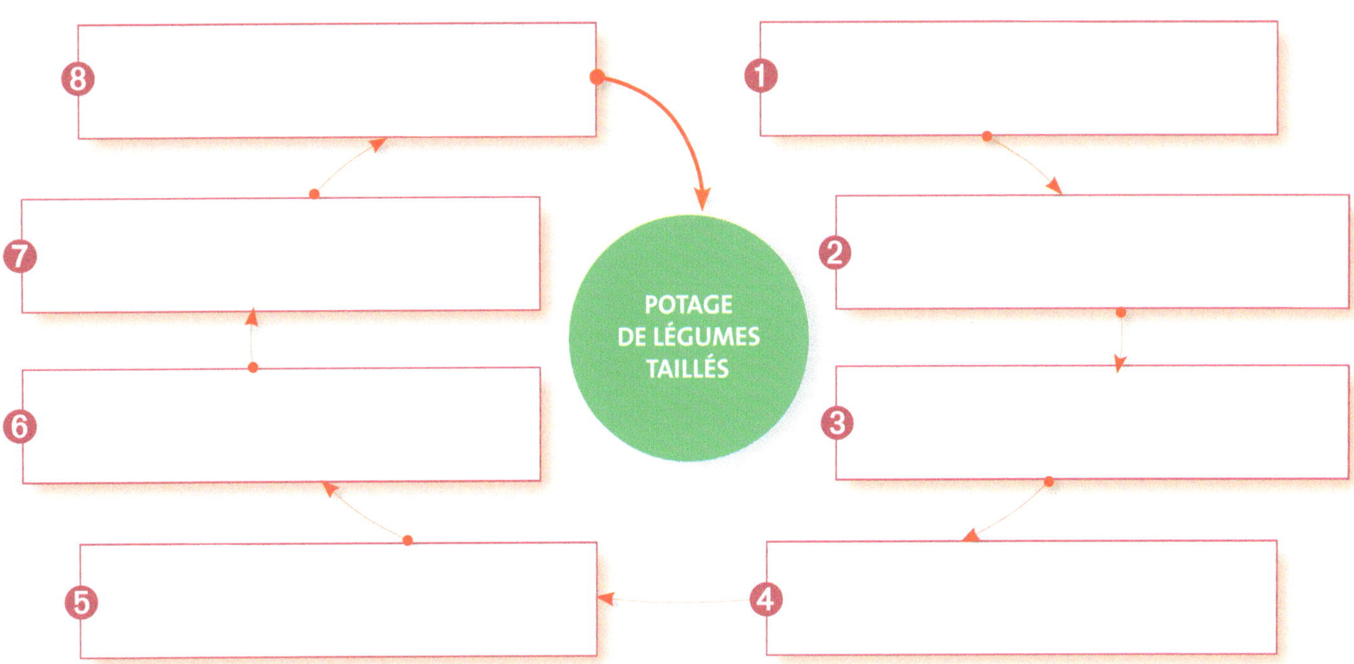

Activité 3

Connaître la composition et les dérivés des potages de base

Doc. 3

Dénomination des potages de base	Éléments de base	Application culinaire et sa garniture d'accompagnement	Dérivés
Consommés	Viande de bœuf GA (carottes, oignon, céleri branche)	Consommé de bœuf *Garniture* : Quenelles de moelle	Consommé brunoise (consommé de bœuf + brunoise de carottes, navet et céleri cuits à l'anglaise)
Potage de légumes mixés	Blancs de poireaux Pommes de terre	Potage Parmentier *Garniture* : Pluches de cerfeuil	Potage julienne Darblay (potage Parmentier + julienne de légumes étuvée au beurre)
Potage de légumes taillés	Blancs de poireaux Carottes Céleri Navets	Potage paysanne *Garniture* : Pluches de cerfeuil, gruyère tamisé, tranche de baguette toastée, chou	Minestrone (potage cultivateur + concentré de tomate + petits pois + haricots verts + spaghettis + ail et basilic)
Potage de légumes secs	GA (carottes et oignons) Poitrine de porc salée Pois cassés BG	Potage Saint-Germain *Garniture* : Petits pois cuits à l'anglaise, pluches de cerfeuil, croûtons de pain de mie frits	Potage Suzon (potage Saint-Germain + cordon de crème + œufs pochés)
Veloutés et crèmes	Blancs de poireaux Carottes Navets Pommes de terre	Crème de légumes *Garniture* : Pluches de cerfeuil	Crème Dubarry (à base de chou-fleur + sommité de chou-fleur)
Bisques	Carapaces de homard GA (oignon, carottes) Cognac Fumet de poisson Vin blanc Concentré de tomate	Bisque de homard *Garniture* : Chair de homard	Bisque d'écrevisse (identique à la bisque de homard mais à base d'écrevisses)
Soupes	Oignons Bouillon de bœuf	Soupe à l'oignon *Garniture* : Croûtons, gruyère et gratinée	Soupe tourin

→ À l'aide du document 3, entourez les ingrédients nécessaires à la réalisation d'un potage paysanne dans la liste ci-dessous.

Liste d'ingrédients	
Haricots verts	Céleri
Chou	Petits pois
Fumet de poisson	Œufs
Carottes	Gruyère
Vin blanc	Chair de homard
Pommes de terre	Navets
Pluches de cerfeuil	Cognac
Carapaces de homard	Concentré de tomate
Tranche de baguette toastée	Blancs de poireaux

Activité 4

Observer les principales règles d'hygiène et les règles de présentation

Doc. 4 — Règles d'hygiène

- Pour une consommation différée, refroidir les potages de + 63 °C à + 10 °C en moins de 2 heures.
- Conserver les potages à + 3 °C pendant 3 jours maximum.
- Servir les potages à + 63 °C minimum.
- Utiliser des produits présentant une qualité physique sans défaut.
- Servir le gaspacho et la vichyssoise à + 3 °C.

Doc. 5 — Règles de présentation

- Dresser en soupière avec couvercle et doublure, sur papier dentelle.
- Dresser le gaspacho ou la vichyssoise en tasse individuelle.
- Dresser en bol individuel ou en assiette creuse.
- Dresser la garniture dans le contenant ou à part.

➜ À l'aide des documents 4 et 5, répondez par vrai ou faux aux affirmations suivantes.

Affirmations	Vrai	Faux
Les gaspachos sont servis à température ambiante.		
Pour une consommation différée, les potages peuvent être conservés à +3 °C pendant 3 jours maximum.		
Pour une consommation différée, les potages sont soumis aux mêmes règles que les autres mets.		
Les potages peuvent être dressés en bols individuels, en assiette creuse ou en soupière.		
Les potages permettent d'utiliser des légumes qui ne présentent plus les caractéristiques physiques de qualité.		
Les garnitures d'un potage sont toujours servies à part.		

Je retiens

1 Les différents potages

Les potages clairs	Les potages liés	Les soupes
• Les consommés simples • Les consommés doubles	• À base de légumes mixés • À base de légumes taillés • À base de légumes secs • Les veloutés et crèmes • Les bisques	• Les soupes régionales • Les soupes froides

2 La fabrication des potages de base

Les techniques de fabrication des potages et soupes varient en fonction de la nature du produit et du résultat que l'on veut obtenir.

- Les consommés sont généralement clarifiés et s'appellent consommés doubles dans ce cas.
- Les potages de légumes frais sont taillés ou mixés.
- Les potages de légumes secs sont assaisonnés aux ¾ de la cuisson.
- Les veloutés et crème sont liés au roux et/ou à la crème.
- Les bisques sont liées avec du riz.
- Les soupes ont un caractère régional ou national.

3 La composition et les dérivés des potages de base

L'application culinaire détermine la composition de la soupe ou du potage.

Consommé brunoise	Consommé clarifié + brunoise de légumes
Potage julienne Darblay	Potage Parmentier + julienne de légumes étuvée au beurre
Minestrone	Potage paysanne + poitrine de lard salé + concentré de tomate + petits pois + haricots verts + spaghettis + ail + basilic
Velouté Dubarry	Crème de légumes à base de chou-fleur
Bisque de homard	Potage réalisé à base de carapaces de homard
Soupe à l'oignon	Recette traditionnelle française

4 Les principales règles d'hygiène et les règles de présentation

Les principales règles d'hygiène et de présentation à respecter sont les suivantes.

- Utiliser des produits frais.
- Servir les potages à + 63 °C ou à + 3 °C suivant leur nature.
- En cas de consommation différée, refroidir les potages de + 63 °C à + 10 °C en moins de 2 heures.
- Les potages peuvent être servis en soupière, en assiette creuse ou en tasse individuelle pour les soupes froides.

J'applique mes connaissances

J'applique mes connaissances

Exercice 1

Classez les potages ci-dessous dans leur famille d'appartenance.

- Gaspacho
- Crème Dubarry
- Consommé brunoise
- Potage Parmentier
- Minestrone
- Soupe à l'oignon
- Potage paysanne
- Potage Saint-Germain
- Bouillabaisse
- Potage vichyssoise

Potage de légumes secs	
Potage de légumes taillés	
Potage de légumes mixés	
Consommés	
Crèmes et veloutés	
Soupes régionales et nationales	
Soupes froides	

Exercice 2

Reclassez dans l'ordre chronologique les principales étapes de réalisation d'une bisque de homard.

- Mixer et chinoiser
- Mixer et chinoiser
- Lier avec le riz et crémer
- Suer la GA
- Flamber au cognac
- Assaisonner et cuire 30 minutes
- Broyer au pilon et cuire 20 minutes
- Déglacer au vin blanc
- Ajouter le concentré de tomate, les tomates concassées et le bouquet garni
- Mouiller avec du fumet de poisson
- Cardinaliser les carapaces de homard

J'applique mes connaissances
J'applique mes connaissances

Exercice 3

◆ Complétez la grille de mots croisés.

Horizontalement
1. Je suis l'élément de base de la crème Dubarry.
2. Je suis une herbe aromatique qui sert d'élément de décor pour les potages.
3. Je suis un terme culinaire qui signifie saisir des carcasses de crustacés.
4. Je suis un potage de légumes mixés à base de pommes de terre.

Verticalement
1. Je suis une technique permettant de rendre limpides les bouillons.
5. Je suis un élément de liaison de la famille des produits laitiers. Je suis utilisé pour les veloutés.
6. Je suis une soupe froide à base de tomates originaire d'Espagne.
7. Je suis un potage à base de crustacés.
8. Je suis un contenant permettant de servir le gaspacho.

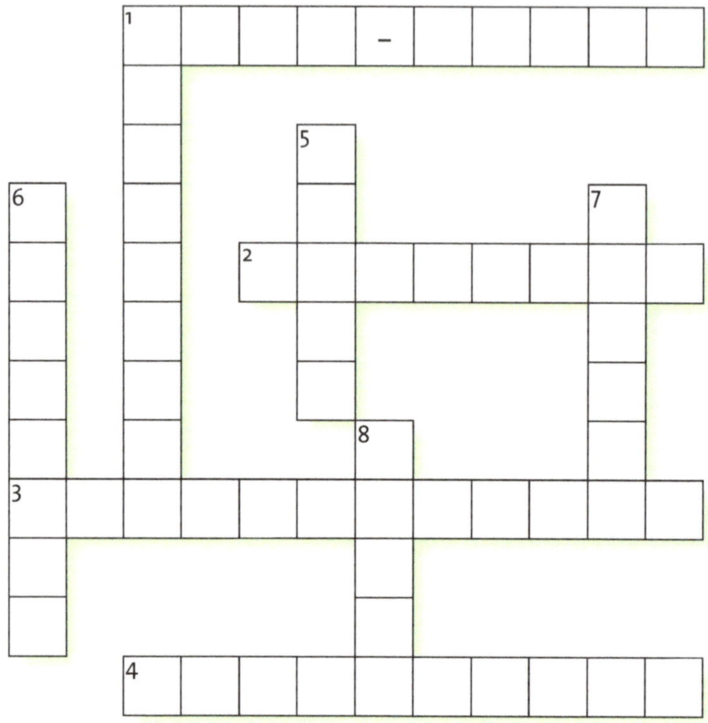

Exercice 4

◆ Associez les applications culinaires à leur élément de base.

Applications culinaires		Éléments de base	
Potage Parmentier	A	Carcasses de homard	
Bisque	B	Viande de bœuf	
Crème Dubarry	C	Pommes de terre	
Potage Saint-Germain	D	Pois cassés	
Consommé	E	Chou-fleur	

Exercice 5

◆ Classez les potages dérivés ci-dessous en fonction des potages de base du tableau.

- **Crème de courgettes**
- **Potage julienne Darblay**
- **Potage Suzon**

Potages de base	Potages dérivés	Éléments ajoutés
Potage Parmentier		
Potage Saint-Germain		
Crème de légumes		

21 Les hors-d'œuvre

OBJECTIFS

« En vrai professionnel, je dois être capable de... »

1. Classer les différents hors-d'œuvre.
2. Connaître la composition et les dérivés des hors-d'œuvre, maîtriser leur fabrication.
3. Observer les principales règles d'hygiène et les règles de présentation.

DATE : ....

Fanny et Louis sont au poste garde-manger. Ils préparent le buffet de hors-d'œuvre pour le déjeuner.

J'ANALYSE LA SITUATION

1 À quel moment du repas les hors-d'œuvre sont-ils servis ?

....

2 Sont-ils toujours servis froids ?

....

3 Quels hors-d'œuvre chauds Fanny peut-elle préparer ?

....

Activité 1

Classer les différents hors-d'œuvre

Doc. 1

Les hors-d'œuvre servis froids sont préparés par le garde-manger.

Classification	Hors-d'œuvre servis froids	
	Crus	**Cuits**
Légumes et fruits frais et secs	Salade niçoise Salade gourmande Crudités Coupe Florida	Chou-fleur à la grecque Salade de lentilles
Charcuteries	Jambon de Bayonne	Jambon de Paris
Produits de la pêche	Saumon fumé Saumon mariné Huîtres	Saumon en Bellevue Bulots
Viandes	Carpaccio	Rosbif
Œufs	Caviar	Œufs mimosa

Doc. 2

Les hors-d'œuvre servis chauds sont confectionnés par l'entremétier en collaboration avec le pâtissier.

Classification		Hors-d'œuvre servis chauds
		Applications culinaires
Pâtes de base	À nouilles	Ravioles au foie gras
	À frire	Beignets d'aubergine, fritots de cervelle
	À brioche	Saucisson en brioche
	Brisée	Quiche lorraine
	Feuilletée	Bouchée à la reine, allumette au fromage
	À chou	Gnocchi parisienne, gougère
Œufs	En coquille	Œuf coque, œuf mollet florentine
	Hors coquille	Omelette aux morilles
Produits de la pêche	Poisson	Filet de sole Dugléré
	Coquillage	Moules marinières
	Crustacé	Homard Thermidor
Céréales		Gnocchi à la romaine (semoule de blé) Risotto aux cèpes
Appareils		Soufflé au fromage

→ À l'aide des documents 1 et 2, classez les hors-d'œuvre listés ci-dessous selon leur famille d'appartenance. Déterminez le chef de partie responsable de leur élaboration.

- **Risotto aux cèpes**
- **Œufs mimosa**
- **Carpaccio**
- **Moules marinières**
- **Saumon fumé**
- **Céleri rémoulade**
- **Crudité de carottes**
- **Jambon de Paris**
- **Salade niçoise**
- **Chou-fleur à la grecque**

Classification	Hors-d'œuvre servis froids	Hors-d'œuvre servis chauds
Crus		
Cuits		
Chefs de partie responsables		

Activité 2

Connaître la composition et les dérivés des hors-d'œuvre, maîtriser leur fabrication

Doc. 3

	Classification	Application culinaire	Éléments de base Phases principales de fabrication	Dérivés et produits similaires
HORS-D'ŒUVRE SERVIS FROIDS	Légumes et fruits frais ou secs	Salade niçoise	Haricots verts, tomates, pommes de terre en robe des champs, poivron, olives, thon et anchois dressés sur laitue et assaisonnés de vinaigrette	Salade gourmande
		Crudité de carottes	Carottes râpées assaisonnées de vinaigrette	Crudité de radis
		Coupe Florida	Suprêmes d'oranges et pamplemousses	Salade Florida
	Charcuteries	Jambon de Bayonne	Jambon de porc salé au sel sec, séché puis enduit de graisse de porc et piment	Jambon d'Auvergne
		Jambon de Paris	Jambon désossé salé par injection de saumure et cuit généralement à la vapeur ou au bouillon	Jambon cuit des Ardennes
	Produits de la pêche	Saumon fumé	Saumon salé au sel de mer et fumé à froid	Salade de tagliatelles au saumon fumé
		Saumon en Bellevue	Saumon entier poché, décoré et lustré à la gelée	Truite en chaud-froid
	Viandes	Carpaccio	Fines tranches de bœuf cru marinées	Carpaccio de poisson
		Rosbif	Rôti de bœuf cuit au four ou à la broche servi froid en fines tranches	Salade de pot-au-feu
	Œufs	Caviar	Œufs d'esturgeon salés et maturés	Œufs de lump
		Œuf mimosa	Œufs durs farcis de leur jaune mélangé à de la sauce mayonnaise et à du persil haché	Œuf mayonnaise
HORS-D'ŒUVRE SERVIS CHAUDS	Pâtes de base	Beignets d'aubergine	Tranches d'aubergine dégorgées au sel puis enrobées d'une pâte à frire et frites	Beignets de courgette
		Saucisson en brioche	Saucisson poché, refroidi puis enrobé de pâte à brioche et cuit au four	Brioche au foie gras
		Allumette au fromage	Feuilleté garni de sauce Mornay de forme allongée	Talmouse en tricorne
		Gnocchi à la parisienne	Pâte à chou pochée dans l'eau et recouverte de sauce Mornay puis gratinée	Gougère (chou salé au fromage)
	Œufs	Œufs mollets florentine	Œufs mollets sur lit d'épinards sautés, nappés de sauce Mornay et gratinés	Œufs farcis Chimay
		Omelette aux morilles	Omelette roulée aux morilles (champignons)	Omelette au fromage
	Céréales	Risotto aux cèpes	Riz spécifique cuit façon pilaf par paliers et additionné de cèpes sautés	Risotto aux asperges
		Soufflé au fromage	Sauce Béchamel épaisse additionnée de fromage et de blancs d'œufs montés en neige, moulée et cuite au four	Soufflé au crabe

→ Quels hors-d'œuvre peuvent être réalisés à partir des ingrédients proposés dans la liste ci-contre ?

Tomate – concombre – haricot vert – gruyère – lait – pomme de terre – poivron – jambon – olives – thon – anchois – laitue – vinaigrette – pâte feuilletée – farine – jaune d'œuf – riz – épinard – beurre

Activité 3

Observer les principales règles d'hygiène et les règles de présentation

Doc. 4

Pour les hors-d'œuvre cuits servis froids, cuire les aliments à + 63 °C à cœur puis refroidir de + 63 °C à + 10 °C en moins de 2 heures.

Conserver les hors-d'œuvre à +3 °C pendant 3 jours maximum.

Les hors-d'œuvre servis sur plat qui n'ont pas été consommés ni touchés par les clients s'appellent une desserte. Ils peuvent être resservis le temps du service.

LES RÈGLES D'HYGIÈNE
LES RÈGLES DE PRÉSENTATION

Servir les hors-d'œuvre chauds à + 63 °C minimum.

Utiliser des produits présentant une qualité physique sans défaut.

Dresser les hors-d'œuvre en respectant les volumes et sans aplatir.

Servir les hors-d'œuvre froids à + 3 °C.

→ À l'aide du document 4, répondez par vrai ou faux aux affirmations ci-dessous.

Affirmations	Vrai	Faux
Les hors-d'œuvre sont conservés à + 3 °C pendant 3 jours maximum.		
Les hors-d'œuvre cuits servis froids doivent être cuits à cœur à + 65 °C puis refroidis à + 3 °C en moins d'une heure.		
Les hors-d'œuvre sont dressés en fonction de leur volume et ne sont jamais aplatis.		
Je peux servir des crudités sur plat rond ou sur assiette plate.		
La desserte peut être présentée à d'autres clients le temps du service.		
Les carottes dont la qualité ne permet plus d'être utilisées en accompagnement peuvent être râpées pour confectionner une salade de carottes.		

Je retiens

1 Classer les différents hors-d'œuvre

Hors-d'œuvre servis froids		Hors-d'œuvre servis chauds	
Classification	**Applications culinaires**	**Pâtes de base**	**Applications culinaires**
Légumes ou fruits frais ou secs	• Salade niçoise • Coupe Florida	Pâte à nouilles	• Ravioles au foie gras
		Pâte à frire	• Beignets d'aubergine
		Pâte à brioche	• Saucisson en brioche
		Pâte brisée	• Quiche lorraine
		Pâte feuilletée	• Allumette au fromage
		Pâte à chou	• Gnocchi parisienne
Œufs	• Caviar • Œufs mimosa	Œufs	• Œufs mollets florentine • Omelette aux morilles
Produits de la pêche	• Saumon fumé • Saumon en Bellevue • Huîtres	Produits de la pêche	• Filet de sole Dugléré • Moules marinières • Homard Thermidor
Viande	• Carpaccio • Rosbif	Céréales	• Gnocchi à la romaine (semoule de blé) • Risotto aux cèpes
Charcuteries	• Jambon de Bayonne • Jambon de Paris	Appareils	• Soufflé au fromage

2 Connaître la composition et les dérivés des hors-d'œuvre, maîtriser leur fabrication

La composition et les techniques culinaires à mettre en œuvre sont aussi variées que les applications culinaires. Elles sont fonction de la nature de l'élément principal qui compose le hors-d'œuvre et du résultat que l'on veut obtenir. L'application culinaire détermine la composition du hors-d'œuvre.

Salade niçoise	Haricots verts, tomates, pommes de terre en robe des champs, poivron, olives, thon et anchois dressés sur laitue et assaisonnés de vinaigrette
Jambon de Paris	Jambon désossé salé par injection de saumure et cuit généralement à la vapeur ou au bouillon
Rosbif	Rôti de bœuf cuit au four ou à la broche servi froid en fines tranches
Œufs mimosa	Œufs durs farcis de leur jaune mélangé à de la sauce mayonnaise et du persil haché
Saucisson en brioche	Saucisson poché, refroidi puis enrobé de pâte à brioche et cuit au four
Quiche lorraine	Pâte brisée garnie de fromage et de lardons, recouverte d'un appareil à crème prise salée et cuite au four
Allumette au fromage	Feuilleté garni de sauce Mornay de forme allongée
Œufs mollets florentine	Œufs mollets sur lit d'épinards sautés, nappés de sauce Mornay et gratinés
Moules marinières	Moules cuites dans une réduction d'échalotes au vin blanc
Soufflé au fromage	Sauce Béchamel épaisse additionnée de fromage et de blancs d'œufs montés en neige, moulée et cuite au four
Saumon fumé	Saumon salé au sel de mer et fumé à froid

3 Observer les principales règles d'hygiène et les règles de présentation

Les principales règles d'hygiène et de présentation à respecter sont les suivantes.

- Utiliser des produits frais.
- Servir les hors-d'œuvre chauds à + 63 °C minimum ou à + 3 °C maximum pour les hors-d'œuvre froids.
- Refroidir les hors-d'œuvre cuits de + 63 °C à + 10 °C en moins de 2 heures.
- Les hors-d'œuvre peuvent être servis sur plat ou sur assiette plate.

J'applique mes connaissances

Exercice 1

Reclassez dans l'ordre chronologique les principales étapes de réalisation d'une allumette au fromage.

- Terminer la sauce Mornay
- Réaliser les pesées
- Réaliser les deux premiers tours
- Réaliser les 3e et 4e tours
- Confectionner la sauce Mornay
- Réaliser les 5e et 6e tours
- Confectionner la détrempe
- Monter l'allumette au fromage
- Dorer et cuire au four à 200 °C pendant 25 minutes
- Préparer les éléments de décor de l'allumette au fromage
- Réaliser le roux blanc
- Détailler la pâte feuilletée

1.	7. ....
2.	8. ....
3.	9. ....
4.	10. ....
5.	11. ....
6.	12. ....

Exercice 2

Complétez la grille de mots croisés.

Horizontalement

1. Je suis une salade composée de laitue, tomate, pomme de terre, thon, poivron, olive et anchois.
2. Je suis un hors-d'œuvre chaud confectionné avec de la pâte à frire.
3. Je suis un hors-d'œuvre servi froid à base de pamplemousse et d'orange.
4. Je suis un coquillage que l'on prépare à la façon marinière.

Verticalement

5. Je suis la pâte de base qui compose l'allumette au fromage.
6. Je suis un hors-d'œuvre chaud confectionné avec des œufs battus.
7. Je suis le nom donné à des œufs farcis avec de la sauce Mornay et de la duxelles de champignons.
8. Je suis un hors-d'œuvre chaud préparé avec un riz spécifique.

22 La pâtisserie

OBJECTIFS

« En vrai professionnel, je dois être capable de... »

1. Connaître les pâtes de base.
2. Connaître les crèmes de base.
3. Connaître les entremets, les glaces et les appareils de base.
4. Connaître les règles de base de fabrication

DATE : ....

Fanny et Louis participent à l'élaboration d'un buffet de desserts.
Fanny va réaliser de la pâte à choux et Louis une tarte aux pommes.

J'ANALYSE LA SITUATION

1. Les choux et la tarte aux pommes ont-ils la même pâte de base ?

....

2. Fanny a-t-elle raison de vouloir prendre de l'avance ?

....

3. Est-il essentiel de peser les ingrédients pour réaliser les pâtisseries ?

....

Activité 1

Connaître les pâtes de base

Doc. 1

La classification des pâtes

LES PÂTES DE BASE

- **PÂTES SÈCHES** (farine, matières grasses)
  - Pâte brisée
  - Pâte sablée
  - Pâte feuilletée
- **PÂTES MOLLES** (farine, eau, lait, œufs)
  - Pâte à choux
  - Pâte à crêpes
  - Pâte à frire
- **PÂTES BATTUES** (farine, œufs)
  - Pâte à génoise
  - Biscuit roulé
- **PÂTES LEVÉES** (levure biologique)
  - Pâte à brioche
  - Pâte à savarin
- **PÂTES POUSSÉES** (levure chimique)
  - Pâte à cake

→ Prenez connaissance du document 1 puis complétez le tableau ci-dessous d'après l'exemple fourni.

Illustration	Dénomination	Pâte de base	Classification des pâtes
	Baba au rhum	Pâte à savarin	Pâte levée
	Beignet aux pommes		
	Cake		
	Galette des rois		
	Tarte aux pommes		
	Paris-Brest		
	Kouglof		
	Éclair		
	Marbré		
	Bûche de Noël		

ACTIVITÉ 2

Connaître les crèmes de base

Doc. 2 La classification des crèmes de base

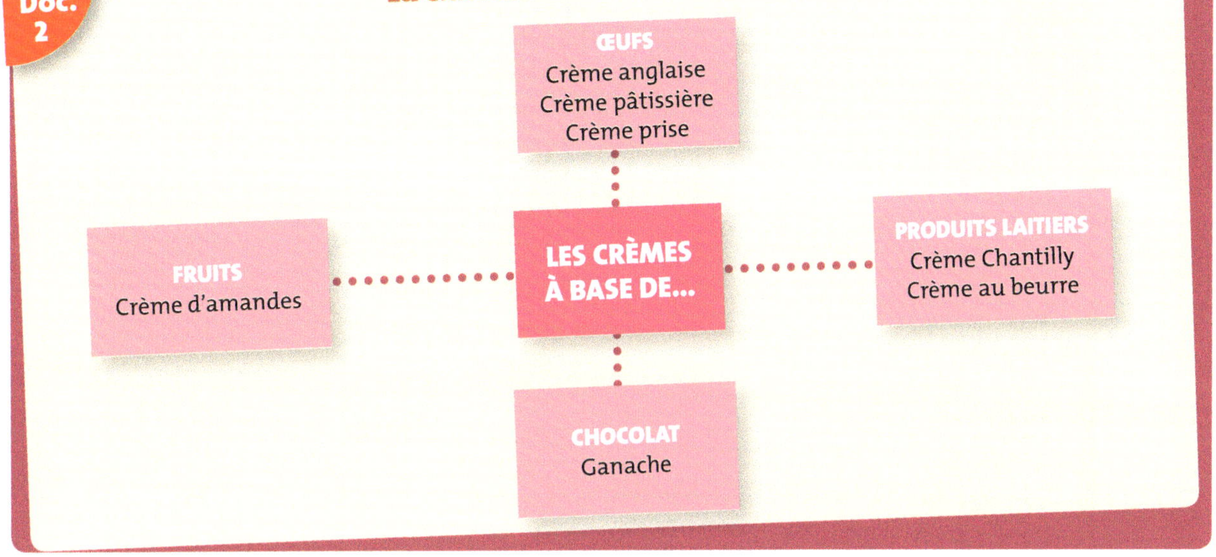

→ Prenez connaissance du document 2 puis retrouvez le nom de chaque crème dans le tableau ci-dessous à partir des descriptions.

- **Crème anglaise**
- **Crème pâtissière**
- **Crème Chantilly**
- **Crème d'amandes**
- **Ganache**
- **Crème prise**
- **Crème au beurre**

Description	Qui suis-je ?
Je roule à gauche et sers surtout de base à la réalisation de glaces. Il ne faut surtout pas me faire bouillir (+ 84 °C maximum) et on me cuit à la nappe.	
Je suis le mariage réussi du blanc et du noir, du chocolat et de la crème fleurette. Je sers à la réalisation de truffes ou pour des décors d'entremets.	
Je suis la plus aristocratique des crèmes. Je tiens mon nom du château où officiait Vatel. Je suis légère, sucrée et d'une blancheur immaculée.	
Je suis la crème la plus courante en pâtisserie. Je suis épaisse et homogène et j'entre dans la composition de diverses autres crèmes (mousseline, chiboust).	
Je suis une crème émulsionnée à base d'excellent beurre, de sucre et d'œufs. On me retrouve traditionnellement dans la buche de Noël.	
À l'Épiphanie, je partage la galette avec la fève.	
Je suis sûrement la plus simple à réaliser et je sers de base à plusieurs entremets, dont un que l'on sert renversé et nappé de caramel.	

Activité 3

Connaître les entremets, les glaces et les appareils de base

Doc. 3 — Les desserts

Compotes et fruits pochés
- fruits au sirop
- fruits pochés
- compotes

Entremets froids
- meringues
- bavarois
- mousses
- riz au lait
- tiramisu

Pâtisseries
Préparations sucrées réalisées à partir d'une pâte de base (tarte aux pommes, par exemple) ou par association d'une pâte de base et d'une crème de base (éclair au chocolat, par exemple).

Entremets glacés
- glaces
- sorbets
- vacherin
- nougat glacé
- soufflés glacés

Entremets chauds
- charlottes chaudes
- beignets
- crêpes
- omelettes sucrées
- soufflés
- fondants

Sauces d'accompagnement
- coulis (à base de fruits)
- sauces chocolat, caramel, orange

→ À l'aide du document 3, reclassez les desserts ci-dessous en fonction de leur famille d'appartenance.

- **Tarte Tatin aux pommes**
- **Mille-feuille à la pistache**
- **Poire pochée au vin rouge**
- **Vacherin glacé à la fraise**
- **Fondant au chocolat tiède**
- **Beignet d'ananas**
- **Soufflé glacé au chocolat**
- **Tiramisu à l'italienne**
- **Bavarois rubané**

Famille de préparation	Appellation du dessert
Entremets chauds	
Entremets froids	
Entremets glacés	
Compotes et fruits pochés	
Pâtisseries	

Activité 4

Connaître les règles de base de fabrication

Doc. 4 Les 10 règles de base pour réaliser des desserts

1 Utiliser du matériel en inox propre et désinfecté.

2 Utiliser des produits de première qualité et sains.

3 Refroidir les crèmes immédiatement à + 3 °C en cellule de refroidissement.

4 Conserver les crèmes à +3 °C en armoire ou chambre froide positive.

5 Utiliser les crèmes dans les 24 heures suivant leur fabrication.

6 Conserver les glaces et entremets glacés à – 21 °C.

7 Avoir une hygiène personnelle irréprochable (tenue vestimentaire soignée, ongles non vernis).

8 Respecter une hygiène irréprochable des locaux.

9 Ne pas goûter avec les doigts !

10 Ne fabriquer que la quantité nécessaire.

→ Étudiez le document 4 puis répondez aux questions ci-dessous.

Questions	Réponses
Le chef vous demande de stocker les pâtisseries en attendant leur mise en place sur le buffet. Précisez le lieu de stockage et la température optimale de conservation.	
Combien de temps peut-on conserver une crème anglaise ?	
Quelles conditions sont incontournables pour réussir une pâte brisée ?	
Précisez la température optimale de conservation d'une pâtisserie.	
Quel matériel est utilisé pour refroidir les crèmes de base ?	

Je retiens

1 Connaître et classer les pâtes de base

Classification des pâtes	Pâtes de base
Pâtes sèches	Pâte brisée/sablée/sucrée
Pâtes molles	Pâte à choux/à crêpes/à frire
Pâtes battues ou montées	Pâte à génoise/biscuit
Pâtes levées	Pâte à brioche/à savarin
Pâtes poussées	Pâte à cake/à madeleine

2 Connaître les crèmes de base

Les crèmes de base sont élaborées à partir de…	
Chocolat	Ganache
Produits laitiers	Crème Chantilly/au beurre
Fruits	Crème d'amandes
Œufs	Crème anglaise/pâtissière/prise

3 Connaître les entremets, les glaces et les appareils de base

Appareils	Meringues : française, italienne, suisse Glaces et sorbets Mousses et bavarois
Pâtisseries et entremets classiques	Tarte aux pommes, mille-feuille, éclair, savarin, Paris-Brest, saint-honoré, fraisier, tarte bourdaloue, forêt-noire…

4 Connaître les règles de base de la fabrication

Pour être de qualité, la pâtisserie doit s'appuyer sur :

- des matières premières de qualité (fraîcheur, origine) ;
- des techniques de fabrication maîtrisées (procédés de transformation) ;
- des locaux et du matériel adapté (hygiène, température) ;
- des connaissances technologiques (interactions entre les ingrédients).

J'applique mes connaissances

J'applique mes connaissances

Exercice 1

◆ Complétez la grille de mots croisés.

Verticalement

1. Entremets glacé à base de glace, meringue et Chantilly.

2. Crème de base utilisée pour la réalisation de truffes.

3. Pâtisserie à base de pâte levée.

Horizontalement

4. Famille d'appartenance de la pâte brisée.

5. Pâtisserie de forme allongée à base de crème pâtissière et de pâte à choux.

6. Sauce d'accompagnement à base de fruits.

Exercice 2

◆ Trouvez le nom d'une application culinaire à l'aide des trois indices.

Indice 1	Indice 2	Indice 3	Recettes à trouver
Pâte brisée →	Pommes →	Appareil à crème prise	
Pâte à choux →	Crème pâtissière →	Glacer au fondant	
Pâte à génoise →	Crème au beurre →	Amandes effilées	
Pâte à frire →	Fruits →	Glacer au sucre glace	

J'applique mes connaissances

J'applique mes connaissances

Exercice 3

◆ Identifiez les desserts ci-dessous grâce aux illustrations et indiquez quelle est leur pâte de base ou bien leur famille pour les entremets.

Illustration		
Nom du dessert		
Pâte de base		
Illustration		
Nom du dessert		
Pâte de base		
Illustration		
Nom du dessert		
Entremets		

Glossaire

Les produits laitiers	
Cash and carry	Mode d'approvisionnement professionnel en hôtellerie restauration. Les clients sont exclusivement des professionnels indépendants : détaillants alimentaires, cafetiers, hôteliers, restaurateurs, artisans. Les produits sont spécifiques et présentés dans des conditionnements adaptés (aujourd'hui jusqu'à 30 000 références en alimentaire et en marchandises générales, selon les sites). Les principales enseignes en France sont Métro, Promocash et Eurocash.
Pasteurisation	La pasteurisation est un procédé permettant la conservation des aliments. Inventée par Louis Pasteur en 1865, la pasteurisation consiste à chauffer un aliment à une température définie pendant une certaine période de temps avant de le refroidir rapidement. Les températures de pasteurisation varient entre + 70 °C et + 85 °C.
Stérilisation	La stérilisation est une technique destinée à éliminer tout germe microbien d'une préparation, par exemple, en la portant à haute température, c'est-à-dire de + 100 °C à + 180 °C. Elle a été inventée par Nicolas Appert, à la fin du XVIIIe siècle (appertisation).
UHT	Ultra haute température : procédé utilisé pour le traitement du lait en le portant à une température très élevé (jusqu'à + 150 °C) afin de détruire tous les micro-organismes. On parle alors de stérilisation. Cette méthode altère les qualités gustatives du lait en dénaturant les protéines.
Les œufs	
BOF	Beurre, œuf, fromage.
Clarifier	Séparer le jaune du blanc d'œuf.
DCR	Date de consommation recommandée.
Les produits de la mer et d'eau douce	
Aquaculture	L'aquaculture est le terme générique qui désigne toutes les activités de production animale en milieu aquatique.
Saumure	La saumure est de l'eau dans laquelle du sel est présent en très grande concentration afin de conserver des aliments (les crevettes, par exemple).
La pâtisserie	
Granité	Sorbet réalisé avec un sirop peu concentré (peu de sucre) et non turbiné. La préparation est prise en glace au congélateur.
Sangler	Technique permettant de congeler un mélange (appareil à bombe) pour une conservation courte.
Turbiner	Opération qui consiste à faire prendre en glace une crème anglaise ou un mix à l'aide d'une sorbetière.
Vanilline	Arôme au goût de vanille composé à partir de gousses de vanille naturelles.

Les volailles	
AOC	Appellation d'origine contrôlée.
Conformation	Rapport entre le développement de la masse musculaire et le poids total de la carcasse.
DLC	Date limite de consommation.
Ecchymose	Marque cutanée de couleur noire souvent due à un traumatisme.
OGM	Organisme génétiquement modifié.
PAC	Prêt à cuire.
Suprême	Partie de la volaille correspondant aux chairs situées sur la poitrine de l'animal et qui se prolonge par l'aile.
Volaille effilée	Volaille débarrassée de ses intestins afin de faciliter sa conservation.
Volaille éviscérée	Volaille entièrement vidée.
Le gibier	
Examen trichinoscopique	Diagnostic obligatoire devant être réalisé sur les sangliers abattus. Cet examen consiste à rechercher la présence de trichine, maladie parasitaire des viandes de gibier.
Les auxiliaires de cuisine	
BG	Bouquet garni.
GA	Garniture aromatique.
Les corps gras	
Point critique	Aussi appelé point de fumée. Température à laquelle le corps gras commence à se dégrader.
Point de fusion	Température à laquelle s'effectue le changement d'état du solide au liquide.

Crédits photographiques

Sauf mention contraire, les crédits se lisent de haut en bas et de gauche à droite.

Chapitre 1 – p. 10 : Fotolia.com/Jerome Dancette – Fotolia.com/Beatrice Preve – Fotolia.com/ razorconcept – Fotolia.com/Richard Villalon – Fotolia.com/Victor

Chapitre 2 – p. 18 : Fotolia.com/Rimglow – PhotoAlto International Food/Jean-Blaise Hall – PhotoAlto Fruit/Isabelle Rozenbaum (pomme, pamplemousse, framboises) – Fotolia.com/Felinda – PhotoAlto Vegetables/Isabelle Rozenbaum – Shutterstock.com/rj lerich.

Chapitre 4 – © Matfer pour tous les matériels sauf les suivants :
– Caplain : four à sole (p. 32)
– Fotolia.com : darne de saumon sautée/Karl Bolf ; longe de porc rôtie/Inferna ; chou-fleur au gratin/Claudio Calcagno ; brochette grillée/Yevgen Timashov ; crème chantilly/Gilles Paire ; steak haché sauté/Guy ; haricots verts vapeur/eyewave (p. 36 de ht en bas)
– Friginox/Photo Atelier Grand Angle : armoire réfrigérée (p. 28) ; armoire chaude (p. 33)
– Frima : four mixte ; Variocooking (p. 32)
– Gastrovac (p. 32) : DR
– Hobart : cellule de refroidissement (p. 29) ; trancheur universel (p. 29) ; batteur-mélangeur (p. 34) ; salamandre (p. 35)
– F. Leichtnam : éplucheuse (p. 28) ; bac à légumes (p. 28) ; grill (p. 30) ; machine sous-vide (p. 32) ; pince à tarte (p. 33)
– Pacoclean : Hold-o-mat (p. 32) ; Pacojet (p. 32)
– Rosinox/Photo Atelier Grand Angle : sauteuse basculante (p. 29) ; feux vifs (p. 32) ; plaque électrique et four statique (p. 32) ; bain-marie thermostaté (p. 33) ; friteuse (p. 34)
– Vorwerk : Thermomix (p. 32)

Chapitre 5 – p. 42 : Fotolia.com/Marc Rigaud – Fotolia.com/monregard – Fotolia.com/dinostock – Shutterstock.com/Edd Westmacott – Fotolia.com/Jörg Beuge – Shutterstock.com/Rafa Irusta – Fotolia.com/Dominique Vernier – Fotolia.com/Karl Bolf – Fotolia.com/Erwinova – Fotolia.com/6sous – Shutterstock.com/Vivid Pixels – Fotolia.com/Jérôme Castel – Fotolia.com/Lo Kiki (local poubelles) ; p. 47 : © Johnson Diversey (Cif est une marque Unilever utilisée sous licence par Johnson Diversey) sauf Fotolia.com/meailleluc.com (eau de javel)

Chapitre 6 – p. 57 : Fotolia.com/Pugstudio (feu rouge et feu vert) ; p. 60 : REA/Marta Nascimento – Fotolia.com/drx – Flunch REA/Gilles Rolle – Shutterstock.com/Steve Lovegrove – Fotolia.com/U.A. – REA/Richard Damoret

Chapitre 7 – p. 69 : Fotolia.com/Yves Rolland – Fotolia.com/Viktor ; p. 70 : Fotolia.com/superfood

Chapitre 8 – p. 79 : PhotoAlto Fruit/Isabelle Rozenbaum (orange, bananes, poire, fraise) – Fotolia.com/Volff (pêche) – Fotolia.com/Tomasz Wojnarowicz (noix) ; p. 84 : FNPPPT/Gernot ; p. 85 : Fotolia.com/Sarah Besson – Fotolia.com/Silvia Bogdanski – Fotolia.com/Mauro Rodrigues – Fotolia.com/Monika 3 Steps Ahead – Fotolia.com/Mimon – Fotolia.com/Claudio Calcagno – Fotolia.com/Claudio Calcagno – Fotolia.com/Zakharov Vitaly – Fotolia.com/Marc Rigaud – Fotolia.com/Marc Rigaud – Fotolia.com/Brett Mulcahy ; p. 87 : PhotoAlto Fruit/Isabelle Rozenbaum – Fotolia.com/arnowssr – PhotoAlto Fruit/Isabelle Rozenbaum – PhotoAlto Vegetables/Isabelle Rozenbaum – Fotolia.com/iMAGINE

Chapitre 9 – p. 90 : Eric Isselée – Shutterstock.com/Elena Schweitzer – Shutterstock.com/Alexander Kalina – Laiterie Le Gall ; p. 93 : Fotolia.com/Nimbus – Fotolia.com/Nimbus – Fotolia.com/bluesky6867 – Fotolia.com/Frédéric Combes – Fotolia.com/bluesky6867 – Fotolia.com/Nimbus – O. Vapaille

Chapitre 10 – p. 99 : Fotolia.com/Jerome Dancette – Fotolia.com/robynmac – Fotolia.com/dailyfood – Fotolia.com/20/21 – Fotolia.com/Jerome Dancette ; p. 104 : Fotolia.com/RomainQuéré – Matfer – Fotolia.com/Unclesam – F. Leichtnam – Fotolia.com/Alistair Cotton – Matfer – Fotolia.com/razorconcept – Matfer – Fotolia.com/Picturemaker – Rosinox/Photo Atelier Grand Angle – Fotolia.com/razorconcept – Rosinox/Photo Atelier Grand Angle

Chapitre 11 – p. 106 : Fotolia.com/Eric Isselée – Fotolia.com/soleg – Fotolia.com/Eric Isselée – Fotolia.com/ Mikhail Blajenov – Fotolia.com/Irochka – Fotolia.com/Marilyn Barbone – Fotolia.com/Eric Pothier – Fotolia.com/Raphaël Haentjens – Shutterstock.com/Dudarev Mikhail – De Jaeger – Fotolia.com/Aurélie Godot – Fotolia.com/Focalexus ; p. 108 : Fotolia.com/Jérôme Rommé – Fotolia.com/mick200 – Fotolia.com/Flucas ; p. 111 : ABCD – ServiSoeuf – ServiSoeuf – Inovo – Liot – ServiSoeuf

Chapitre 12 – p. 116 : Fotolia.com/Witold Krasowski – Fotolia.com/Marc Rigaud – Fotolia.com/ExQuisine – Fotolia.com/Marc Rigaud – Fotolia.com/Witold Krasowski –Fotolia.com/Romain Gitton – Fotolia.com/Günter Menzl – Fotolia.com/Marc Rigaud ; p. 118 : Fotolia.com/ Gennadij Kurilin – Fotolia.com/DX – Fotolia.com/Alx – Fotolia.com/Makuba ; p. 119 : Shutterstock.com/Richard Griffin ; p. 120 : Fotolia.com/Maceo – Fotolia.com/AlcelVision – Fotolia.com/Melisback – Fotolia.com/Irina Belousa – Fotolia.com/ Shariff Che'Lah ; p. 121 : Fotolia.com/meailleluc.com ; p. 125 : Fotolia.com/Comugnero Silvana

Chapitre 13 – p. 128 : F. Leichtnam ; p. 129 : Fotolia.com/James Steidl – Fotolia.com/Eric Isselée – Fotolia.com/Eric Isselée – Fotolia.com/Leca Isabelle ; p. 130 : Fotolia.com/DX –Fotolia.com/Makuba – Fotolia.com/Alx ; p. 131 : Fotolia.com/Martine Wagner – Fotolia.com/Comugnero Silvana – Fotolia.com/Gaël Rabarijaona – Fotolia.com/Barbara Pheby; p. 134 : F. Leichtnam

Chapitre 14 – p. 141 : Fotolia.com/Alain Giroud – Fotolia.com/Casseb – Fotolia.com/Matthew Stansfield

Chapitre 15 – p. 148 : Fotolia.com/Julien Leblay – L. Knecht – Fotolia.com/Comugnero Silvana ; p. 149 : L. Knecht ; p. 156 : Fotolia.com/Alejo

Chapitre 16 – p. 162 : Fotolia.com/Tomboy2290 – Fotolia.com/Tomboy2290 – Fotolia.com/ExQuisine – Fotolia.com/photlook – Fotolia.com/Tomboy2290 – Fotolia.com/blende40 – Fotolia.com/photlook – Fotolia.com/emmi – Fotolia.com/Tomboy2290 – Fotolia.com/photlook – Shutterstock.com/Mirabile – Fotolia.com/Tomboy2290 – Fotolia.com/Lo Kiki – Fotolia.com/Leena Damle – Fotolia.com/Chlorophylle – Fotolia.com/Maria Brzostowska – Fotolia.com/Thierry Hoarau – Fotolia.com/sylada – Fotolia.com/jscalev – Fotolia.com/Elena Moiseeva – Fotolia.com/Christian Jung – Fotolia.com/Bizroug – Fotolia.com/Thierry Hoarau – Fotolia.com/Pascal THAUVIN – Fotolia.com/Unclesam – Fotolia.com/Thierry Hoarau – Shutterstock.com/Matin – Fotolia.com/Thierry Hoarau ; p. 163 : Fotolia.com/robynmac – Fotolia.com/Melisback – Fotolia.com/Rodolphe Vassallo – Fotolia.com/dariuszsankowski – Shutterstock.com/Norberto Mario Lauria – Fotolia.com/Christian Jung – D.R. – Fotolia.com/danimages – D.R. – Fotolia.com/

Jef Palau ; p. 165 : Shutterstock.com/ Mirabile – Fotolia.com/photlook – Les Assaisonnements Briards – Shutterstock.com/Rafa Irusta – Daregal – Daregal – Shutterstock.com/ cs333 – F. Leichtnam ; p. 167 : La Martiniquaise – La Martiniquaise – La Martiniquaise – Société des Produits Marnier-Lapostolle – D.R. – Bacardi-Martini France – Bardinet – Bacardi-Martini France – Dopff-au-moulin – Boulard ; p. 168 : Bernard Steinbach ; p. 169 : Bardinet – Fotolia.com/Tomboy2290 – Fotolia.com/ Micky75 – Fotolia.com/Luminis – Dopff-au-moulin – Fotolia.com/ jscalev – Fotolia.com/Bizroug – Fotolia.com/Nikos Perialis – Shutterstock.com/Norberto Mario Lauria ; p. 171 : voir p. 162 ; p. 172 : Société des Produits Marnier-Lapostolle – Daregal – voir p. précédentes pour les autres photos
Chapitre 19 – p. 195 : Fotolia.com/Emin Ozkan – Fotolia.com/manipulateur ; p. 196 : Fotolia.com/ Rohit Seth – Fotolia.com/monregard – Fotolia.com/ Monkey Business – Fotolia.com/Viktor – Fotolia.com/Jacek Chabraszewski
Chapitre 20 – p. 200 : Fotolia.com/ Studiotouch – Fotolia.com/khz – Fotolia.com/Mark Huls – Fotolia.com/ Kasia Biel – Fotolia.com/Vely – Fotolia.com/Profotokris ; p. 203 : Shutterstock.com/Lilyana Vynogradova
Chapitre 21 – p. 208 : Hors-d'œuvre servis froids : PhotoAlto Internation Food/Jean-Blaise Hall sauf Shutterstock.com/Alexey Khromushin (carpaccio) – Hors-d'œuvre servis chauds : Fotolia.com/Comugnero Silvana (raviolis) – Fotolia.com/silver chopsticks (soufflé) – PhotoAlto Internation Food/Jean-Blaise Hall (paëlla) – Fotolia.com/Laurent Renault (quiche) ; p. 210 : Fotolia.com/Laurent Renault – PhotoAlto Internation Food/ Jean-Blaise Hall
Chapitre 22 – p. 214 : Fotolia.com/Yves Roland – Fotolia.com/Comugnero Silvana – Fotolia.com/Martine Wagner – Fotolia.com/Magalice – Fotolia.com/ Martine Wagner – Fotolia.com/Jerome Dancette – Fotolia.com/Jacques PALUT – Fotolia.com/beaba – Fotolia.com/Guy Pracros – Fotolia.com/southmind ; p. 217 : Fotolia.com/Eric Limon ; p. 218 : Fotolia.com/rnl – Fotolia.com/ Reidos – Fotolia.com/Vely ; p. 220 : Fotolia.com/AlcelVision – Fotolia.com/ Chef – Fotolia.com/KALISTE A – Fotolia.com/silver chopsticks – Fotolia.com/ dim@dim – Shutterstock.com/Ronald Sumners

Remerciements

Les auteurs et l'éditeur tiennent à remercier particulièrement les sociétés suivantes :

- la société **Matfer** qui nous a permis de reproduire de nombreux visuels de son catalogue (chapitre 4)
- la société des **Assaisonnements Briards** (seau de moutarde p. 165)
- la société **Bacardi-Martini France** (Get 27 et Cognac Otard p. 167)
- la société **Bardinet** (rhum Negrita p. 167, 169 et 172)
- la société **Boulard** (Calvados p. 167)
- la société **Caplain** (four à sole p. 32)
- la société **Darégal** (estragon surgelé et persil surgelé p. 165 et 172)
- la société **Dopff-au-moulin** (Kirsck p. 167 et 169)
- la **Fédération nationale des producteurs de plans de pomme de terre** (photos des variétés de pommes de terre p. 84)
- la société **Frima** (four mixte p. 32, VarioCooking p. 32)
- la **laiterie Le Gall** (lait en poudre p. 90)
- la société **Hobart** (cellule de refroidissement p. 29 ; trancheur universel p. 29 ; batteur-mélangeur p. 34 ; salamandre p. 35)
- la société **De Jaeger** (caviar d'escargot p. 106)
- la société **Johnson Diversey** (produits d'entretien p. 47 sauf l'eau-de-javel)
- la société **Marnier-Lapostolle** (GRAND MARNIER® p. 167 ; château de Sancerre blanc p. 172)
- la société **La Martiniquaise** (Porto Cruz ; Madère Cruz et Muscat de Rivesaltes p. 167)
- la société **Pacoclean** (Hold-o-mat p. 32 ; Pacojet p. 32)
- la société **Rosinox** (armoire réfrigérée p. 29 ; sauteuse basculante p. 30 ; feux vifs p. 32, plaque électrique p. 32 ; armoire chaude p. 33 ; bain-marie thermostaté p. 33 ; friteuse p. 35)
- la société **Steinbach** (Gewurztraminer p. 168)
- la société **Vorwerk** (Thermomix p. 32)
- **Timothé Masson** au syndicat national des industriels et professionnels de l'œuf ainsi que les sociétés **ABCD** (blancs d'œuf congelés p. 111), **ServiSoeuf** (jaunes d'œuf réfrigérés, seau d'œufs durs saumurés et œufs entiers réfrigérés p. 111), **Inovo** (préparation déshydratée pour omelette p. 111) et **Liot** (blancs d'œuf déshydratés p. 111)

Dessins

- Olivier Prime (p. 7, 13, 19, 27, 41, 55, 56, 67, 77, 89, 97, 105, 115, 127, 137, 145, 161, 173, 183, 191, 199, 207, 213)
- Hubert Blatz (p. 57, 117, 122, 218)
- Corédoc (p. 45, 78, 101, 106, 117, 119, 123, 126, 133, 152, 153, 154, 156, 157, 165, 172)
- Isabelle Jalfre (p. 61)

Édition : Sébastien Le Jean
Recherche iconographique : Juliette Barjon, Laëtitia Knecht, Odille Vapaille
Coordination artistique : Isabelle Jalfre
Conception maquette et mise en pages : Ghislaine Salmon-Legagneur
Conception couverture : Fiat Lux
Fabrication : Françoise Leroy

L'abus d'alcool est dangereux pour la santé. À consommer avec modération.

Imprimé en France par EPAC Technologies
N° d'impression : 4550414316120
Dépôt légal : avril 2010